■2025年度高等学校受験用

国士舘高等学校

収録内容一覧

★この問題集は以下の収録内容となっています。また、編集の都合上、解説、解答用紙を省略させていただいている場合もございますのでご了承ください。

（○印は収録、一印は未収録）

入試問題と解説・解答の収録内容		解答用紙
2024年度	英語・数学・国語	○
2023年度	英語・数学・国語	○
2022年度	英語・数学・国語	○
2021年度	英語・数学・国語	○
2020年度	英語・数学・国語	○

★当問題集のバックナンバーは在庫がございません。あらかじめご了承ください。

●凡例●

【英語】

≪解答≫

〔　〕　①別解

②置き換え可能な語句（なお下線は置き換える箇所が２語以上の場合）

(例) <u>I am</u>〔I'm〕glad〔happy〕to ~

（　）　省略可能な言葉

≪解説≫

1, 2… 本文の段落（ただし本文が会話文の場合は話者の１つの発言）

〔　〕　置き換え可能な語句（なお〔　〕の前の下線は置き換える箇所が２語以上の場合）

（　）　①省略が可能な言葉

(例) 「(数が）いくつかの」

②単語・代名詞の意味

(例) 「彼（＝警察官）が叫んだ」

③言い換え可能な言葉

(例) 「いやなにおいがするなべにはふたをするべきだ（＝くさいものにはふたをしろ)」

// 　訳文と解説の区切り

cf. 　比較・参照

≒ 　ほぼ同じ意味

【数学】

≪解答≫

〔　〕　別解

≪解説≫

（　）　補足的指示

(例)（右図１参照）など

〔　〕　①公式の文字部分

(例)〔長方形の面積〕=〔縦〕×〔横〕

②面積・体積を表す場合

(例)〔立方体 ABCDEFGH〕

∴ 　ゆえに

≒ 　約、およそ

【社会】

≪解答≫

〔　〕　別解

（　）　省略可能な語

＿＿　使用を指示された語句

≪解説≫

〔　〕　別称・略称

(例) 政府開発援助〔ODA〕

（　）　①年号

(例) 壬申の乱が起きた（672年)。

②意味・補足的説明

(例) 資本収支（海外への投資など)

【理科】

≪解答≫

〔　〕　別解

（　）　省略可能な語

＿＿　使用を指示された語句

≪解説≫

〔　〕　公式の文字部分

（　）　①単位

②補足的説明

③同義・言い換え可能な言葉

(例) カエルの子（オタマジャクシ)

≒ 　約、およそ

【国語】

≪解答≫

〔　〕　別解

（　）　省略してもよい言葉

＿＿　使用を指示された語句

≪解説≫

〈　〉　課題文中の空所部分（現代語訳・通釈・書き下し文)

（　）　①引用文の指示語の内容

(例)「それ（＝過去の経験）が ～」

②選択肢の正誤を示す場合

(例)（ア，ウ…×)

③現代語訳で主語などを補った部分

(例)（女は）出てきた。

／ 　漢詩の書き下し文・現代語訳の改行部分

国士舘高等学校

所在地	〒154-8553 東京都世田谷区若林4-32-1
電　話	03-5481-3135（入試係）
ホームページ	https://hs.kokushikan.ed.jp/（全日制）
交通案内	東急世田谷線 松陰神社前駅より徒歩6分，小田急線 梅ヶ丘駅より徒歩13分

普通科
全日制・定時制

男女共学

くわしい情報は
ホームページへ

応募状況

年度	募集数		受験数	合格数
2024	推薦	全 130名 定　43名	197名 28名	197名 28名
	一般	全 130名 定　43名	313名 33名	272名 25名
2023	推薦	全 130名 定　43名	197名 15名	197名 15名
	一般	全 130名 定　43名	302名 17名	267名 14名
2022	推薦 130名 一般 130名		221名 279名	221名 209名

※全：全日制，定：昼間定時制

試験科目　（参考用：2024年度入試）

推薦：適性検査（英語・数学・国語），面接（個人）
一般：国語・数学・英語

沿　革

大正６年　創始者柴田徳次郎，東京市麻布区笄町，大民社本部に私塾「國士舘」を創立。
大正12年　松陰神社隣接地，現世田谷校地に校舎落成，国士舘中等部創立。
昭和21年　至徳学園と改称。
昭和28年　旧称，国士舘に改称。
平成６年　男女共学となる。
平成29年　創立100周年を迎える。

教育方針

本校は誠意，勤労，見識，気魄を重んずる教育理念にのっとり，「心学」と「活学」を教育の柱とし，国家，社会に役立つ人材を育成することを目指している。

教育の特色

2023年度より，これまでの「選抜クラス（全日制）」「進学クラス（全日制）」に新たなクラス「国士舘大学進学クラス（昼間定時制）」が加わり，３クラス制となった。

「国士舘大学進学クラス」では，少人数制・習熟度別授業を行い，国士舘大学への内部推薦に見合う学力を獲得する。

「選抜クラス」と「進学クラス」の１年次のカリキュラムは共通で，２年次から難関私立大を目指す文系Ⅰ類，国士舘大等を目指す文系Ⅱ類，運動部に所属しながらスポーツ系大学・学部を目指す文系Ⅲ類，理系に分かれる。３年次の午後は自由選択科目や自学自習の時間にあてる。

合格実績

◎2024年度・主な他大学合格者数　（2024年・春）
立教大１名，中央大１名，法政大４名，成蹊大１名，成城大２名，日本大15名，東洋大６名，駒澤大５名，専修大11名，獨協大１名，武蔵大３名，神奈川大１名，大東文化大２名，東海大６名，帝京大４名，明星大４名，亜細亜大１名，立正大２名，城西大２名，工学院大１名　ほか

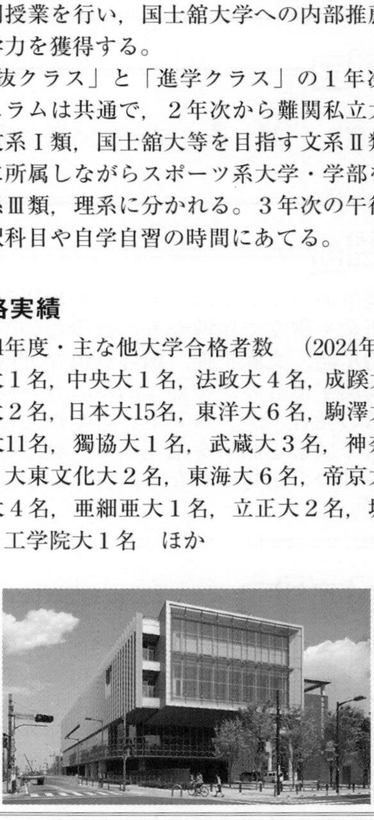

編集部注―本書の内容は2024年6月現在のものであり，変更されている場合があります。正確な情報は，学校のホームページ等で必ずご確認ください。

出題傾向と今後への対策　英語

出題内容

	2024	2023	2022
大問数	7	7	7
小問数	40	40	40
リスニング	×	×	×

◎大問数７題，小問数は40問である。構成は，音声問題２題，書き換え１題，語形変化を含む適語句選択１題，長文読解２題，整序結合１題である。

2024年度の出題状況

A 単語の発音

B 単語のアクセント

C 書き換え―適語補充

D 適語(句)選択・語形変化

E 整序結合

F 長文読解総合―物語

G 長文読解―適語句選択―スピーチ

解答形式

2024年度	記　述／マーク／併　用

出題傾向

長文読解のジャンルはエッセーや物語が多く，語彙や構文で難解なものは少ない。設問は指示語，文脈把握，内容真偽など内容理解に関するものが中心である。音声問題は単語の発音・アクセント。書き換えは空欄に当てはまる語句を補充する。整序結合は４～６つの語句からなり，日本語が与えられている。

今後への対策

中学校の教科書の内容を確実に身につけているかを問う内容となっているので，教科書をていねいに復習し，音読するとよい。音読は音声問題対策にもなる。ひと通り復習を終えたら，問題集を１冊決めて，繰り返し解こう。長文読解問題では自分で訳文を書き，自然な日本語にまとめられるように練習を積むと力がつく。

◆◆◆◆◆ 英語出題分野一覧表 ◆◆◆◆◆

分野		年度	2022	2023	2024	2025予想※
音声	放送問題					
	単語の発音・アクセント		■	■	■	◎
	文の区切り・強勢・抑揚					
語彙・文法	単語の意味・綴り・関連知識					
	適語(句)選択・補充		●	●	●	◎
	書き換え・同意文完成		●	●	●	◎
	語形変化				●	△
	用法選択					
	正誤問題・誤文訂正					
	その他					
作文	整序結合		●	●	●	◎
	日本語英訳	適語(句)・適文選択				
		部分・完全記述				
	条件作文					
	テーマ作文					
会話文	適文選択					
	適語(句)選択・補充					
	その他					
長文読解	内容把握	主題・表題				
		内容真偽	●	●	●	◎
		内容一致・要約文完成				
		文脈・要旨把握	●	●	●	◎
		英問英答				
	適語(句)選択・補充		■	■	■	◎
	適文選択・補充					
	文(章)整序					
	英文・語句解釈(指示語など)		●	●	●	◎
	その他					

●印：１～５問出題，■印：６～10問出題，★印：11問以上出題。
※予想欄　◎印：出題されると思われるもの。　△印：出題されるかもしれないもの。

出題傾向と今後への対策　数学

出題内容

2024年度　証

大問6題，20問の出題。1は小問集合で，6問。計算を主とする問題と，データの活用から四分位範囲などを求める問題。2は関数で，放物線と直線に関するもの。3は素数が書かれたカードを利用した場合の数・確率。4は平面図形で，平行四辺形を利用した計量題。平行線や相似などの理解が問われる。5は空間図形で，与えられた展開図からできる四面体について問うもの。6は平面図形で，証明問題も出題されている。

2023年度　証

大問6題，19問の出題。1は小問集合で，6問。計算を主とする問題と，データの活用から代表値を求める問題。2は関数で，放物線と直線に関するもの。3はさいころを利用した確率。場合分けなどをして，条件を満たす場合をきちんとかぞえることができるかがポイント。4は平面図形で，円を利用した問題。相似などの理解が問われる。5は空間図形で，台形を90°回転させてできる立体について問うもの。6は平面図形で，証明問題も出題されている。

作…作図問題　証…証明問題　グ…グラフ作成問題

解答形式

2024年度　記　述／マーク／併　用

出題傾向

近年は，大問6題，19問前後の出題となっている。1は小問集合で，基本的な計算問題に加え，データの活用などから1問出題されている。2以降は，2が関数，3が確率，4～6が図形となっている。6では穴埋め形式の証明問題が含まれているのが特徴的。レベルは標準的で，ふだんの学習の成果を見る内容。

今後への対策

まずは基礎・基本の確認をし，そのうえで，標準レベルの問題で演習を積もう。できるだけ多くの問題に接するようにし，いろいろな解法や考え方を身につけていくこと。また，解けた問題でも，解説は必ず読むようにしよう。まんべんなく出題されているので，苦手分野があれば，重点的に行い，早目に克服を。

数学出題分野一覧表

分野	年度	2022	2023	2024	2025 予想※
数と式	計算，因数分解	★	★	★	◎
	数の性質，数の表し方				
	文字式の利用，等式変形				
	方程式の解法，解の利用	■	■	■	◎
	方程式の応用				
関　数	比例・反比例，一次関数				
	関数 $y=ax^2$ とその他の関数	★	★	★	◎
	関数の利用，図形の移動と関数				
図　形	（平面）計　量	★	★	★	◎
	（平面）証明，作図	●	●	■	◎
	（平面）その他				
	（空間）計　量	■	■	■	◎
	（空間）頂点・辺・面，展開図				
	（空間）その他				
データの活用	場合の数，確率	★	■	■	◎
	データの分析・活用，標本調査	●	●	●	◎
その他	不 等 式				
	特殊・新傾向問題など				
	融合問題				

●印：1問出題，■印：2問出題，★印：3問以上出題。
※予想欄　◎印：出題されると思われるもの。　△印：出題されるかもしれないもの。

出題傾向と今後への対策 国語

出題内容

2024年度

小　説　　論説文

課題文
一長月天音『ほどなく，お別れです』
二吉川肇子『リスクを考える』

2023年度

小　説　　論説文

課題文
一大島恵真
『空，雲，シュークリーム，おれ』
二将基面貴巳
『従順さのどこがいけないのか』

2022年度

小　説　　論説文

課題文
一伊集院静『親方と神様』
二井上　俊『文化社会学界隈』

解答形式

2024年度　記　述／マーク／併　用

出題傾向

設問は，それぞれの読解問題に12問程度付され，全体で24問程度の出題となっている。そのうち6割以上が内容理解に関するものとなっており，他に国語の知識に関する設問が出されている。記述解答は，本文からの抜き書きが中心となっている。課題文は，比較的短めで，内容がとらえやすいものが選ばれているようである。

今後への対策

基本的なレベルでよいから，読めて書けなければならない。そのためには，基礎学力を養成するための問題集を数多くこなしていくとよい。また，国語の知識に関しては，漢字，語句，品詞，ことばの単位などが問われるので，分野ごとに知識をノートに整理し，最後に確認のために問題集をやっておくとよいだろう。

◆◆◆◆◆ 国語出題分野一覧表 ◆◆◆◆◆

分野		年度	2022	2023	2024	2025 予想※
現代文	論説文 説明文	主　題・要　旨	●		●	◎
		文脈・接続語・指示語・段落関係	●	●	●	◎
		文章内容	●	●	●	◎
		表　現	●			△
	随筆 日記 手紙	主　題・要　旨				
		文脈・接続語・指示語・段落関係				
		文章内容				
		表　現				
		心　情				
	小　説	主　題・要　旨				
		文脈・接続語・指示語・段落関係				
		文章内容	●	●	●	◎
		表　現				
		心　情	●	●	●	◎
		状　況・情　景				
韻文	詩	内容理解				
		形　式・技　法				
	俳句 和歌 短歌	内容理解				
		技　法				
古典	古　文	古　語・内容理解・現代語訳				
		古典の知識・古典文法				
	漢　文	(漢詩を含む)				
国語の知識	漢字 語句	漢　字	●	●	●	◎
		語　句・四字熟語	●	●	●	◎
		慣用句・ことわざ・故事成語		●		△
		熟語の構成・漢字の知識	●	●	●	◎
	文　法	品　詞	●	●	●	◎
		ことばの単位・文の組み立て	●	●		◎
		敬　語・表現技法				
	文　学　史					
作文・文章の構成・資料						
その他						

※予想欄　◎印：出題されると思われるもの。　△印：出題されるかもしれないもの。

合格を勝ち取るための

本書の使い方

本書に掲載されている過去問をご覧になって，「難しそう」と感じたかもしれません。でも，大丈夫。ほとんどの受験生が同じように感じるのです。高校入試の出題範囲は中学校の定期テストに比べて広いですし，残りの中学校生活で学ぶはずの，まだ習っていない内容からも出題されているかもしれません。

ですから，初めて本書に取り組む際には，点数を気にする必要はありません。点数は本番で取れればいいのです。

過去問で重要なのは「間違えること」です。自分の弱点を知るために，過去問に取り組むのです。当然，間違った問題をそのままにしておいては意味がありません。

本書には，長年にわたって高校受験に関わってきたベテランスタッフによる詳細な解説がついています。間違えた問題は重点的に解説を読み，何度も解きなおしてください。時にはもう一度，教科書で復習するのもよいでしょう。

別冊として，抜き取って使える解答用紙を収録しました。表示してあるように拡大コピーをとれば，実際の入試と同じ条件で，何度でも過去問に取り組むことができます。特に記述問題では解答欄の大きさがヒントになる場合があります。そうした，本番で使える受験テクニックの練習ができるのも，本書の強みです。

前のページにある「出題傾向と今後への対策」もよく読んで，本校の出題傾向に慣れておきましょう。

2024年度 国士舘高等学校

【英　語】（50分）〈満点：100点〉

A

次の(１)～(５)の各組の語の中で、下線部の発音が他と違うものを一つ選び、記号で答えなさい。

(１)　ア best　イ even　ウ spend　エ tell
(２)　ア run　イ hundred　ウ useful　エ study
(３)　ア thank　イ these　ウ without　エ weather
(４)　ア down　イ about　ウ brown　エ know
(５)　ア those　イ open　ウ son　エ home

B

次の(６)～(10)の各組の語の中で、もっとも強く発音する位置が他と違うものを一つ選び、記号で答えなさい。

(６)　ア prod-uct　イ be-fore　ウ mar-ket　エ neigh-bor
(７)　ア dol-lar　イ de-cide　ウ per-form　エ re-ceive
(８)　ア is-land　イ yel-low　ウ chick-en　エ in-stead
(９)　ア beau-ti-ful　イ li-brar-y　ウ de-li-cious　エ au-di-ence
(10)　ア char-ac-ter　イ spa-ghet-ti　ウ to-mor-row　エ va-ca-tion

C

次の(11)～(15)の各組がほぼ同じ内容になるように、(　　)に入る適語を一語ずつ解答欄に書きなさい。

(11)
I am reading a book. Peter gave it to me.
I am reading a book (　　　) to me by Peter.

(12)
Do you know the place to get the tickets?
Do you know (　　　) to get the tickets?

(13)
Amy has two or three books about art.
Amy has a (　　　) books about art.

(14)
I always become happy when I listen to this song.
This song always (　　　) me happy.

(15) I want to swim fast like Tom, but I can't.
I (　　　) I could swim fast like Tom.

D 次の(16)～(20)の各英文の（　）に入るもっとも適切なものをア～エから一つ選び、記号で答えなさい。

(16) In summer, many flowers were (　　　) in this park.
ア see　イ saw　ウ seen　エ seeing

(17) Taku wants to be a music teacher (　　　) can play the piano well.
ア who　イ those　ウ which　エ he

(18) Look at that bird (　　　) in the sky.
ア flies　イ to fly　ウ flying　エ flew

(19) I haven't met the new student (　　　).
ア then　イ yet　ウ already　エ so

(20) Lucy visited big cities in Japan last year, (　　　) example, Osaka and Sapporo.
ア as　イ in　ウ with　エ for

E 次の(21)～(25)の語句を、日本語の意味に合うように並べかえ、（　）内で三番目と五番目にくるものを記号で答えなさい。ただし、(21)は文頭の語の最初の文字も小文字で示されています。

(21) あなたはなぜ日本のイヌに興味があるのですか。
(ア you　イ are　ウ in　エ why　オ interested　カ dogs) in Japan?

(22) 恵美は毎週末、彼女の弟に数学を教えます。
Emi (ア math　イ her　ウ teaches　エ on　オ weekends　カ brother).

(23) 私はきょう、リンゴを買う必要がありませんでした。
I (ア buy　イ didn't　ウ to　エ today　オ apples　カ have).

(24) ええと、ヒルさんのほしい車は白色ではありません。
Well, (ア Mr. Hill　イ car　ウ not　エ wants　オ is　カ the) white.

(25) 私の新しいラケットは古いものより高価です。
My new racket is (ア one　イ than　ウ expensive　エ the　オ more　カ old).

F　次の英文を読んで、(26)～(33)の問いに答えなさい。

Hiroshi is a second-year student at Minami High School. He likes taking pictures and writing stories. He became a member of the newspaper club with Yumi and Ryota when he was a first-year student. Now they write two or three articles for the school newspaper almost every month. Last month, they wrote two articles. One is about students' experiences during the summer vacation, and the other is about the speech contest. Sometimes they write articles in English and the articles are often popular.

On the first Monday in October, the members of the newspaper club had a meeting after school. The leader Saya said to Hiroshi, "We haven't written any English articles for two months. Hiroshi, can you write one for the next school newspaper?" He thought, "Oh, I have never done that before." (26)He felt a little nervous. But he said, "Sure. I'm not good at English, but I'll do my best. Well, what should I write about? Do you have any ideas?" Saya said, "I want you to write about something new." Then Yumi said, "I have an idea. Hiroshi, why don't you interview the new student from the United States?" Hiroshi said, "Sounds good. Her name is Susan, right?" Saya said, "Yes. Is she a second-year student?" Yumi said, "Yes. She came to Japan two months ago. But I don't know much about her. She's not in my class." Hiroshi said, "I'm not her classmate, either. How about you, Ryota?" Ryota said, "Well, Susan is in my class. But I haven't talked with her much. I think Ayaka will help us. She's also in my class, and she is a member of the English club and good at English. She often talks with Susan. I'll introduce them to you tomorrow, Hiroshi." Hiroshi said, "Thank you, Ryota."

The next day, Hiroshi visited Ryota's classroom after school and met Ryota, Ayaka, and Susan. Hiroshi said to Susan, "Nice to meet you. I'm Hiroshi." Susan said, "Nice to meet you, too, Hiroshi." Ayaka said, "Hello, Hiroshi. I'm Ayaka." Hiroshi said, "I'm in the newspaper club like Ryota. For the next school newspaper, I want to write an article about you, Susan. Is that OK?" Susan said, "Sure. Ryota told me about that. (27)But I can't answer your questions today. I have to go to Japanese school today. I study Japanese there every Tuesday, so I have to leave school soon." Ayaka said, "I have to leave school soon, too. I'm going to cook dinner for my family today. I can help you tomorrow." Hiroshi said, "No problem. Let's talk tomorrow. Susan, I'm going to ask you about your family and your hometown." Susan said, "OK. I'll think about (28)them." Hiroshi also said, "Thank you. If you have any pictures to show other students, please bring them, too." Susan said, "I will."

On Wednesday, Susan came to Hiroshi's classroom with Ayaka. Hiroshi said to them, "Thank you for your time. Susan, can you please introduce yourself first?" Susan said, "Sure. I'm Susan Brown from the United States. There are four people in my family. They are my father, mother, brother, and me. We came to Japan two months ago, but my brother Eric doesn't live with us." Hiroshi was surprised and asked, "Then, where does he live?" Susan said, "In Nishi City. He goes to a university there and studies Japanese history. It's not so far from this city, but he wants to live alone near his university." Hiroshi said, "I see. Do you like Japanese history, too?" Susan said, "Not very much. I like Japanese art better."

Hiroshi also asked about her hometown. Susan said, "My hometown is not a big city, but I like it very much. There's a beautiful lake. I have its picture here." Susan showed Hiroshi a picture of it, and also said that she missed her friends in her hometown. Hiroshi said, "(29)I understand. I came to this city last year. So I didn't have any friends when I entered this high school in April. I missed my old friends then."

Next, Hiroshi asked, "Susan, was there anything surprising to you in Japan?" Susan said, "Well, I was a little surprised that it was really hot and humid here in summer." Then he said, "Did you have any problems?" She said, "Well, I don't have big troubles, but I often feel a language barrier. I'm not good at Japanese, so I can't talk with my classmates in Japanese well. Also, many of them hesitate to talk to me. I want to make more Japanese friends. (30)That's my trouble."

At the end of the interview, Hiroshi asked her, "What do you want to try in Japan?" Susan said, "I want to join cultural events in Japan. I enjoyed Halloween and Christmas in the United States. What events are popular in Japan?" Hiroshi said, "I like summer festivals in August. In fall and winter, many people enjoy Halloween and Christmas. I think you should try *hatsu-mode* or *mochi-tsuki* events. Some people wear *kimono* in these events." Susan didn't know these events, so Ayaka explained them in English. Susan said, "I want to join a *mochi-tsuki* event because I like cooking. Oh, I've forgot to show you another picture." She showed a picture to Hiroshi and said, "It's a picture of me and my family at my father's birthday party. We had it this April. I baked these cupcakes on the table for the party." Hiroshi said, "Oh, (31)<u>it</u> is a nice picture. You and your family are having cupcakes and look happy. The cupcakes look beautiful and delicious. Well, thank you very much for your time. I'll do my best to write a good article."

A week later, Hiroshi showed his article to Susan first. She liked it very much. After that, Hiroshi took it to Saya, and she also liked it. The article (32) by Hiroshi appeared in October's school newspaper with the two nice pictures from Susan. Many students read the article and talked to Susan. She started to make new friends, so Hiroshi was happy.

meeting ミーティング　surprising 驚くべき　humid 湿度の高い
barrier 壁　hesitate to ～ ～するのをためらう　Halloween ハロウィン
bake ～ ～を焼く　cupcake カップケーキ

(26)　下線部(26)の理由としてもっとも適切なものを一つ選び、記号で答えなさい。

ア　新聞部で、ひさしぶりに英語の記事を書くため。
イ　新聞部で、英語の記事を書いたことがないため。
ウ　英語の記事で、何を書いたらよいかわからないため。
エ　新聞部で、インタビュー記事を一度も書いたことがないため。

(27)　下線部(27)の理由としてもっとも適切なものを一つ選び、記号で答えなさい。

ア　取材を受けることを、はずかしいと感じているため。
イ　取材を受けるかどうかを、決めるための時間がほしいため。
ウ　日本語学校に行くために、学校をすぐに出なければならないため。
エ　家族に夕飯を作るために、すぐに家に帰らなければならないため。

(28)　下線部(28)の指すものを一つ選び、記号で答えなさい。

ア　アメリカの学校新聞。
イ　ヒロシへの質問事項。
ウ　学校新聞で紹介したい写真。
エ　スーザンの家族や故郷。

(29)　下線部(29)の理由としてもっとも適切なものを一つ選び、記号で答えなさい。

ア　ヒロシも高校に入ったとき、新しい生活にわくわくしたため。
イ　ヒロシも高校に入ったとき、古い友だちが恋しかったため。
ウ　ヒロシも大都市で暮らす方が良いと考えているため。
エ　ヒロシもスーザンの故郷にある湖が美しいと思っているため。

(30)　下線部(30)の説明としてもっとも適切なものを一つ選び、記号で答えなさい。

ア　日本人の友だちを増やすことができない。
イ　日本語の指示を理解できないときがある。
ウ　英語を話す機会がないので、忘れつつある。
エ　同級生が全員、英語だけで話しかけてくる。

(31)　下線部(31)の指すものを一つ選び、記号で答えなさい。

ア　スーザンが兄の誕生日に、家族とカップケーキを焼いている写真。
イ　スーザンが父親の誕生日に、家族とカップケーキを焼いている写真。
ウ　スーザンが兄の誕生日に、家族とカップケーキを食べている写真。
エ　スーザンが父親の誕生日に、家族とカップケーキを食べている写真。

(32)　空所(32)に適する１語を本文中から抜き出して解答欄に書きなさい。

(33)　ヒロシについての説明としてもっとも適切なものを一つ選び、記号で答えなさい。

ア　Hiroshi became a member of the newspaper club because he was good at speaking English.
イ　On October 1, Hiroshi learned that there was a girl student from the United States in Ryota's class.
ウ　Hiroshi was surprised to hear that Susan's brother didn't live with his family.
エ　After writing the English article, Hiroshi first showed it to Saya and then to Susan.

G 次の英文を読んで、あとの問いに答えなさい。

Hello, I'm Hinako. What do you do when you meet people in trouble? If I'm in trouble, I want other people to help me. So I try to help people in trouble when I see them. Also, I feel good when I do it.

One Saturday last spring, I met a woman from abroad by the station. She was looking for a cafe near the station. She showed me a map on her smartphone, but it (34). The building was in a narrow alley. The sign was also very small. We walked around for about ten minutes and finally found it.

In front of the cafe, the woman smiled and said, "Thank you very much." I said to her, "Have a nice day." I thought, "This cafe is like a secret base. I want to visit it with someone."

The next weekend, I went to the cafe with my mother. There, my mother and I enjoyed having tea. My mother had a piece of chocolate cake and coffee, and I had a piece of *matcha* cake and tea. The *matcha* cake was really good. My mother said, "I like the coffee. I (35), too."

There weren't so many customers in the cafe. The owner of the cafe (36), so I talked to him. I asked, "When did you open this cafe?" He said, "We opened it two weeks ago. How did you know about this cafe? Do you live around here?" I told him about the woman that I had met the other day. He looked surprised and said, "She is a friend from Australia. She told me about a kind Japanese girl when she came here last week. That girl was you!" I also told him that the sign and the building of the cafe were difficult to find. He said, "I see. Thank you for your suggestions. I'll try to improve them. Well, we sell tea bags, coffee beans, and small items on that shelf. If you like anything there, I'll (37). It's from me and my friend." I said, "Oh, is that OK?" He smiled and said, "Of course."

As a gift, I chose a small cup. I also wanted to buy some tea bags, so I asked my mother. She said, "Sure. But why do you want so many tea bags?" I said, "They are not just for me." Then she said, "I see. I want some coffee beans, so let's buy them all."

When we got home, my father was watching TV. He said to me, "How was your day, Hinako?" I told him about the cafe and gave him some tea bags. He said, "They look nice. I'll (38). Thank you, Hinako."

About a month later, I decided to go to the cafe again with my friend Rie. I invited her because she often looked sad then. Before we went, I read the cafe's website on the Internet. It had a new map with many pictures. I thought, "Wow, it's improved. If people see it, they won't get lost."

When Rie and I walked to the cafe, I found new signs for the cafe on the street. When we entered the cafe, there were about ten customers. The owner came to us and said, "Hi. I improved the map. Did you see it?" I said, "Yes. I saw new signs, too. I think many people can (39)." He looked happy and said, "I worked hard."

Rie and I ordered strawberry cake and tea. When we were enjoying them, new customers came in one after another. Rie said, "I think this cafe is becoming popular because of the new map." I said yes, but I really thought it was becoming popular because of its delicious sweets and drinks. We talked a lot, and I learned that Rie was having trouble with her club members. So I tried to cheer her up.

After having tea, Rie said, "Hinako, (40). You listened to me a lot. I feel much better now." I was happy and said, "Let's come again."

～ in trouble 困っている～　cafe カフェ　narrow alley 狭《せま》い路地
secret base 秘密基地　owner オーナー　had met 会った
the other day 先日　suggestion 提案　bean 豆　item 商品
get lost 道に迷う　order ～ ～を注文する　one after another 次々と
sweets 甘い菓子　cheer ～ up ～を元気づける

問　本文中の(34)～(40)の空所に適する語句をア～コから選び、記号で答えなさい。ただし、同じ語句は２回以上使わないことにする。また、不要なものも含まれている。

ア didn't look busy
イ sell it at the table there
ウ wasn't easy for us to get there
エ couldn't find the map on the Internet
オ give it to you as a gift
カ come here easily because of them
キ thank you for coming again
ク thank you for bringing me here
ケ want to drink it at home
コ drink them when I feel tired at work

【数　学】 (50分) 〈満点：100点〉

1 次の問いに答えなさい。

(1) 次の計算をしなさい。

① $3-(-1)^2\div\frac{1}{6}$

② $\frac{x+5y}{6}-\frac{x+7y}{8}$

③ $\frac{15\sqrt{2}}{\sqrt{3}}\div 6\sqrt{5}\times\sqrt{12}$

(2) 方程式 $\frac{4x+3y}{5}=x+y=2$ を解きなさい。

(3) 二次方程式 $2x(x+5)=(x+3)(x-3)$ を解きなさい。

(4) 右の図は，Aさんが受けた12回の10点満点のテストの結果を，箱ひげ図に表したものである。

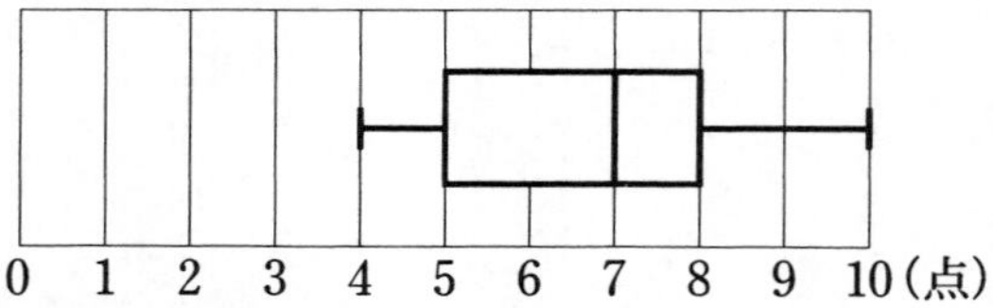

この箱ひげ図について述べた次の文中の［ア］，［イ］にあてはまる数をそれぞれ書きなさい。

四分位範囲は［ア］点，得点が7点である回数は最も多い場合で［イ］回である。

2 右の図で，点Oは原点，曲線①は関数 $y=\frac{1}{4}x^2$ のグラフである。

2点A，Bは曲線①上にあり，点Aの x 座標は4，点Bの x 座標は負の数である。

曲線①の x 座標が負の部分を動く点をPとし，2点A，Pを通る直線を②とする。

また，点Bから x 軸，y 軸にひいた垂線と x 軸，y 軸との交点をそれぞれC，Dとすると，BC：BD＝2：1となる。

このとき，次の問いに答えなさい。

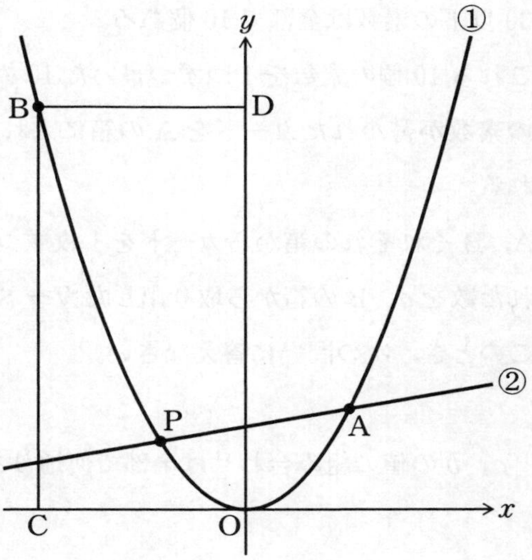

(1) 関数 $y=\frac{1}{4}x^2$ において，x の変域が $-10 \leqq x \leqq 4$ のとき，y の変域を求めなさい。

(2) 点Bの座標を求めなさい。

(3) 点Pの x 座標が -3 のとき，直線②の式を求めなさい。

(4) 直線②が四角形BCODの面積を2等分するとき，点Pの座標を求めなさい。

3 30 以下の素数は全部で 10 個ある。

これら 10 個の素数を 1 つずつ書いた 10 枚のカードがあり，10 枚のカードのうち，1 けたの素数が書かれたカードを A の箱に入れ，2 けたの素数が書かれたカードを B の箱に入れる。

A，B それぞれの箱からカードを 1 枚ずつ取り出し，A の箱から取り出したカードに書かれた数を a，B の箱から取り出したカードに書かれた数を b とする。

このとき，次の問いに答えなさい。

(1) a，b の値の組み合わせは全部で何通りあるか求めなさい。

(2) $\sqrt{a+b}$ の値が整数になる確率を求めなさい。

ただし，A，B それぞれの箱において，どのカードを取り出すことも同様に確からしいものとする。

4　右の図において，
四角形 ABCD は平行四辺形で，
$AB=AC$ である。
　辺 AB 上に点 E，辺 BC 上に点 F をとり，点 E と点 F を結ぶ。
　線分 AC と線分 DE，DF との交点をそれぞれ G，H とする。
　このとき，次の問いに答えなさい。

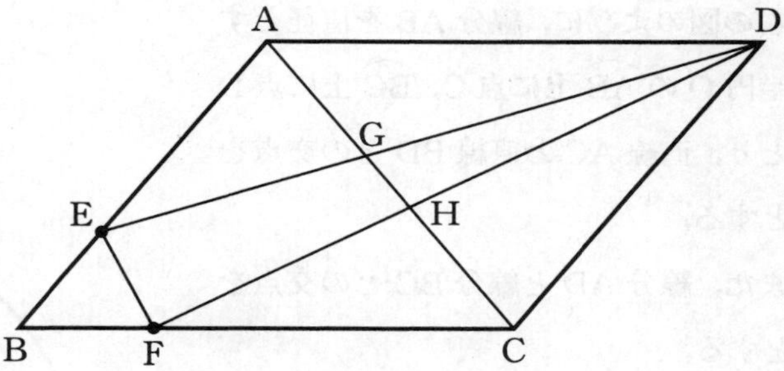

⑴　$CD=CF$，$\angle BAC=80^\circ$ のとき，$\angle CDF$ の大きさを求めなさい。

⑵　$AC \parallel EF$，$AE:EB=2:1$ のとき，平行四辺形 ABCD の面積は，$\triangle DGH$ の面積の何倍か求めなさい。

5　右の図の五角形 ABCDE は，ある四面体の展開図で，$\triangle ABE$ は，$AB=AE=4$ cm の二等辺三角形，四角形 BCDE は，$CD=6$ cm の長方形である。
　また，点 F は辺 CD の中点である。
　この展開図からできる四面体について，次の問いに答えなさい。

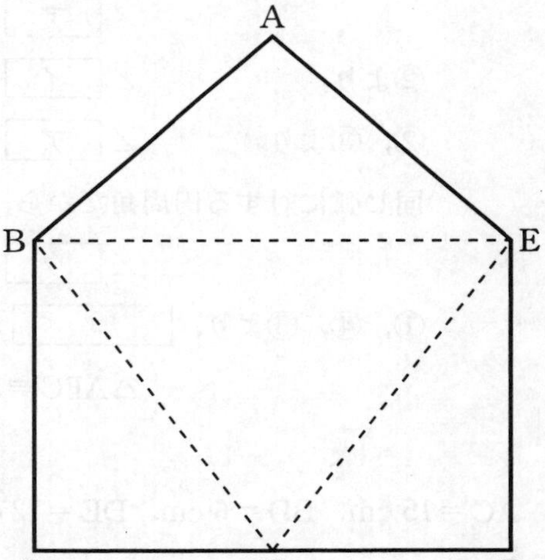

⑴　この四面体の 6 つの辺の長さの和を求めなさい。

⑵　この四面体の体積を求めなさい。

6 右の図のように，線分 AB を直径とする半円 O の $\overset{\frown}{AB}$ 上に点 C，$\overset{\frown}{BC}$ 上に点 D をとり，直線 AC と直線 BD との交点を E とする。

また，線分 AD と線分 BC との交点を F とする。

このとき，次の問いに答えなさい。

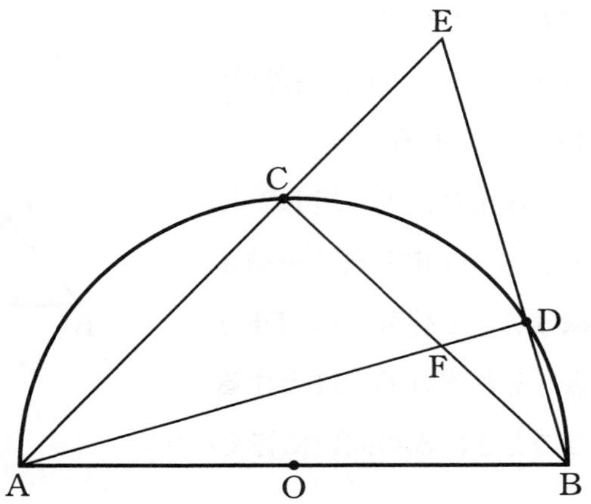

(1) AC＝BC のとき，△AFC≡△BEC であることを次のように証明する。［ア］～［ウ］にあてはまる角と，［エ］にあてはまることばをそれぞれ書きなさい。

ただし，同じ記号には同じものがあてはまるものとする。

〔証明〕 △AFCと△BEC において，

仮定から， AC＝BC ……①

半円の弧に対する円周角だから，

∠［ア］＝90° ……②

②より， ∠［イ］＝180°－90°＝90° ……③

②，③より， ∠［ア］＝∠［イ］ ……④

同じ弧に対する円周角だから，

∠［ウ］＝∠CBE ……⑤

①，④，⑤より，［エ］がそれぞれ等しいから，

△AFC≡△BEC

(2) AC＝15 cm，BD＝6 cm，DE＝12 cm のとき，次の①，②の問いに答えなさい。

① 線分 CE の長さを求めなさい。

② AF：FD をもっとも簡単な整数の比で表しなさい。

問九　傍線部⑧「講義方式によって実行させた場合と、話し合い方式で実行させた場合の実行率を比較してみよう」とあるが、その結果として最も適切なものを次の中から一つ選び、記号で答えなさい。

ア　話し合い方式は講義方式よりも実行率が高く、どちらも初回の調査よりも二回目の調査の方が低かった。

イ　講義方式は話し合い方式よりも実行率が高く、どちらも初回の調査よりも二回目の調査の方が低かった。

ウ　話し合い方式は講義方式よりも実行率が低く、どちらも初回の調査よりも二回目の調査の方が高かった。

エ　講義方式は話し合い方式よりも実行率が低く、どちらも初回の調査よりも二回目の調査の方が高かった。

問十　傍線部⑨「誰かが決めたルールを押しつけられてもそれに従う人は少ないが、みんなで相談して決めたルールならば、それに従う人は多い」とあるが、これを「乳児に肝油を与える」という行動での研究結果に対応させた次の文の［a］・［b］にあてはまる最も適切な言葉を、本文中からそれぞれ九字で抜き出して答えなさい。

「誰かが決めたルール」は［a］の話に対応し、「みんなで相談して決めたルール」は［b］による決定事項に対応する。

問十一　［⑩］にあてはまる最も適切な言葉を、本文中から五字で抜き出して答えなさい。

問十二　「集団の意思決定」についての筆者の考えとして最も適切なものを次の中から一つ選び、記号で答えなさい。

ア　独裁的なシステムの方が民主的なものよりも国民の満足感は高まるが、科学的な研究から、政策の実行率や参加者の公正感という面では民主的なシステムの方が勝ることがわかっている。

イ　集団の意思決定の質はその集団の中で最も秀でた個人の決定には劣るので、優秀な人を見つけるシステムを作り、それが選んだ人に任せればリスクのない最良の結果を得ることができる。

ウ　独裁的決定よりも集団的決定を選ぶべきなのは、独裁的決定が民主主義に反するということだけではなく、集団的決定の方がリスクが小さく、満足感・公正感・実行率が高いからである。

エ　日本は、選挙で選ばれた代表者が議会で話し合って決定する現在の仕組みをやめて、その地域の成人の全員が直接参加して話し合う仕組みに変えれば、人々の満足感は高まるはずである。

問一　傍線部ア～オの漢字にはその読み仮名（ひらがな）を記し、カタカナは漢字に直しなさい。

問二　傍線部①「一般」の対義語を次の中から一つ選び、記号で答えなさい。

ア　個人　　イ　特殊　　ウ　部分　　エ　異常

問三　傍線部②「現実的に可能でない」とあるが、ここで「可能でない」と筆者が述べたこととして最も適切なものを次の中から一つ選び、記号で答えなさい。

ア　集団のなかで最も秀でた人を見つけること。

イ　集団の意思決定の質を実験で明らかにすること。

ウ　独裁的決定によって最良の結果を得ること。

エ　優秀なリーダーにまかせるべきか議論すること。

問四　傍線部③「賭けるのは」とあるが、これと同じ意味・用法の「の」を次の中から一つ選び、記号で答えなさい。

ア　君の言うことは正しい。

イ　それは私のノートです。

ウ　疲れたので早めに寝る。

エ　彼は負けるのを嫌がる。

問五　空欄［④］と［⑤］にあてはまる言葉の組み合わせとして最も適切なものを次の中から一つ選び、記号で答えなさい。

ア　④　だから　⑤　つまり

イ　④　または　⑤　ただし

ウ　④　しかし　⑤　しかも

エ　④　そして　⑤　そこで

問六　傍線部⑥「民主主義を前提とするリスク・コミュニケーション」とあるが、民主主義の特徴を示した一文を本文中から抜き出して、初めの三字を答えなさい。

問七　本文は、次の一文が省略されている。この一文が入る場所を、本文中の【ア】～【エ】から一つ選び、記号で答えなさい。

・しかし、それは最悪でもない。

問八　傍線部⑦「究」と同じ成り立ちの漢字を次の中から一つ選び、記号で答えなさい。

ア　花　　イ　森　　ウ　末　　エ　山

まず、議論に参加することで、決定に対する参加者の満足感が高まる。誰か一人が決めたことよりも、みんなで話し合って決めた決定のほうが満足感は高い。したがって次に述べるように、みんなで決めたことは実際に実行される可能性が高い。

このことを明らかにした心理学の古典的な研⑦究を紹介しよう。これは、※レヴィンが第二次世界大戦中にアメリカ合衆国で行った研究である。この研究の目的は家庭の主婦を対象としてさまざまな行動を実行させることにあった。いくつかの実験が行われているが、ここでは「乳児に※肝油を与える」という行動を取り上げ、⑧講義方式によって実行させた場合と、話し合い方式で実行させた場合の実行率を比較してみよう。講義方式では、栄養士が肝油を与えることがいかに乳児の健康のためによいかを説明する。これに対して集団決定方式では、母親六人のグループで話し合いをして、挙手などによって決定した。

二週間後に実行率を調べたところ、自分の子どもに肝油を飲ませた母親は、講義条件では二〇パーセントであったのに対し、集団決定条件では四五パーセントであった。すなわち、集団決定条件のほうが実行率は高かったのである。この研究では四週間後にも実行率を再度調べているが、講義条件では五五パーセント、集団決定条件では八五パーセントであった。両方とも実行率が上がっているけれども、やはり集団決定条件のほうが、実行率が高かったのである。

まとめると、「みんなで決めたことは守られる」ということが言えよう。専門家である栄養士の話を聞くよりも、自分たちで話し合ったほうが、みんなが実行するようになるということなのである。これは、社会のルール一般でもよくあることだろう。⑨誰かが決めたルールを押しつけられてもそれに従う人は少ないが、みんなで相談して決めたルールならば、それに従う人は多いのだ。

とはいえ、みんなで話し合って決めるときには、その手続きが公正であることが重要である。ここで言う「手続き公正（procedural justice）」とは、話し合って結果にいたるまでの過程や手続きの妥当性を問題としている。特に、発言の機会があること（これを「ボイス」と言う）が重要である。手続き公正についての研究結果から、発言の機会があると、議論の参加者の公正感が高まることがわかっている。つまり、リスクにエカンする問題についてみんなで議論することは、リスク・コミュニケーションとして重要であるというだけではなく、実際に、参加者が手続きが適正に進められていると感じることにオ貢献している。

リスク問題に限らず、このような手続きは、私たちの社会のいろいろなところで見ることができる。たとえば、業績評価の際に上司と面談できる機会を作っている企業は少なくないだろう。これも本人に［　⑩　］を持たせることで、公正感を高めているのである。

（吉川肇子『リスクを考える』より）

※　リスク・コミュニケーション……身の回りのさまざまなリスクを減らすために、当事者全員が意見や情報の交換を通じて相互理解を図ること。

※　レヴィン……ドイツ出身の心理学者クルト・レヴィン。「社会心理学の父」と呼ばれる。集団での意思決定の研究などで知られる。

※　肝油……タラ・サメなどの新鮮な肝臓からとった、黄色の脂肪油。ビタミンA・Dに富む。

二　次の文章を読んで後の問いに答えなさい。

①一般的には、集団の意思決定の質は、個人の意思決定を平均したものよりはすぐれているが、その集団のなかで最も秀《ひい》でた個人の決定には劣る場合が多いことが、実験によって明らかになっている。このように書くと、その集団（組織、社会でも同じである）で優秀な人を見つけてその人に決めてもらえば、最良の結果が得られるのではないか、と言い出す人が出てきそうである。つまり、独裁的決定である。実際リーダーシップ論などでも、優秀なリーダーにまかせておけば大丈夫、というような議論を見かけることもある。しかし、少し考えればわかることだが、そんなことは②現実的に可能でない。

その理由は二つある。第一に、私たちは民主主義的な社会に生きているのだから、一人の意思決定による独裁はそもそも許されない。これに対して、首長や議員については、選挙を通じて代表者を選んでいるではないか、という反論が出てくるかもしれない。そして、そうやって選ばれた人が決めたことなのだからよいのではないか、と。しかし、選挙（しかも選挙は、そのやり方を変えれば結果は変わってくる可能性がある）によって選ばれることは、選ばれた人の優秀さをアホショウしない。つまり、社会としては、その人が最良の意思決定をする可能性に③賭けるのはリスクがありすぎる。

また、上記の事実を明らかにしたのは実験によるものだから、「どれが最良の決定か」ということがわかっている状況である。④、現実の社会では最良の決定が何なのかあらかじめわかっているわけではないし、そもそも「誰が最も優秀な人物か」を見いだすことは困難である。たとえば、失敗してはじめて「他の人のほうが優秀だった」とか、成功してはじめてその人が優秀であったことがわかるのである。⑤、現実場面では明らかな失敗というのは起こりにくい。（会社などでもそうだと思うが）失敗の可能性があるときには、多くの人が協働してリーダーを支えているからである。つまり、失敗は見えにくいのだ。

さらにいえば、あらゆることに秀でている人は少ない。企業のイレイでいえば、創業者がいったんは成功しても、しだいに業績がふるわなくなっていったりすることはよくある。これは時代の変化に合わせてウ柔軟に意思決定を変えていくようなことができなくなってしまうからであろう。

これらのことから、私たちが知っておくべきことは次の二つである。第一は、たとえある面で優秀であったとしても、あらゆる面でつねに最も優れた人物であるとは限らないし、その人に意思決定をまかせるのは、私たちの社会の仕組みからも許されない。⑥民主主義を前提とする※リスク・コミュニケーションも、みんなで意思決定をすることを求めている。【ア】

第二は、そのようにしてみんなで決めたことは、必ずしも最良の決定ではないということである。【イ】一人の独裁者や専門家にまかせてしまえば、最悪の決定になる可能性をはらんでいる。【ウ】最良ではないかもしれないけれども、少なくとも最悪の決定を避けるために、私たちは集団で意思決定する必要があるのである。【エ】

社会的論争の事態では、そもそもみんなで決めることが求められているが、ここでは集団で意思決定をすることのよい面に注目しよう。

問十　空欄 ⑨ にあてはまる最も適切な言葉を、本文中から六字で抜き出して答えなさい。

問十一　傍線部⑩「苦手」とあるが、上下の漢字の音読みと訓読みの組み合わせがこれと同じものを次の中から一つ選び、記号で答えなさい。

ア　組曲　　イ　肉食　　ウ　旅先　　エ　縁側

問十二　傍線部⑪「心がふわっと温かくなり、母と顔を見合わせて笑った」とあるが、このときの美空の様子として最も適切なものを次の中から一つ選び、記号で答えなさい。

ア　父は自分の近くに娘が住み続けることを望んでいるという事実を知ったことで、向いていないと思い始めていた不動産業界への未練を断ち切ることができ、未来への希望を持てている。

イ　娘が自分から離れていってしまうことを恐れるかのような父の様子を知ったことで愛情を感じ、就職活動を終えて早く自立しなければいけないという気持ちがほぐれて楽になっている。

ウ　自分の目指してきた業界に対し父がよい印象を持っていなかったと知ったことで、別の業界に目を向けることや就職活動を休むことを勧める理由がわかった気がしてすっきりしている。

エ　娘の就職活動ではなく就職後の生活について父が心配していることを知ったことで意識が変わり、就職活動に対する焦りを捨て、明るい未来を見据えていこうと気持ちがふっきれている。

問三　傍線部②「お母さん、今夜のおかずは何?」とあるが、このときの美空の様子として最も適切なものを次の中から一つ選び、記号で答えなさい。

ア　書面を冷静に受け止め、気持ちを切り替えている。
イ　書面に対する落胆を隠しつつ、平静を装《よそお》っている。
ウ　書面を確認して落ち着き、解放感を味わっている。
エ　書面への両親の注目を感じ、もったいぶっている。

問四　傍線部③「涙をぬぐいながら」とあるが、これと同じ意味・用法の「ながら」を次の中から一つ選び、記号で答えなさい。

ア　歩きながら父と話をする。　　イ　生まれながらの音楽家だ。
ウ　兄弟三人ながら芸術家だ。　　エ　老齢ながら歯は丈夫です。

問五　傍線部④「ずっと不動産業界ばかり受けていたでしょう?」とあるが、美空が「不動産業界ばかり受けていた」理由として適切でないものを次の中から一つ選び、記号で答えなさい。

ア　経済的に安心することができそうだったから。　　イ　先輩がその業界で頑張る姿が印象的だったから。
ウ　子供の頃からマンションに憧れがあったから。　　エ　相手と心でやりとりができるような業界だから。

問六　傍線部⑤「美空の性格を見抜いたんじゃないかな」とあるが、これについて説明した次の文の [a]・[b] にあてはまる最も適切な言葉を本文中から、[a] は三字、[b] は十字で抜き出して答えなさい。

自覚している性格の通り、美空は [a] に不動産業界を受けていたけれど、母から見ると美空は [b] ところがあるからやっていけるのか疑問だった。

問七　傍線部⑥「所在なく」とあるが、この言葉の意味に最も近いものを次の中から一つ選び、記号で答えなさい。

ア　いる場所がなく　　イ　慌ただしそうに　　ウ　やることもなく　　エ　気を遣いながら

問八　傍線部⑦「こぢんまりとたたずむ家で育った」とあるが、美空の育てられ方を表す言葉を本文中から四字で抜き出して答えなさい。

問九　傍線部⑧「やはり自分には向かない気がした」とあるが、何が向かないのか。「……こと」に続くように、本文中から二十一字で探し、初めと終わりの五字を抜き出して答えなさい。

「そうだね、私には、高い物件を買ってもらうために、セールスするのは向いていないと思う。相手と心でやりとりができる、坂東会館※みたいな仕事がいいなぁ」
「どこだって、社員となれば大変なことはあるだろうけどな、俺も別の業界に目を向けるのには賛成だ。せっかく、バイトで気分転換したことだし、少しの間就職活動も休んじまえ。リセットしたら、案外うまくいくかもしれないぞ」
「卒業までしばらくあるから、もう一度考えてみなさい。フリーターになられるのは困っちゃうけど、今さら焦《あせ》っても仕方がないと思うの。自分に合うところを見つけないとね」
「お言葉に甘えて、ゆっくり考えさせていただきます」
一度こうと決めたら誰にも相談せずに突き進む、自分の意固地な性格が今となっては憎らしかった。
母がテーブルに置いた皿からは美味《おい》しそうなにおいがして、ぐうとお腹が鳴った。
我が家の定番料理、ミートボールの甘酢炒めは、塊肉の脂身が⑩苦手な私のために母親が開発した料理で、オタンジュンに言えば酢豚のお肉がミートボールに変わったような料理だ。
「そうそう、美空。ごはんの前におばあちゃんにもただいまって言ってきなさいよ。たぶん、まだ起きているわ。久しぶりの夜のバイトだから心配していたわよ」
「いけない。そうだった」
居間を出る時、こっそりと母が囁《ささや》いた。
「不動産業界なんて言うから、就職したらさっさとマンションを買って出ていってしまうんじゃないかって、お父さん、心配していたのよ。バカみたいでしょう」
その言葉に⑪心がふわっと温かくなり、母と顔を見合わせて笑った。

（長月天音『ほどなく、お別れです』より）

※　坂東会館……美空がアルバイトをしている葬儀場。

問一　傍線部ア～オの漢字にはその読み仮名（ひらがな）を記し、カタカナは漢字に直しなさい。

問二　傍線部①「就職」とあるが、これと熟語の組み立てが同じものを次の中から一つ選び、記号で答えなさい。
ア　詳細　イ　既存　ウ　帰郷　エ　地震

私は③涙をぬぐいながら、母の顔を見上げた。

「④ずっと不動産業界ばかり受けていたでしょう？　頑張っているのはよく分かっているし、応援もしているけど、このあたりでもう一度、じっくり考えてみてもいいと思うの」

「この業界、向いていないってこと？」

「面接官って意外と見ているのよ。⑤美空の性格を見抜いたんじゃないかな。お母さんもね、実はちょっと心配だったの。美空って、人がよくて押しが弱いでしょう？　マンションみたいな高いもの、ちゃんと売れるのかなって」

「そもそも、どうして不動産業界なんだ？」

おろおろと⑥所在なく立ち尽くしていた父が、イ遠慮がちに訊《たず》ねた。

「マンションに昔から憧れていたの」

「そういえば、美空は子供の頃からマンションの広告が大好きだったわねえ。おばあちゃんがよく、新聞からより分けていたっけ」

頷《うなず》きながら、よく覚えているなぁと感心した。

下町の住宅密集地に⑦こぢんまりとたたずむ家で育った私は、小さい頃からマンションに憧れがあった。床に大きな広告を広げて覗《のぞ》き込めば、何時間でも空想の世界で遊ぶことができた。どんな家族が住むのか、ペットはウカえるのか。学校や、公園、スーパーマーケットを探して、地図をたどる。そこでは色々な日常を思い描くことができた。いつしか自分でも理想の間取りを考え、ここは私の部屋、ここは両親、ここは祖母と、部屋割りまで空想していた。

「どうせなら、建築とかデザインの勉強をしとけばよかったな」

父が腕を組んで勝手に納得したように言った。完全に文系の私は、営業を主とした総合職を受け続けていた。

「大学の就職説明会に来ていた、同じ文学部出身の先輩がとっても素敵だったんだ。雰囲気は柔らかいのに、できる女って印象でね。だから私もやれるかなって」

「美空、お前ができる女ってエ柄かよ」

父が笑ったので、失礼だなと思ったが、⑧やはり自分には向かない気がした。ＯＧ訪問までした、彼女がいる大手の不動産会社は、とうの昔に不採用となっていた。

実はもうひとつ理由があったが、これは内緒にしておくことにする。不動産業界に就職できれば、経済的にも安心だと思ったからなのだ。私立の大学にも入れてもらい、実家でのびやかに育てられたにしては、早く自立して家族を安心させたいと、いつもどこかで思っていた。ひとりっ子だから、自分がしっかりしなくてはという義務感だろうか。だが、少し背伸びをし過ぎていたのかもしれない。「　⑨　」という母の言葉がしっくりと心になじむ。

二〇二四年度　国士舘高等学校

【国　語】（五〇分）〈満点：一〇〇点〉

一　次の文章を読んで後の問いに答えなさい。

私はじっと封筒を見下ろしていた。結果は知りたい。しかし、なかなか開ける勇気が出なかった。①就職活動を始めてはや半年。今まで幾度「ご希望に添えず恐縮ですが云々《うんぬん》」の文句にア苦汁を舐《な》めてきたことだろう。観念してひとつ息を吐くと、封筒の横にご丁寧に置かれていたはさみを手に取った。

期待してはいけない。そう何度も心に言い聞かせ、ひと思いに封を切り、ゆっくりと三つ折りにされた書面を引き出した。心臓だけがむやみにばくばくとせわしない。

父も、母も、息を殺している気配を感じる。私よりも緊張しているかもしれない。

書面に目を通し、ふうと息をつくと、きれいに畳みなおして封筒に戻す。そのままテーブルに置き、ガスコンロの前の母に声をかけた。

「②お母さん、今夜のおかずは何？」

バイトに出かける前に、母が挽肉《ひきにく》を解凍していたのを思い出した。「ハンバーグかな」

「残念。甘酢で炒《いた》めたミートボールよ」

いよいよ耐え切れずに母が振り向いた。「それより、どうだった？」

「またダメだった……」

不覚にも母の声を聞いた途端に涙があふれ、力が抜けて床に座り込んでしまった。

「おいおい」と父がうろたえた声を上げて立ちあがる。こんなふうに泣くなんて久しぶりだ。

「美空《みそら》」

母が呼んだ。「お腹《なか》空いたでしょう。早くごはんにしましょうよ」

涙にまみれた情けない顔を上げると、母が吹き出した。

「泣き顔は子供の時とおんなじねぇ。その会社とは縁がなかったってことでしょう。そのうち、美空を必要とするところと出会えるわよ」

ガスを止めた母がテーブルの上のティッシュを差し出し、しゃがみこんで背中をさすってくれた。

「ねえ、美空。ちょっとひと休みしてみたらどうかな」

英語解答

A (1) イ　(2) ウ　(3) ア　(4) エ
(5) ウ

B (6) イ　(7) ア　(8) エ　(9) ウ
(10) ア

C (11) given　(12) where
(13) few〔couple〕　(14) makes
(15) wish

D (16) ウ　(17) ア　(18) ウ　(19) イ
(20) エ

E (21) 三番目…ア　五番目…ウ
(22) 三番目…カ　五番目…エ
(23) 三番目…ウ　五番目…オ
(24) 三番目…ア　五番目…オ
(25) 三番目…イ　五番目…カ

F (26) イ　(27) ウ　(28) エ　(29) イ
(30) ア　(31) エ　(32) written
(33) ウ

G (34) ウ　(35) ケ　(36) ア　(37) オ
(38) コ　(39) カ　(40) ク

A〔単語の発音〕

(1)	ア．best[e]	イ．even[iː]	ウ．spend[e]	エ．tell[e]
(2)	ア．run[ʌ]	イ．hundred[ʌ]	ウ．useful[juː]	エ．study[ʌ]
(3)	ア．thank[θ]	イ．these[ð]	ウ．without[ð]	エ．weather[ð]
(4)	ア．down[au]	イ．about[au]	ウ．brown[au]	エ．know[ou]
(5)	ア．those[ou]	イ．open[ou]	ウ．son[ʌ]	エ．home[ou]

B〔単語のアクセント〕

(6)	ア．pród-uct	イ．be-fóre	ウ．már-ket	エ．néigh-bor
(7)	ア．dól-lar	イ．de-cíde	ウ．per-fórm	エ．re-ceíve
(8)	ア．ís-land	イ．yél-low	ウ．chíck-en	エ．in-stéad
(9)	ア．béau-ti-ful	イ．lí-brar-y	ウ．de-lí-cious	エ．áu-di-ence
(10)	ア．chár-ac-ter	イ．spa-ghét-ti	ウ．to-mór-row	エ．va-cá-tion

C〔書き換え―適語補充〕

(11)「私は本を読んでいる。ピーターがそれを私にくれた」→「私はピーターからもらった本を読んでいる」　空所以降はa bookを修飾するまとまりになっている。本は「与えられた」物なので，受け身の意味のまとまりをつくるはたらきを持つ過去分詞のgivenが適する(過去分詞の形容詞的用法)。　give－gave－given

(12)「チケットを手に入れる場所を知っていますか？」→「チケットをどこで手に入れたらいいか知っていますか？」　'疑問詞＋to不定詞…'で「〈疑問詞〉～したらよいか，するべきか」を表せる。the place「場所」を尋ねているので，where「どこで」を用いる。

(13)「エイミーは芸術に関する本を2，3冊持っている」　a few ～で「2，3の～」を表せる。また，a couple of ～にも同様の意味があり，ofが省略されることもある。

(14)「私はこの歌を聴くといつも幸せになる」→「この歌はいつも私を幸せにする」　'make＋目的語＋形容詞'「～を…(の状態)にする」の形を用いる。This songが主語なので，makeに3人称単数現在のｓをつける。

(15)「私はトムのように速く泳ぎたいが，泳げない」→「トムのように速く泳げたらいいのになぁ」「～が…すればいいのになぁ」といった‘実現困難な願望’は，‘wish＋主語＋(助)動詞の過去形…’という仮定法過去を用いた形で表せる。

D〔適語選択・語形変化〕

(16) many flowers は「見られる」側なので，‘be＋過去分詞’の受け身形にする。 see－saw－seen「夏には，多くの花がこの公園で見られた」

(17)空所以降がその前にある名詞を修飾するまとまりとなるので，これらをつなぐ関係代名詞を入れる。前にある名詞(先行詞)が‘人’で後に(助)動詞があるとき，関係代名詞には who か that を用いる。「タクはピアノが上手に弾ける音楽の先生になりたい」

(18)空所以降が that bird を修飾するまとまりになっている。「空を飛んでいるあの鳥」という意味になると考えられるので，「～している…」というまとまりをつくるはたらきを持つ現在分詞の flying が適する(現在分詞の形容詞的用法)。 「空を飛んでいるあの鳥を見てください」

(19) not ～ yet「まだ～していない」 「私はまだその新入生に会っていない」

(20) for example「例えば」 「ルーシーは去年，日本の大都市，例えば大阪や札幌を訪れた」

E〔整序結合〕

(21)「なぜ」を表す疑問詞の Why で文を始め，‘be動詞＋主語…？’の語順で be動詞の疑問文を続ける。be interested in ～「～に興味がある」 Why are you interested in dogs in Japan？

(22)‘teach＋人＋物事’「〈人〉に〈物事〉を教える」 on weekends「週末に」 Emi teaches her brother math on weekends.

(23)「～必要がありませんでした」は，didn't have to ～で表す。 I didn't have to buy apples today.

(24)「ヒルさんのほしい車」を主語にする。これは，‘名詞＋主語＋動詞…’の形(目的格の関係代名詞が省略された形)を使って the car Mr. Hill wants と表す。 Well, the car Mr. Hill wants is not white.

(25)「A は B より～だ」は‘A is＋比較級＋than B’の形で表せる。B には the old one が当てはまり，この one は racket を指している。 My new racket is more expensive than the old one.

F〔長文読解総合―物語〕

≪全訳≫❶ヒロシはミナミ高校の２年生である。彼は写真を撮ることと記事を書くことが好きだ。彼は１年生のとき，ユミとリョウタと一緒に新聞部の一員となった。現在，彼らはほぼ毎月，２～３本の記事を学校新聞に書いている。先月は２本の記事を書いた。１つは夏休み中の生徒たちの経験について，もう１つはスピーチコンテストについてである。彼らは記事を英語で書くこともあり，その記事はよく評判になる。❷10月の最初の月曜日，新聞部員は放課後にミーティングを開いた。部長のサヤがヒロシに「私たちは英語の記事を２か月間書いていないわね。ヒロシ，次の学校新聞に１本書ける？」と言った。ヒロシは「えっ，それは前に一度もやったことないな」と思った。彼は少し緊張した。しかし彼は「もちろんです。英語は得意じゃないけど，ベストを尽くします。ところで，何について書いたらいいですか？ 何かアイデアはありますか？」と言った。サヤは「あなたには何か新しいことを書いてほしいの」と言った。するとユミが，「私にアイデアがあるわ。ヒロシ，アメリカからの新入生にインタビューしてみない？」と言った。ヒロシは「よさそうだね。彼女の名前はスーザンだよね？」と言った。サヤは「ええ。彼女は２年生かしら？」と言った。ユミは「はい。彼女は２か月前に日本に来ました。でも，私は彼女のことはあまり知りません。うちのクラスじゃないので」と言った。ヒロシは「僕も彼女のクラスメートではないんです。君はどうだい，リョウタ？」と言った。リョウタは「ああ，スーザンは同じクラスだよ。でも，彼女とあまり話したことはないんだ。アヤカが僕たちを助けてくれると思うよ。彼女も同じクラスで，英語部員だから英語が得意なんだ。彼女はスーザンとよく話しているよ。明日，２人を君に紹介するよ，ヒロシ」と言った。ヒロシは「ありがとう，リョウタ」と言った。❸翌日，ヒロシは放課後にリョウタの教室を訪れ，リョウタ，アヤカ，スーザンと会った。ヒロシはスーザンに「初めまして。僕はヒロシです」と言った。スーザンは「初めまして，ヒロシ」と言った。アヤカが「こんにちは，ヒロシ。私はアヤカよ」と言った。ヒロシは「僕はリョウタ同様新聞部にいます。次の学校新聞で，あなたについての記事を書きたいんです，スーザン。いいですか？」と言った。スーザンは「もちろんです。リョウタがその話を私にしてくれました。でも，今日は質問に答えられません。今日は日本語学校に行かなくてはいけないのです。毎週火曜日にそこで日本語を勉強しているので，すぐに学校を出ないと」と言った。アヤカは「私ももうすぐ学校を出ないといけないの。今日は家族のために夕食をつくるのよ。明日は手伝えるわ」と言った。ヒロシは「問題ないよ。明日話そう。スーザン，僕はあなたの家族と故郷について質問するつもりです」と言った。スーザンは「わかりました。それについて考えておきます」と言った。ヒロシも「ありがとう。もし他の生徒に見せられる写真があったら，それも持ってきてください」と言った。スーザンは「そうします」と言った。❹水曜日，スーザンはアヤカと一緒にヒロシの教室に来た。ヒロシは２人に「お時間をありがとう。スーザン，まずは自己紹介してくれますか？」と言った。スーザンは「もちろんです。私はアメリカから来たスーザン・ブラウンです。私たちは４人家族です。父，母，兄，そして私です。私たちは２か月前に日本に来ましたが，兄のエリックは私たちと一緒に暮らしてはいません」と言った。ヒロシは驚いて「では，彼はどこで暮らしているんですか？」と尋ねた。スーザンは「ニシ市です。彼はそこの大学に通っていて，日本史を勉強しています。この市からはそんなに遠くないけど，彼は大学の近くで１人暮らしをしたがっているんです」と言った。ヒロシは「なるほど。あなたも日本史が好きですか？」と言った。スーザンは「そんなに好きではありません。日本の美術の方が好きです」と言った。❺ヒロシは彼女の故郷についても質問した。スーザンは「私の故郷は大きな市ではありませんが，私はとても好きです。美しい湖があります。ここにその写真があります」と言った。スーザンはヒロシにその写真を見せ，故郷の友達に会えなくて寂しいとも言った。ヒロシは「わかります。僕は去年この市に来たんです。だから，４月にこの高校に入学したときは友達がいませんでした。そのときは昔の友達がいなくて寂しかったです」と言った。❻次にヒロシは「スーザン，日本であなたを驚かせるようなことはありましたか？」と尋ねた。スーザンは「そうですね，ここでは夏は本当に暑くて湿度が高いことにちょっと驚きました」と言った。それからヒロシは「何か困ったことはありましたか？」と言った。スーザンは「そうですね，大きな問題はありませんが，言葉の壁をしょっちゅう感じます。私は日本語が得意ではないので，クラスメートと日本語でうまく話せないんです。また，クラスメートの多くは私に話しかけるのをためらっています。私はもっと日本人の友達をつくりたいです。それが私の問題です」と言った。❼インタビューの最後に，ヒロシはスーザンに「日本で何をやってみたいですか？」と尋ねた。スーザンは「私は日本の文化的な行事に参加したいです。アメリカではハロウィンやクリスマスを楽しみました。日本ではどんな行事が人気ですか？」と言った。ヒロシは「僕は８月の夏祭りが好きです。秋と冬には，多くの人がハロウィンやクリスマスを楽しみます。初詣や餅つきなどの行事に挑戦してみるといいと思いますよ。こういった行事に着物で参加する人もいます」と言った。スーザンはこれらの行事を知らなかったので，アヤカはそれらについて英語で説明した。スーザンは「私は料理が好きなので，餅つきの行事に参加したいです。あっ，別の写真を見せるのを忘れていました」と言った。彼女は１枚の写真をヒロシに見せて，「父の誕生日パーティーでの私と家族の写真です。今年の４月にパーティーをやりました。このテーブルの上のカップケーキは私がパーティーのために焼いたんですよ」と言った。ヒロシは「へえ，いい写真ですね。あなたとご家族がカップケーキを食べていて，幸せそうです。カップケーキもきれいでおいしそうですね。さて，本当にお時間をありがとうございました。よい記事が書けるようにベストを尽くします」と言った。**8** １週間後，ヒロシは自分の記事をまずスーザンに見せた。彼女はそれをとても気に入った。その後，ヒロシがそれをサヤに見せると，彼女も気に入ってくれた。ヒロシによって書かれた記事が，スーザンの２枚のすてきな写真とともに10月の学校新聞に載った。多くの生徒がその記事を読み，スーザンに話しかけた。彼女に新しい友達ができ始めたので，ヒロシはうれしかった。

(26)＜文脈把握＞直前のI have never done that before.「それは前に一度もやったことがない」が，下線部の理由となっている。done thatの具体的な内容は，さらに１つ前の発言の中のwritten any English articles「英語で記事を書く」に当たる。　article「記事」

(27)＜文脈把握＞直後の２文で，日本語学校に行くためにすぐに学校を出なくてはならないと説明している。

(28)＜指示語＞直前でヒロシがyour family and your hometown「あなたの家族と故郷」について尋ねると言ったことを受け，スーザンはthem「それら」について考えると答えたのである。

(29)＜文脈把握＞直後の３文から，ヒロシも以前の友達が恋しくなるという経験をしたことがわかる。miss「～がいなくて寂しい，～が恋しい」

(30)＜文脈把握＞That「それ」は直前の４文の内容を指している。言葉の壁があって友達が増えないことを，trouble「問題，困ったこと」と感じている。　make friends「友達をつくる」

(31)＜指示語＞itは直接には，少し前のa picture of me and my family at my father's birthday partyを指している。また，直後の文から，この写真には家族がカップケーキを食べている様子が写っているとわかる。

(32)＜適語補充＞The article (　　) by Hiroshiの部分が主語のまとまりで，空所からHiroshiまでがThe articleを修飾している。この記事はヒロシによって書かれたものなので，受け身の意味のまとまりをつくるはたらきを持つ過去分詞のwrittenが適する(過去分詞の形容詞的用法)。writtenは第２段落第２文にある。

(33)＜内容真偽＞ア．「ヒロシは英語を話すのが得意だったので，新聞部員になった」…×　第２段落第７文参照。英語は得意ではない。　イ．「10月１日，ヒロシはリョウタのクラスにアメリカからの女子学生がいることを知った」…×　第２段落第１文に「10月の最初の月曜日」とあるが，「10月１日」かどうかはわからない。また，第２段落中ほどから，スーザンのことをすでに知っていたことが読み取れる。　ウ．「ヒロシはスーザンの兄が家族と一緒に住んでいないと聞いて驚いた」…○　第４段落第８，９文に一致する。 be surprised to ～「～して驚く」　エ．「英語の記事を書いた後，ヒロシはそれをまずサヤに見せ，それからスーザンに見せた」…×　第８段落第１，３文参照。スーザン，サヤの順に見せた。

G〔長文読解―適語句選択―スピーチ〕

≪全訳≫❶こんにちは，私はヒナコです。皆さんは困っている人に会ったら，どうしますか？　私はもし自分が困っていたら，他の人に助けてもらいたいです。だから，私は困っている人を見たら，助けるようにしています。また，そうすると私の気分もよくなります。❷去年の春のある土曜日，私は駅の近くで外国から来た女性に会いました。彼女は駅の近くのカフェを探していました。彼女は私にスマートフォンで地図を見せましたが，私たちがそこに着くのは簡単ではありませんでした。建物は狭い路地にありました。看板もとても小さかったです。私たちは10分ほど歩き回って，ようやくカフェを見つけました。❸カフェの前で，その女性は笑って「ありがとうございました」と言いました。私は彼女に「よい１日を」と言いました。私は「このカフェは秘密基地みたいだな。誰かと来たいな」と思いました。❹次の週末，私は母とそのカフェに行きました。そこで母と私はお茶を楽しみました。母はチョコレートケーキとコーヒー，私は抹茶ケーキと紅茶をいただきました。抹茶ケーキは本当においしかったです。母は「私はこのコーヒーが気に入ったわ。家でもこれを飲みたいわね」と言いました。❺カフェにはあまりお客さんがいませんでした。カフェのオーナーは忙しくは見えなかったので，私は彼に話しかけました。私は「いつこのカフェをオープンしたんですか？」と尋ねました。彼は「２週間前にオープンしたんです。このカフェについてどうやって知ったんですか？　この辺りにお住まいですか？」と言いました。私は先日会った女性について彼に話しました。彼は驚いたようで，「彼女はオーストラリアから来た友人なんです。彼女が先週ここに来たとき，親切な日本人の女の子について私に教えてくれました。その女の子があなただったのですね！」と言いました。私は彼に，カフェの看板と建物が見つけにくかったとも伝えました。彼は「わかりました。ご提案ありがとうございます。改善してみるようにします。ええと，あの棚の上のティーバッグ，コーヒー豆，小さな商品はお買い上げいただけます。もしあそこに何か気に入ったものがありましたら，プレゼントとしてそれをあなたに差し上げましょう。私と友人からです」と言いました。私は「まあ，いいんですか？」と言いました。彼は笑って「もちろんです」と言いました。❻プレゼントとして，私は小さなカップを選びました。ティーバッグも買いたかったので，私は母に尋ねました。母は「もちろんよ。でも，どうしてそんなにたくさんティーバッグが欲しいの？」と言いました。私は「私のためだけじゃないのよ」と言いました。すると母は「わかったわ。私はコーヒー豆が欲しいから，全部買いましょう」と言いました。❼私たちが家に帰ったとき，父はテレビを見ていました。父は私に「今日はどうだった，ヒナコ？」と言いました。私は父にカフェについて話し，いくつかティーバッグをあげました。彼は「おいしそうだね。仕事で疲れたときに飲むよ。ありがとう，ヒナコ」と言いました。❽約１か月後，私は友人のリエとまたカフェに行くことにしました。その頃，彼女はよく悲しそうな顔をしていたので，私は彼女を誘ったのです。２人で行く前に，私はカフェのウェブサイトをインターネットで見ました。サイトにはたくさんの写真がついた新しい地図が載っていました。私は「わあ，よくなってる。これを見たら，道に迷わないわね」と思いました。❾リエと私がカフェへと歩いていると，私は道でカフェの新しい看板を見つけました。私たちがカフェに入ると，10人ほどのお客さんがいました。オーナーが私たちの所に来て，「どうも。地図を改善したんですよ。見ましたか？」と言いました。私は「はい。新しい看板も見ました。多くの人がそのおかげでここに簡単に来ることができると思います」と言いました。彼はうれしそうに「がんばりましたよ」と言いました。❿リエと私はイチゴケーキと紅茶を注文しました。私たちが食事を楽しんでいると，新しいお客さんが次々に入ってきました。リエが「このカフェは新しい地図のおかげで人気になっていると思うわ」と言いました。私はそうねと答えましたが，本当はおいしいお菓子や飲み物のおかげで人気になっているんだと思っていました。私たちはたくさん話し，リエが部活のメンバーともめていることを私は知りました。だから，私は彼女を元気づけようとしました。⓫紅茶を飲んだ後，リエは「ヒナコ，私をここに連れてきてくれてありがとう。あなたはたくさん私の話を聞いてくれた。今はずっと気分がよくなったわ」と言いました。私はうれしくて「また来ようね」と言いました。

＜解説＞(34)直前の it の指すものが前からは読み取れないので，‘it is 〜 for … to —’「…が〔…にとって〕—することは〜だ」という形式主語の形だと判断できる。また，道が狭く看板も小さかったと後にあるので，カフェに着くのが大変だったという内容が入るとも推測できる。　(35)カフェで飲んだコーヒーが気に入った，という内容に続けて 〜, too「〜も」でつけたせる内容として，家でもそれを飲みたいというケが適切。it は直前の文の the coffee を指している。　want to 〜「〜したい」　(36)カフェのオーナーに話しかけられる状況を表しているアが適切。　‘look＋形容詞’「〜(の状態)に見える」　(37)友人やカフェによくしてくれたヒナコに対し，オーナーは気に入った商品があったらプレゼントすると申し出たのである。直後の「私と友人から」も手がかりとなる。　(38)ヒナコからティーバッグをもらった父がお礼とともに述べる言葉として，それを飲もうというコが適切。　(39)地図や看板が改善されたことについて話している場面。このヒナコの言葉を聞いてオーナーは喜んでいるのだから，カフェに来やすくなったというカが適切。them は new signs「新しい看板」を指している。　(40)ヒナコがたくさん話を聞いて励ましてくれたので，リエはそういう場を設けてくれたことに感謝を述べたのである。here はカフェを指す。　Thank you for 〜ing「〜してくれてありがとう」

数学解答

1 (1) ① -3 ② $\dfrac{x-y}{24}$ ③ $\sqrt{10}$

(2) $x=4$, $y=-2$ (3) $x=-1$, -9

(4) ア…3 イ…5

2 (1) $0\leqq y\leqq 25$ (2) $(-8,\ 16)$

(3) $y=\dfrac{1}{4}x+3$ (4) $(-6,\ 9)$

3 (1) 24通り (2) $\dfrac{1}{6}$

4 (1) 25° (2) 10倍

5 (1) 27cm (2) $3\sqrt{7}\,\mathrm{cm}^3$

6 (1) ア…ACF イ…BCE ウ…CAF

エ…1組の辺とその両端の角

(2) ① 9cm ② 5：1

1 〔独立小問集合題〕

(1)＜数の計算，式の計算＞①与式＝$3-1\times6=3-6=-3$　②与式＝$\dfrac{4(x+5y)-3(x+7y)}{24}=\dfrac{4x+20y-3x-21y}{24}=\dfrac{x-y}{24}$　③与式＝$\dfrac{15\sqrt{2}}{\sqrt{3}}\div6\sqrt{5}\times\sqrt{2^2\times3}=\dfrac{15\sqrt{2}}{\sqrt{3}}\div6\sqrt{5}\times2\sqrt{3}=\dfrac{15\sqrt{2}\times2\sqrt{3}}{\sqrt{3}\times6\sqrt{5}}=\dfrac{5\sqrt{2}}{\sqrt{5}}=\dfrac{5\sqrt{2}\times\sqrt{5}}{\sqrt{5}\times\sqrt{5}}=\dfrac{5\sqrt{10}}{5}=\sqrt{10}$

(2)＜連立方程式＞$\dfrac{4x+3y}{5}=x+y$……①，$x+y=2$……②とする。①より，$4x+3y=5x+5y$，$-x-2y=0$，$x=-2y$……①′　②に①′を代入して，$-2y+y=2$，$-y=2$　$\therefore y=-2$　これを①′に代入して，$x=-2\times(-2)$　$\therefore x=4$

(3)＜二次方程式＞$2x^2+10x=x^2-9$，$x^2+10x+9=0$，$(x+1)(x+9)=0$　$\therefore x=-1$，-9

(4)＜データの活用―四分位範囲＞箱ひげ図より，第1四分位数は5点，第3四分位数は8点だから，四分位範囲は，〔第3四分位数〕－〔第1四分位数〕＝8－5＝3(点)である。次に，12回の点数を小さい順に並べたとき，第1四分位数は最小値を含む6回の中央値，つまり3番目と4番目の平均値となる。これが5点で，最小値が4点より，3番目が4点のとき4番目は6点になり，3番目が5点のとき4番目も5点となるから，4番目が7点とはならない。また，第3四分位数は最大値を含む6回の中央値，つまり9番目と10番目の平均値となる。これが8点で，最大値が10点より，9番目が7点，10番目が9点となる場合がある。よって，7点である回数が最も多くなるのは，5番目から9番目までが7点の場合で5回である。

2 〔関数―関数 $y=ax^2$ と一次関数のグラフ〕

(1)＜変域＞右図1の関数 $y=\dfrac{1}{4}x^2$ では，x の絶対値が大きいほど y の値は大きくなる。そのため，x の変域が $-10\leqq x\leqq4$ のとき，$x=-10$ で y は最大値 $y=\dfrac{1}{4}\times(-10)^2=25$ をとり，$x=0$ で y は最小値 $y=0$ をとる。よって，y の変域は $0\leqq y\leqq25$ である。

図1

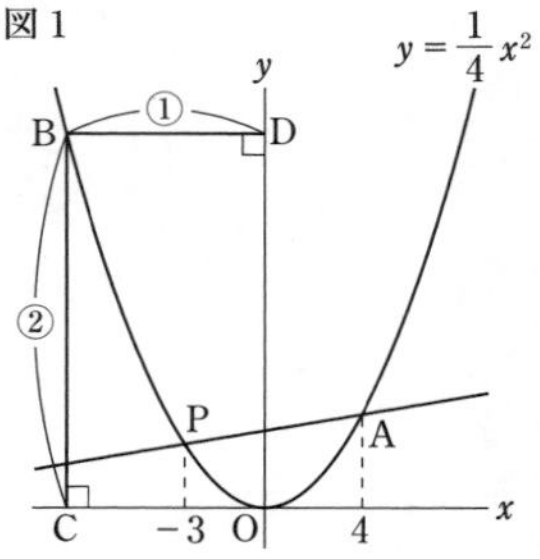

(2)＜座標＞右図1で，点Bの x 座標を $-b$ とすると，点Bは関数 $y=\dfrac{1}{4}x^2$ 上の点だから，y 座標は $y=\dfrac{1}{4}\times(-b)^2=\dfrac{1}{4}b^2$ となり，B$\left(-b,\ \dfrac{1}{4}b^2\right)$と表される。このとき，BC＝$\dfrac{1}{4}b^2$，BD＝CO＝$0-(-b)=b$ と表され，BC：BD＝2：1のとき，$\dfrac{1}{4}b^2:b=2:1$ となる。これより，$\dfrac{1}{4}b^2\times1=b\times2$，$\dfrac{1}{4}b^2-2b=0$，$b^2-8b=0$，$b(b-8)=0$ より，$b=0$，8

となる。$b>0$ だから，点Bの x 座標は $-b=-8$ となり，y 座標は $\frac{1}{4}b^2=\frac{1}{4}\times8^2=16$ である。よって，B$(-8,\ 16)$ である。

(3)<直線の式>前ページの図1で，点Pは関数 $y=\frac{1}{4}x^2$ のグラフ上の点だから，点Pの x 座標が -3 より，$y=\frac{1}{4}x^2$ に $x=-3$ を代入して，$y=\frac{1}{4}\times(-3)^2=\frac{9}{4}$ となり，P$\left(-3,\ \frac{9}{4}\right)$ である。また，点Aの x 座標は4だから，同様にして，$y=\frac{1}{4}\times4^2=4$ となり，A$(4,\ 4)$ である。直線APの式を $y=mx+n$ とおくと，点Aの座標より $4=4m+n$……(ア)，点Pの座標より $\frac{9}{4}=-3m+n$……(イ)となり，(ア)−(イ)より，$4-\frac{9}{4}=4m-(-3m)$，$\frac{7}{4}=7m$，$m=\frac{1}{4}$ となる。これを(ア)に代入すると，$4=4\times\frac{1}{4}+n$，$n=3$ となり，直線APの式は $y=\frac{1}{4}x+3$ となる。

(4)<座標>右図2で，$\angle BCO=\angle COD=\angle BDO=90^\circ$ より，四角形BCODは長方形である。長方形の対角線の交点を通る直線は長方形の面積を2等分するから，四角形BCODの対角線OB，CDの交点をMとすると，直線APは点Mを通る。点Mは対角線OBの中点となるから，B$(-8,\ 16)$ より，点Mの x 座標は $\frac{-8+0}{2}=-4$，y 座標は $\frac{16+0}{2}=8$ となり，M$(-4,\ 8)$ である。これと，A$(4,\ 4)$ より，直線AMの傾きは $\frac{4-8}{4-(-4)}=-\frac{1}{2}$ だから，直線AMの式を $y=-\frac{1}{2}x+k$ とおいて，$x=4$，$y=4$ を代入すると，$4=-\frac{1}{2}\times4+k$，$k=6$ となり，直線AMの式は $y=-\frac{1}{2}x+6$ となる。よって，点Pは直線AMと関数 $y=\frac{1}{4}x^2$ のグラフとの交点となるから，2式から y を消去して，$\frac{1}{4}x^2=-\frac{1}{2}x+6$ より，$x^2+2x-24=0$，$(x+6)(x-4)=0$，$x=-6$，4 となる。点Pの x 座標は負だから，x 座標は -6 となり，これを $y=\frac{1}{4}x^2$ に代入して，$y=\frac{1}{4}\times(-6)^2=9$ である。したがって，P$(-6,\ 9)$ となる。

図2

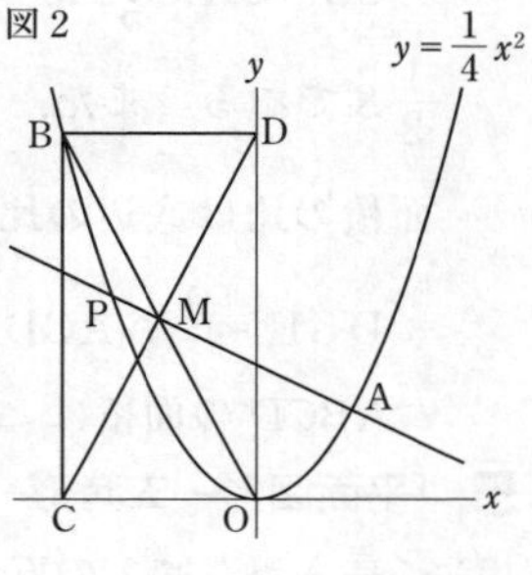

3 〔データの活用―場合の数・確率―カード〕

(1)<場合の数>30以下の素数は2，3，5，7，11，13，17，19，23，29の10個だから，Aの箱には2，3，5，7が書かれた4枚のカード，Bの箱には11，13，17，19，23，29が書かれた6枚のカードが入る。よって，それぞれの箱から1枚のカードを取り出す場合，Aの箱から取り出すカードは4通り，Bの箱から取り出すカードは6通りあるから，a，b の値の組合せは，全部で $4\times6=24$(通り)ある。

(2)<確率>$2+11=13$，$7+29=36$ より，$13\leqq a+b\leqq36$ である。よって，24通りの a，b の組合せのうち，$\sqrt{a+b}$ の値が整数となるのは，$a+b=16=4^2$，$a+b=25=5^2$，$a+b=36=6^2$ の場合である。$a+b=16$ となる a，b の組合せは，$(a,\ b)=(3,\ 13)$，$(5,\ 11)$ の2通り，$a+b=25$ になる a，b の組合せは，$(a,\ b)=(2,\ 23)$ の1通り，$a+b=36$ になる a，b の組合せは，$(a,\ b)=(7,\ 29)$ の1通りあるから，$2+1+1=4$(通り)ある。よって，求める確率は $\frac{4}{24}=\frac{1}{6}$ である。

4 〔平面図形―平行四辺形〕

(1)<角度>右図1で，AB＝ACより，△ABCは二等辺三角形だから，$\angle ACB=\angle ABC=(180^\circ-\angle BAC)\div2=(180^\circ-80^\circ)\div2=50^\circ$ である。また，AB∥DCより，平行線の錯角は等しいから，$\angle DCA=\angle BAC$

図1

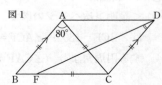

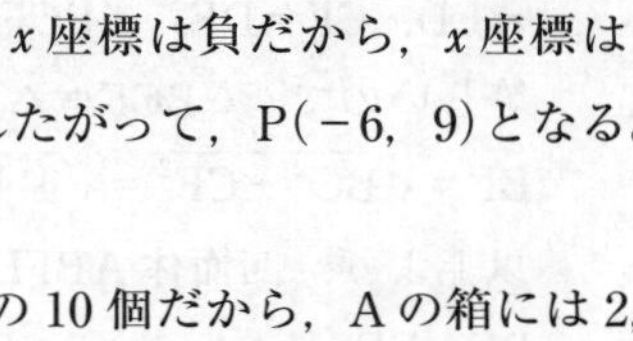

$=80°$ である。よって，$\angle DCF = \angle ACB + \angle DCA = 50° + 80° = 130°$ となる。$CD = CF$ より，$\triangle CDF$ は二等辺三角形だから，$\angle CDF = (180° - \angle DCF) \div 2 = (180° - 130°) \div 2 = 25°$ である。

(2)＜面積の比＞右図2で，$AB /\!/ DC$ より，$\triangle AEG \backsim \triangle CDG$ となり，対応する辺の比は等しいから，$AG : CG = AE : CD$ となる。$AE : EB = 2 : 1$，$CD = AB$ より，$AE : CD = AE : AB = AE : (AE + EB) = 2 : (2+1) = 2 : 3$ だから，$AG : CG = 2 : 3$ となり，$CG = \frac{3}{2+3}AC = \frac{3}{5}AC$ である。また，$AD /\!/ BC$ より，$\triangle AHD \backsim \triangle CHF$ で，対応する辺の比は等しいから，$AH : CH = AD : CF$ となる。$AC /\!/ EF$ より，$CF : FB = AE : EB = 2 : 1$ で，$AD = BC$ だから，$AD : CF = BC : CF = (FB + CF) : CF = (1+2) : 2 = 3 : 2$ となり，$CH = \frac{2}{3+2}AC = \frac{2}{5}AC$ である。よって，$GH = CG - CH = \frac{3}{5}AC - \frac{2}{5}AC = \frac{1}{5}AC$ となる。ここで，$\square ABCD = S$ とおくと，$\triangle ACD = \frac{1}{2}\square ABCD = \frac{1}{2}S$ である。また，$\triangle ACD$ と $\triangle DGH$ は，それぞれの底辺を AC，GH と見ると高さは等しいから，面積の比は底辺の比と等しく，$\triangle ACD : \triangle DGH = AC : GH = AC : \frac{1}{5}AC = 5 : 1$ となる。以上より，$\triangle DGH = \frac{1}{5}\triangle ACD = \frac{1}{5} \times \frac{1}{2}S = \frac{1}{10}S$ で，$\square ABCD : \triangle DGH = S : \frac{1}{10}S = 10 : 1$ となるから，$\square ABCD$ の面積は $\triangle DGH$ の面積の 10 倍である。

図2

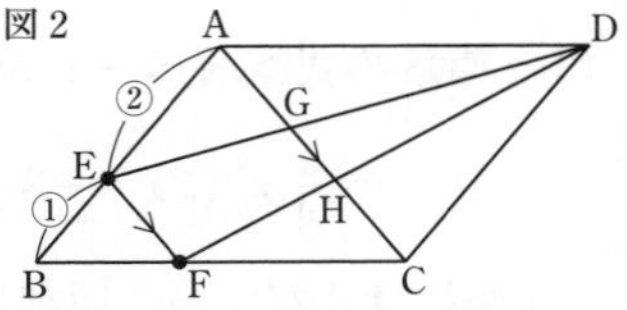

5 〔平面図形―五角形―展開図〕

(1)＜長さ＞右図1の五角形 ABCDE を組み立てると，右下図2のような四面体 ABFE ができる。図2で，$AB = AE = 4$，$AF = CF = DF = \frac{1}{2}CD = \frac{1}{2} \times 6 = 3$，$BE = CD = 6$ となる。また，図1で，$\triangle BCF$ と $\triangle EDF$ において，$BC = ED$，$CF = DF$，$\angle BCF = \angle EDF = 90°$ より，2辺とその間の角がそれぞれ等しいので，$\triangle BCF \equiv \triangle EDF$ となる。よって，$\triangle BCF$ で三平方の定理より，$BF = \sqrt{BC^2 + CF^2} = \sqrt{4^2 + 3^2} = \sqrt{25} = 5$ となるから，$EF = BF = 5$ である。以上より，四面体 ABFE の6つの辺の長さの和は，$AB + AE + AF + BE + BF + EF = 4 + 4 + 3 + 6 + 5 + 5 = 27$(cm)である。

図1

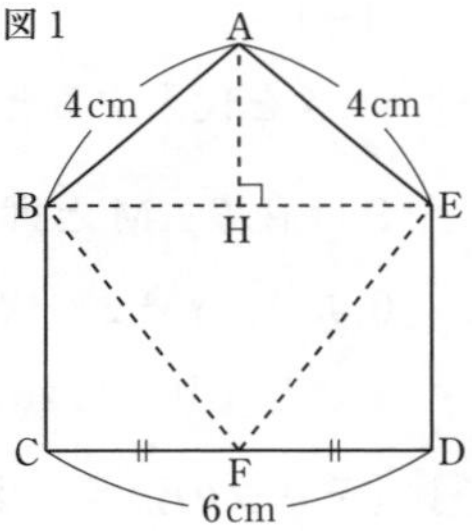

(2)＜体積＞右図2で，$\angle BAF = \angle EAF = 90°$ より，AF は面 ABE と垂直になるから，四面体 ABFE の底面を $\triangle ABE$ と見ると，高さは AF である。右上図1で，点 A から BE に垂線を引き，その交点を H とすると，$BH = EH = \frac{1}{2}BE = \frac{1}{2} \times 6 = 3$，$AB = 4$ だから，$\triangle ABH$ で三平方の定理より，$AH = \sqrt{AB^2 - BH^2} = \sqrt{4^2 - 3^2} = \sqrt{7}$ となる。これより，$\triangle ABE = \frac{1}{2} \times BE \times AH = \frac{1}{2} \times 6 \times \sqrt{7} = 3\sqrt{7}$ となり，求める四面体 ABFE の体積は，$\frac{1}{3} \times \triangle ABE \times AF = \frac{1}{3} \times 3\sqrt{7} \times 3 = 3\sqrt{7}$ (cm^3)である。

図2

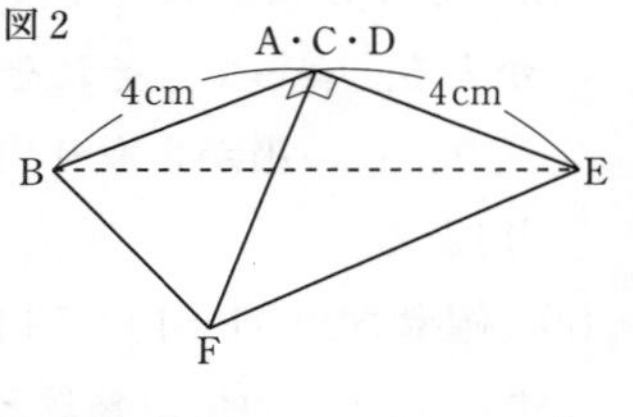

6 〔平面図形―円〕

(1)＜証明＞次ページの図で，②は半円の弧に対する円周角だから，$\angle ACF = 90°$ である。これより，③は $\angle BCE = 180° - \angle ACF = 180° - 90° = 90°$ となり，④は，$\angle ACF = \angle BCE$ である。⑤は，$\overset{\frown}{CD}$ に対する円周角より，$\angle CAF = \angle CBE$ となる。①，④，⑤より，1組の辺とその両端の角がそれぞれ等

しいから，$\triangle \mathrm{AFC} \equiv \triangle \mathrm{BEC}$ となる。

⑵＜長さ，長さの比＞①右図で，$\triangle \mathrm{EAD}$ と $\triangle \mathrm{EBC}$ において，$\angle \mathrm{E}$ は共通，$\overset{\frown}{\mathrm{CD}}$ に対する円周角より $\angle \mathrm{EAD} = \angle \mathrm{EBC}$ となり，2組の角がそれぞれ等しいから，$\triangle \mathrm{EAD} \backsim \triangle \mathrm{EBC}$ となる。これより，$\mathrm{EA} : \mathrm{EB} = \mathrm{ED} : \mathrm{EC}$ である。$\mathrm{CE} = x$(cm)とすると，$\mathrm{EA} = \mathrm{CE} + \mathrm{AC} = x + 15$ と表され，$\mathrm{EB} = \mathrm{BD} + \mathrm{DE} = 6 + 12 = 18$ となるから，$(x+15) : 18 = 12 : x$ が成り立つ。これを解くと，$(x+15) \times x = 18 \times 12$，$x^2 + 15x - 216 = 0$，$(x+24)(x-9) = 0$ より，$x = -24$，9 となり，$x > 0$ だから，$x = 9$ である。よって，$\mathrm{CE} = 9$(cm)である。

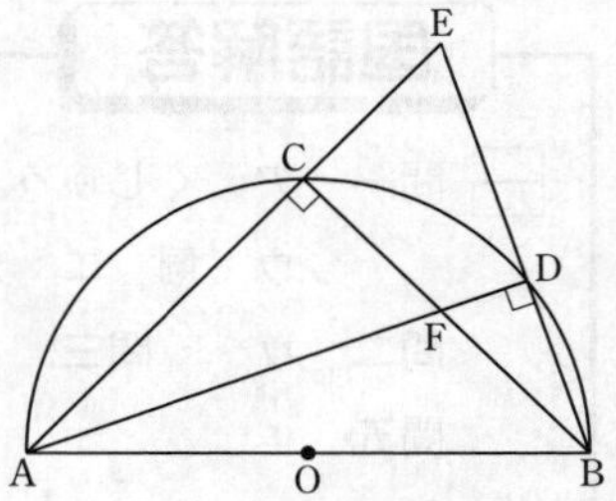

②①より $\mathrm{CE} : \mathrm{BE} = 9 : 18 = 1 : 2$，$\angle \mathrm{BCE} = 90°$ だから，$\triangle \mathrm{BCE}$ は3辺の比が $1 : 2 : \sqrt{3}$ の直角三角形である。これより，$\angle \mathrm{DBF} = \angle \mathrm{CAF} = 30°$ であり，$\angle \mathrm{FDB} = \angle \mathrm{FCA} = 90°$ だから，$\triangle \mathrm{DFB}$ も $\triangle \mathrm{CFA}$ も3辺の比が $1 : 2 : \sqrt{3}$ の直角三角形となる。よって，$\mathrm{FD} = \frac{1}{\sqrt{3}}\mathrm{BD} = \frac{1}{\sqrt{3}} \times 6 = 2\sqrt{3}$，$\mathrm{AF} = \frac{2}{\sqrt{3}}\mathrm{AC} = \frac{2}{\sqrt{3}} \times 15 = 10\sqrt{3}$ となり，$\mathrm{AF} : \mathrm{FD} = 10\sqrt{3} : 2\sqrt{3} = 5 : 1$ である。

国語解答

一　問一　ア　くじゅう　イ　えんりょ
　　ウ　飼　エ　がら　オ　単純
問二　ウ　問三　イ　問四　ア
問五　エ
問六　a　意固地
　　b　人がよくて押しが弱い
問七　ウ　問八　のびやか
問九　高い物件を～ールスする
問十　縁がなかった　問十一　ウ
問十二　イ

二　問一　ア　保証　イ　例
　　ウ　じゅうなん　エ　関
　　オ　こうけん
問二　イ　問三　ウ　問四　エ
問五　ウ　問六　第一に　問七　イ
問八　ア　問九　エ
問十　a　専門家である栄養士
　　b　母親六人のグループ
問十一　発言の機会　問十二　ウ

一〔小説の読解〕出典：長月天音『ほどなく，お別れです』。

問一＜漢字＞ア．「苦汁をなめる」は，つらい経験をする，という意味。　イ．「遠慮」は，他人に対して言動を控えめにすること。　ウ．音読みは「飼育」などの「シ」。　エ．「柄」は，その物や人に備わっている性質や品格などのこと。　オ．「単純」は，構造や形式などが簡単で込み入ってないこと。

問二＜熟語の構成＞「就職」と「帰郷」は，下の漢字が上の漢字の目的語になっている熟語。「詳細」は，似た意味の漢字を組み合わせた熟語。「既存」は，上の漢字が下の漢字を修飾している熟語。「地震」は，上の漢字と下の漢字が主述の関係にある熟語。

問三＜心情＞不採用の結果を伝える書面に目を通した美空は，息をついて，書面を「きれいに畳みなおして封筒に戻す」と，「お母さん，今夜のおかずは何？」と尋ねて，がっかりしてはおらず平気だと，無理に見せようとしているのである。

問四＜品詞＞「涙をぬぐいながら」と「歩きながら」の「ながら」は，二つの動作が並行して行われる様子を表す接続助詞。「生まれながら」の「ながら」は，その状態のまま，という意味の接続助詞。「三人ながら」の「ながら」は，全部，という意味の接続助詞。「老齢ながら」の「ながら」は，矛盾している二つの事柄の内容が同時に成り立っていることを表す接続助詞。

問五＜文章内容＞美空が不動産業界を目指すのは，「マンションに昔から憧れていた」ことに加え(ウ…○)，就職説明会に来ていた「同じ文学部出身の先輩がとっても素敵だった」からである(イ…○)。また，両親には内緒であるが，「不動産業界に就職できれば，経済的にも安心だと思った」という理由もあった(ア…○)。

問六＜文章内容＞美空は，「一度こうと決めたら誰にも相談せずに突き進む」という「意固地な性格」であり，ずっと不動産業界ばかりを受け続けていた(…a)。しかし，美空の母は，「人がよくて押しが弱い」美空が「マンションみたいな高いもの，ちゃんと売れるのかな」と心配していたのである(…b)。

問七＜語句＞「所在ない」は，特にすることもない，という意味。

問八＜文章内容＞美空は，「私立の大学にも入れてもらい，実家でのびやかに」育てられた。

問九＜文章内容＞美空は母親に，「人がよくて押しが弱い」から「マンションみたいな高いもの，ちゃんと売れるのかな」と心配だったと言われた。そこで，美空は，確かに自分には「高い物件を買ってもらうために，セールスするのは向いていない」と感じたのである。

問十＜文章内容＞美空は，父の言葉を失礼に感じつつも，就職活動を始めて「はや半年」たつのに就職先が決まらないので，やはり不動産業界は「自分には向かない気」がした。そのため，不動産業界と自分は「縁がなかった」という母のとらえ方が，心になじんだ。

問十一＜漢字＞「苦手」は「にがて」，「旅先」は「たびさき」と読み，訓読み＋訓読みの熟語。「組曲」は「くみきょく」と読み，訓読み＋音読みの湯桶読みの熟語。「肉食」は「にくしょく」と読み，音読み＋音読みの熟語。「縁側」は「えんがわ」と読み，音読み＋訓読みの重箱読みの熟語。

問十二＜心情＞不動産業界に就職したら，「さっさとマンションを買って出ていってしまうんじゃないか」と，美空が離れていくのを父が心配していたことを聞いて，美空は，父の愛情を感じ，就職して自立することに対する「自分がしっかりしなくてはという義務感」が解け，心が「ふわっと温かく」なったのである。

二〔論説文の読解―政治・経済学的分野―社会〕出典：吉川肇子『リスクを考える 「専門まかせ」からの脱却』。

≪本文の概要≫集団の意思決定の質は，実験によれば，集団の中で最も秀でた個人の決定には劣る場合が多い。しかし，民主主義社会では，一人の意思決定による独裁は許されない。さらに，現実社会では，何が最良の決定かがあらかじめわかってはおらず，また，誰が最も優秀な人物かを見出しにくい。さらに，ある面で優秀な人物が，あらゆる面で最も優れた人物であるとはかぎらない。一人の独裁者や専門家に任せると，最悪の決定になる可能性もある。したがって，私たちは，集団にとって最良ではないかもしれないけれど，少なくとも最悪の決定を避けるために，集団で意思決定する必要がある。議論に参加することで，決定に参加する者の満足感が高まるので，集団で決定されたことは，実際に実行される可能性が高い。集団での意思決定がなされるには，手続きが公正であることが重要である。特に参加者に発言の機会を与えることが重要で，発言の機会があると，議論の参加者の公正感が高まるのである。

問一＜漢字＞ア．「保証」は，間違いがないことを約束すること。責任を持って請け負うという意味の「保障」との混同に注意。　イ．「例」は，説明のために引き合いに出す事柄のこと。　ウ．「柔軟」は，柔らかく，しなやかなこと。　エ．「関する」は，かかわる，という意味。　オ．「貢献」は，何かのために尽力して寄与すること。

問二＜語句＞「一般」は，広く全体にいきわたっていて，共通して認められていること。対して，「特殊」は，普通とは質的に異なっていること。「個人」は，一人ひとりの人間のこと。「部分」は，全体の中に含まれるもののこと。「異常」は，正常ではないこと。

問三＜文章内容＞集団の意思決定の質は，実験により，「その集団のなかで最も秀でた個人の決定には劣る場合が多い」ことがわかっているが，そうすると，「優秀な人を見つけてその人に決めてもらえば，最良の結果が得られる」ということになりそうである。しかし，優秀な一人を見つけて独裁的にその人に決めてもらうことは，現実的に可能ではないのである。

問四＜品詞＞「賭けるのは」の「の」と「負けるのを」の「の」は，名詞の代用になる格助詞。「君の言うこと」の「の」は，主語をつくる格助詞。「私のノート」の「の」は，連体修飾語をつくる格助詞。「疲れたので」の「の」は，理由を表す接続助詞「ので」の一部。

問五＜接続語＞④集団の意思決定の質は「その集団のなかで最も秀でた個人の決定には劣る場合が多い」とわかったのは，「『どれが最良の決定か』ということがわかっている状況」だったが，「現実の社会では最良の決定が何なのかあらかじめわかっているわけではない」し，もっとも「『誰が最も優秀な人物か』を見いだすことは困難」である。　⑤現実の社会では，失敗して初めて「他の人のほうが優秀だった」とか，成功して初めて「その人が優秀であった」ことがわかるのであり，そのうえ，「明らかな失敗」は起こりにくく，「失敗は見えにくい」のである。

問六＜文章内容＞「民主主義を前提とするリスク・コミュニケーション」では，「みんなで意思決定をすること」が求められる。これは，「一人の意思決定による独裁はそもそも許されない」という民主主義の特徴を反映したやり方である。

問七＜文脈＞みんなで決めたことは，「必ずしも最良の決定ではない」が，「最悪でもない」のであり，独裁者や専門家に任せてしまうと，「最悪の決定になる可能性」もある。

問八＜漢字の知識＞「究」と「花」は，意味を表す部分と音を表す部分が組み合わさった形声文字。「森」は，意味のある漢字が組み合わさった会意文字。「末」は，木の上に一を加えて先端部分を指し示した指事文字。「山」は，山をかたどった象形文字。

問九＜文章内容＞講義または話し合いの二週間後に，母親が乳児に肝油を与えたかどうかの実行率を調べると，「講義条件では二〇パーセントであったのに対し，集団決定条件では四五パーセント」で，集団決定条件の方が「実行率は高かっ」た。四週間後に実行率を再度調べると，「講義条件では五五パーセント，集団決定条件では八五パーセント」で，どちらも「実行率が上がって」いた。

問十＜文章内容＞ａ．「専門家である栄養士の話を聞く」ことによって「乳児に肝油を与える」場合，母親たちではなく，栄養士の話が，行動を規定しているといえる。　ｂ．「乳児に肝油を与える」ことを，「母親六人のグループで話し合いをして，挙手などによって決定した」場合，母親たち自身が寄り集まって下した決定が，行動を規定するのである。

問十一＜文章内容＞議論において，「発言の機会があると，議論の参加者の公正感が高まる」ことがわかっている。業績評価の際に上司と面談できる機会がある場合も，評価される本人に「発言の機会」があると，評価に対する「公正感が高まる」のである。

問十二＜要旨＞「議論に参加することで，決定に対する参加者の満足感が高まる」のであって，独裁的なシステムでは，議論への参加の機会がない(ア…×)。「あらゆることに秀でている人は少ない」のであり，優秀な一人に意思決定を任せるのは，民主主義的な「社会の仕組みからも許されない」のである(イ…×)。私たちは「民主主義的な社会に生きている」ので，「独裁はそもそも許されない」のであり，また，集団の意思決定は，「最良ではないかもしれないけれども，少なくとも最悪の決定を避ける」ことができる。議論に参加することで，参加者の「公正感」や決定事項への「満足度」が高まり，「みんなで決めたことは実際に実行される可能性が高い」のである(ウ…○)。日本の意思決定のあり方をどうすればよいかということは，述べられていない(エ…×)。

2023年度　国士舘高等学校

【英　語】（50分）〈満点：100点〉

A　次の(１)～(５)の各組の語の中で、下線部の発音が他と違うものを一つ選び、記号で答えなさい。

(１)　ア age　イ match　ウ apron　エ late
(２)　ア food　イ noon　ウ pool　エ wood
(３)　ア service　イ person　ウ clear　エ early
(４)　ア waited　イ opened　ウ showed　エ listened
(５)　ア character　イ chance　ウ choose　エ lunch

B　次の(６)～(10)の各組の語の中で、もっとも強く発音する位置が他と違うものを一つ選び、記号で答えなさい。

(６)　ア li-on　イ nov-el　ウ plan-et　エ sup-port
(７)　ア a-bove　イ cour-age　ウ re-spect　エ de-sign
(８)　ア sur-vive　イ in-vite　ウ be-low　エ sweat-er
(９)　ア de-vel-op　イ a-maz-ing　ウ news-pa-per　エ ex-pen-sive
(10)　ア vol-un-teer　イ com-pa-ny　ウ ar-e-a　エ hos-pi-tal

C　次の(11)～(15)の各組がほぼ同じ内容になるように、(　　)に入る適語を一語ずつ解答欄に書きなさい。

(11)
I didn't remember to go to the store.
I (　　　) to go to the store.

(12)
Mary plays the guitar well.
Mary is (　　　) at playing the guitar.

(13)
We usually buy some food at that store.
We usually buy something to (　　　) at that store.

(14)
My favorite movie is not as long as this one.
My favorite movie is (　　　) than this one.

(15) { Mr. Hill always says to us, "Read one book every week."
Mr. Hill always (　　　) us to read one book every week.

D 次の(16)～(20)の各英文の（　）に入るもっとも適切なものをア～エから一つ選び、記号で答えなさい。

(16) Ann comes to school (　　　) of all the students in her class.
ア early　イ as early　ウ earlier　エ the earliest

(17) It will (　　　) raining soon.
ア become　イ stop　ウ wish　エ seem

(18) Have you (　　　) your homework yet?
ア do　イ did　ウ done　エ doing

(19) What is the language (　　　) in your country?
ア speak　イ spoke　ウ spoken　エ speaking

(20) If I (　　　) rich, I could help a lot of people.
ア were　イ am　ウ are　エ will be

E 次の(21)～(25)の語句を、日本語の意味に合うように並べかえ、（　）内で三番目と五番目にくるものを記号で答えなさい。ただし、(22)は文頭の語の最初の文字も小文字で示されています。

(21) その男性は何の言葉も言うことなく，この部屋を去りました。
The (ア this　イ without　ウ left　エ man　オ room　カ saying) any words.

(22) 彼は午前11時からずっとゲームをしています。
(ア since　イ a game　ウ playing　エ he　オ been　カ has) 11 a.m.

(23) 私が料理をしている間，あなたは自分の弟の世話をしてくれますか。
Can (ア care　イ brother　ウ your　エ take　オ of　カ you) while I'm cooking?

(24) 彼女はあなたに彼女のコンピュータを使わせてくれるでしょう。
She (ア use　イ computer　ウ will　エ you　オ let　カ her).

(25) 私は，去年あの映画を作った女性に会います。
I will (ア last　イ made　ウ who　エ meet　オ the movie
カ the woman) year.

F　次の英文を読んで、(26)～(33)の問いに答えなさい。

Aya was a first-year student at high school. One day in September, a new student came to her class. She said in Japanese and English, "*Hajimemashite.* I'm Kate Green. I'm from France. I can't speak Japanese well now, but I'll study it hard. I want to talk with you a lot." Aya was interested in France, so she wanted to talk to Kate.

After school, Aya said to Kate, "Nice to meet you. I'm Takada Aya. I live near City Library." Kate said, "Nice to meet you, Aya. I live near City Library, too. Can we go home together?" Aya said, "Yes!" Aya and Kate went home together that day. They talked about a lot of things in English. Aya also taught Kate some Japanese words, so Kate was happy. She said, "Aya, I have moved many times because of my father's work. Japan is the fourth country I've lived in. I think I will live here in Japan only for two or three years. I'm sorry about (26)<u>that</u>. I want to learn a lot of things about this city during my stay. Can you tell me about some famous things here?" Aya said, "Well, our city produces some kinds of vegetables and fruits. And it has a castle." Kate was surprised to hear that. She said, "Really? I want to see the castle. Can you take me there?" Aya said, "OK. I will."

The next Sunday, Aya took Kate to the castle. When Kate saw it, she said, "This castle looks beautiful!" She took a lot of pictures of it. She asked Aya, "Who ruled the castle?" Aya said, "Some *daimyo* ruled it. Well, *daimyo* is ..." Aya didn't know how she could explain it, so she looked for the word on the smartphone and showed Kate a website. So Kate understood (27)<u>what it was</u>. Aya said, "Sorry, Kate. I've come here with my family several times, but I don't know much about the castle. I think we can learn a lot of things in it. Let's go."

At the entrance, Aya and Kate paid admission fees and got pamphlets. Aya got a Japanese pamphlet, and Kate got an English one. They read them and walked around the castle together. They saw a lot of old things there. Aya taught Kate about some of them. Kate said, "Thank you, Aya. There are a lot of castles in my country too, and I visited some of them. Those castles had a lot of old things, but nothing there was similar to the ones here. The things in this castle look interesting." Aya didn't know about castles in France, so she asked Kate about them. Kate said, "Some castles are open to the public as museums. And some castles are still used as houses." Aya was surprised to hear that. She said, "Do you mean there are some people who live in castles? (28)That's great!"

The castle was in a large park, so Aya and Kate walked around it after visiting the castle. There were a lot of cherry trees there. Aya told Kate that a lot of people came to the park to see cherry blossoms in spring. She also said, "We have a Cherry Blossom Festival every spring. We also have some other festivals here in each season. You can enjoy seeing the performance of *wadaiko*, Japanese drums, next month." Kate said, "I want to see it."

The next month, Aya and Kate went to the park again. This time, they were going to see the *wadaiko* performance. About twenty people played the *wadaiko*, and some boys and girls there looked as young as Aya and Kate. Their performance impressed Aya and Kate. Kate clapped for the performers and said, "I hear some high schools in Japan have *wadaiko* clubs. (29)I wish our school had one, too." Aya said, "Today's performers are members of the *wadaiko* club of our city. I hear they are recruiting new members. Do you want to join them?" Kate looked happy to hear that, but she said, "Well, I want to do that, but I have some language problems. I'm afraid I can't communicate with the other members in Japanese enough." Then, Aya smiled and said, "Don't worry. (30)I'll help you do that. I'm interested in playing the *wadaiko*, too. So I'll join the club with you." The words made Kate so happy. She thanked Aya a lot.

The next week, Aya and Kate joined the *wadaiko* club and started to practice it. Kate wanted to learn about Japanese music, so she asked her teacher and other members about it in Japanese. When she had some (31), Aya helped her. The club sometimes visited some places in the city, like schools, parks, shrines, and temples to play the *wadaiko*. Aya and Kate enjoyed the visits very much.

When Aya and Kate were third-year students at high school, Kate had to go back to France because of her father's work. When Kate told that to Aya, Aya looked sad and didn't say anything. Kate said, "I'll miss you so much, Aya. I had a lot of great experiences with you here. You gave me chances to learn about Japanese culture. (32)Now I have a plan. I will start to learn about Japanese culture more at a university next year. I think I will be able to visit Japan again for my research." When Aya heard that, her face brightened. She said, "That sounds great! Kate, you gave me a lot of opportunities to communicate in English. Now I also have a plan. I will study English at a university to be an English teacher. The many experiences with you made me think so. I hope we can meet again in my country, or in your country. See you then." The two girls smiled.

produce ～ ～を生産する　rule ～ ～を支配する
smartphone スマートフォン　entrance 入口　admission fee 入場料
pamphlet パンフレット　open to the public 一般公開されている
impress ～ ～を感動させる　clap 拍手する　performer 演奏者
recruit ～ ～を募集する　brighten 輝く　make ～ … ～に…させる

(26)　下線部(26)の指すものを一つ選び、記号で答えなさい。

ア　ケイトが父の仕事の都合でたくさん引っ越しをしたこと。
イ　ケイトが今までに３か国で暮らしたことがあること。
ウ　ケイトが２、３年間しか日本で暮らせないこと。
エ　ケイトが日本について、多くのことを学びたいと思っていること。

(27)　下線部(27)の説明としてもっとも適切なものを一つ選び、記号で答えなさい。

ア　城内での規則はどのようなものかということ。
イ　大名とはどのようなものかということ。
ウ　日本の城がどのようなものかということ。
エ　アヤが城について何を知っているかということ。

(28)　下線部(28)の指すものを一つ選び、記号で答えなさい。

ア　フランスには、日本よりも多くの城があること。
イ　ケイトはフランスにある城のいくつかを訪れたことがあること。
ウ　フランスにある城のいくつかは、博物館として公開されていること。
エ　フランスでは、城に住んでいる人がいること。

(29)　下線部(29)の理由としてもっとも適切なものを一つ選び、記号で答えなさい。

ア　和太鼓部に入って和太鼓を演奏したいと思っているため。
イ　多くの高校生は和太鼓に興味を持つべきだと思っているため。
ウ　フランスでも和太鼓を演奏してみせたいと思っているため。
エ　自分の学校でも和太鼓を購入してほしいと思っているため。

(30)　下線部(30)の説明としてもっとも適切なものを一つ選び、記号で答えなさい。

ア　和太鼓の演奏の仕方を教えてあげたい。
イ　和太鼓部の部員との仲を取り持ってあげたい。
ウ　市の和太鼓部について調べるのを手伝ってあげたい。
エ　部員を募集している和太鼓部を探してあげたい。

(31)　空所(31)に適する１語を本文中から抜き出して解答欄に書きなさい。

(32)　下線部(32)の内容としてもっとも適切なものを一つ選び、記号で答えなさい。

ア　日本の人びとに、英語を教える機会を設ける。
イ　フランスの人びとに、和太鼓を紹介する。
ウ　大学で学んだあと、英語の先生になる。
エ　大学での研究のために、再び日本を訪れる。

(33)　ケイトについての説明としてもっとも適切なものを一つ選び、記号で答えなさい。

ア　Kate thought she could communicate with other students in Japanese well when she came to Japan.
イ　Kate came to Aya's city because her family wanted to learn about Japanese culture there.
ウ　Kate became interested in old things she saw in the Japanese castle when she went there with Aya.
エ　Kate had to go back to France when she became a second-year student at high school.

G 次の英文を読んで、あとの問いに答えなさい。

I worked at a restaurant for three days during summer vacation when I was a second-year student at junior high school. The servers there taught me a lot of things about the work. On the first day, I made some mistakes, but they didn't blame me. They gave me some advice. I thought, "What should I do to avoid making a mistake next time?" I decided to (34). On the second day, I made a few mistakes. One server gave me some advice again. He said, "You should watch other staff carefully. If you do that, you will make fewer mistakes." I realized I didn't do that. Then, I started to (35). I tried hard and made no mistakes on the third day. I also tried to support other staff and guests when they needed some help. When I finished working at the restaurant, the staff members said to me, "You did really well. And you have learned how to work as a member of a team." I was very happy to hear that. I thought, "Working as a team is sometimes difficult. But it's valuable to us."

After a few months, our school had a school festival. One month before the festival, our class talked about our project and decided to research traditional costumes of some countries. We made groups of five. Group A started to research traditional costumes in Asia. Group B started to research ones in Oceania. Group C started to research ones in the Americas. Group D started to research ones in Africa. I was in Group E, and we started to research ones in Europe.

First, our group went to the school library and borrowed some books about cultures of some countries in Europe. We found a picture of a traditional costume in Scotland called "kilt" and became interested in it. Next, we went to the computer room and (36). We learned some interesting things about kilts. We decided to write a description of it on paper and display it in the classroom. One member said, "We should do something that attracts visitors. Let's make kilts and display them. If visitors try one on, they will be excited." The other members agreed.

All of us read some books and websites. We talked a lot and exchanged opinions with each other to decide what to write about. We had a lot of things to write about, so I (37). I thought, "It will take two more weeks to write everything. We don't have enough time to make kilts. But should I tell that to the other members? If I do that, what will they think?"

The next morning, Taku, one of the group members, said to me, "Akira, you look worried today. What happened?" I (38). He said, "You are right, Akira. Making kilts is a good idea, but we don't have enough time to do that. We should tell that to the other members today."

After school, Taku and I told the other members that we needed to change our plan. They understood that, but they looked disappointed. I was disappointed, too. All of us (39) at the school festival. Then, Yuki, another group member, said, "How about making a photo stand-in? We can make it by painting a picture of a man wearing a kilt on cardboard paper. I think it's easier than making a kilt." I thought that it was a great idea. The other members agreed too, and we started to work.

Our group finished writing about kilts and making a photo stand-in one day before the school festival. A lot of people enjoyed reading the description and taking pictures at the photo stand-in at the school festival. We were very happy to see them.

I (40) through working as a team. I'm sure my friends and I will help each other again and again in the future because we have learned that's the best way to reach a goal.

server 給仕　make a mistake 間違いをする　blame ～ ～を責める
avoid ～ ～しないようにする　carefully 注意深く　valuable 価値のある
project 企画　costume 衣装　Oceania オセアニア
the Americas アメリカ大陸全体　Scotland スコットランド
description 説明　display ～ ～を展示する　attract ～ ～をひきつける
try ～ on ～を試着する　disappointed がっかりした
photo stand-in 顔出しパネル　cardboard paper 段ボール
again and again 何度も何度も

問　本文中の(34)～(40)の空所に適する語句をア～コから選び、記号で答えなさい。ただし、同じ語句は２回以上使わないことにする。また、不要なものも含まれている。

ア wanted to do something exciting
イ began to worry about our project
ウ thought that we should start making it then
エ told him my opinion about our plan
オ watch other staff carefully
カ wanted other members to help me
キ learned something important
ク become more careful
ケ decide to ask my teachers
コ found some articles about it on the internet

【数　学】（50分）〈満点：100点〉

1　次の問いに答えなさい。

(1)　次の計算をしなさい。

①　$12-4\div\left(-\frac{1}{2}\right)^2$

②　$6x^2y^2\div 9x^3y^4\times(-12xy^3)$

③　$\frac{6\sqrt{5}}{\sqrt{3}}-\sqrt{5}\times\sqrt{27}$

(2)　連立方程式　$\begin{cases} 7(x-2y)=63 \\ 2x+y=8 \end{cases}$　を解きなさい。

(3)　二次方程式　$(3x+2)^2=(2x+1)^2$　を解きなさい。

(4)　下の資料は，あるクラスの男子生徒12人の10点満点の小テストの結果を，点数の低い順に並べたものである。

最頻値と中央値をそれぞれ求めなさい。

1，2，3，4，4，5，7，8，8，8，9，10
（単位：点）

2 右の図1で，点Oは原点，曲線①は関数 $y=ax^2$ $(a>0)$ のグラフである。

点Aは曲線①上にあり，その座標は (4，8) である。

曲線①の x 座標が負の部分に点Pをとり，点Aと点Pを結ぶ。

このとき，次の問いに答えなさい。

図1

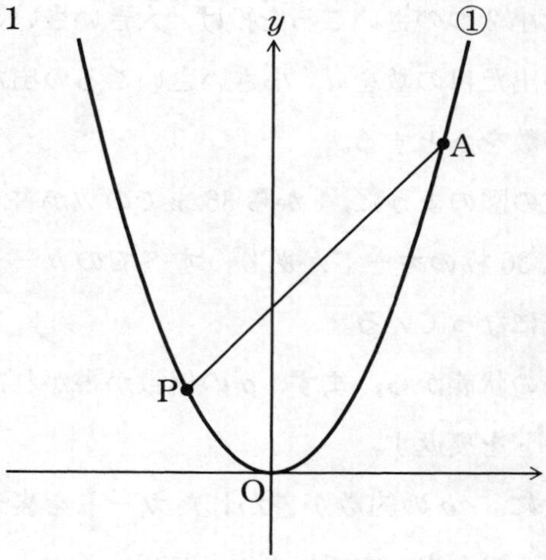

(1) a の値を求めなさい。

(2) 曲線①のグラフにおいて，x の値が0から4まで増加するときの変化の割合を求めなさい。

(3) 直線APの傾きが $\frac{1}{2}$ のとき，点Pの座標を求めなさい。

(4) 右の図2は，図1において，点Pの x 座標が -2 のとき，y 軸の y 座標が正の部分に点Qをとり，四角形OAQPをつくった場合を表している。

△OAPの面積と△OAQの面積が等しいとき，四角形OAQPの面積を求めなさい。

図2

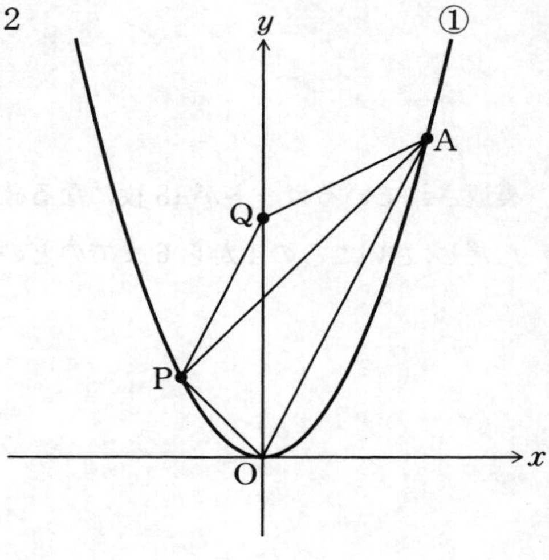

3 大小2つのさいころを投げ，大きいさいころの出た目の数を a，小さいさいころの出た目の数を b とする。

右の図のように，1から36までの数が書かれた36枚のカードがあり，すべてのカードは表になっている。

1	2	3	4	5	6
7	8	9	10	11	12
13	14	15	16	17	18
19	20	21	22	23	24
25	26	27	28	29	30
31	32	33	34	35	36

この状態から，まず，a の倍数が書かれたカードを裏返す。

次に，ab の約数が書かれたカードを裏返す。このとき，すでに裏返されているカードは表に戻す。

例えば，$a=4$，$b=2$ のときは，まず，4の倍数である4，8，12，16，20，24，28，32，36と書かれたカードを裏返し，次に，$4\times2=8$ の約数は1，2，4，8だから，1，2と書かれたカードを裏返し，4，8と書かれたカードを表に戻す。

このとき，次の問いに答えなさい。

(1) $a=1$，$b=4$ のとき，裏返されているカードの枚数を求めなさい。

(2) 裏返されているカードが18枚になる確率を求めなさい。
ただし，さいころの1から6までのどの目が出ることも同様に確からしいものとする。

4

右の図で，四角形 ABCD の 4 つの頂点は 1 つの円の周上にある。

対角線 AC，BD の交点を E とする。

AB＝AC，∠BAC＝∠DAC のとき，次の問いに答えなさい。

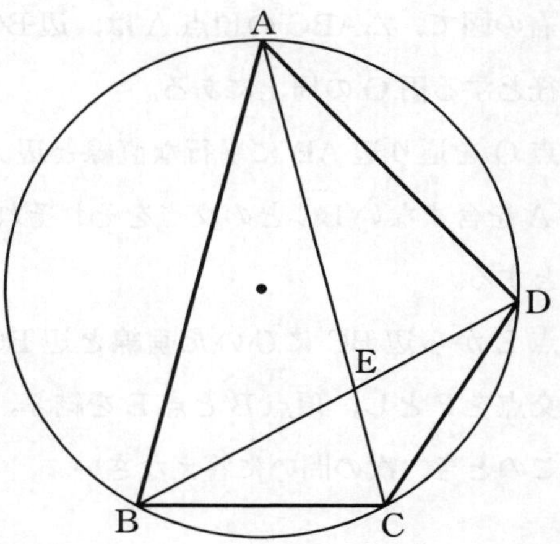

⑴ ∠BAC＝30° のとき，∠AEB の大きさを求めなさい。

⑵ AB＝8 cm，BC＝4 cm のとき，AE：EC をもっとも簡単な整数の比で表しなさい。

5

右の図は，AD＝5 cm，BC＝3 cm，CD＝4 cm，∠ADC＝∠BCD＝90° の台形 ABCD を，直線 AD を軸として 90° 回転させてできた立体である。

点 B が移動した点を E，点 C が移動した点を F とし，辺 AB の中点を M とする。

このとき，次の問いに答えなさい。

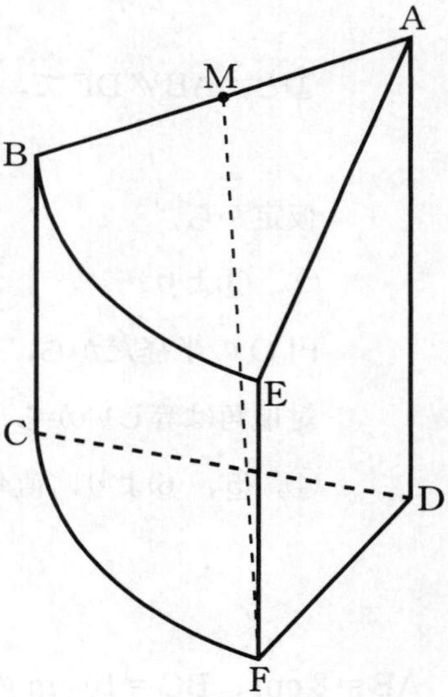

⑴ 辺 BC が動いてできた面の面積を求めなさい。ただし，円周率は π とする。

⑵ 線分 MF の長さを求めなさい。

6 右の図で，△ABC の頂点 A は，辺 BC を直径とする円 O の周上にある。

点 O を通り辺 AB に平行な直線と辺 AC，点 A を含まない $\overset{\frown}{BC}$ との交点をそれぞれ D，E とする。

点 E から辺 BC にひいた垂線と辺 BC との交点を F とし，頂点 B と点 E を結ぶ。

このとき，次の問いに答えなさい。

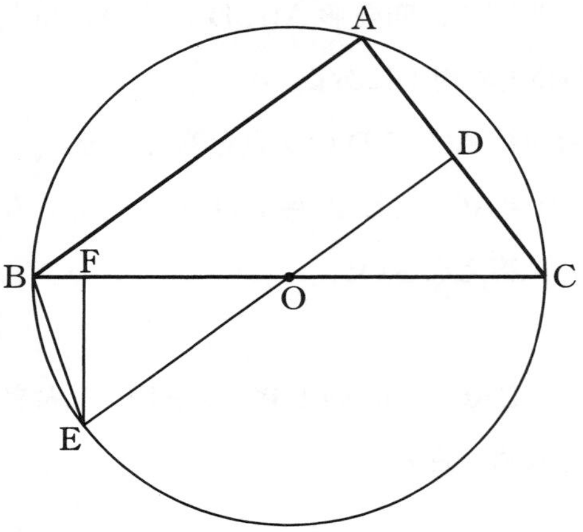

(1) △OCD≡△OEF であることを次のように証明するとき，[ア]～[ウ]にあてはまる角と，[エ]にあてはまることばをそれぞれ書きなさい。

ただし，同じ記号には同じものがあてはまるものとする。

〔証明〕 △OCDと△OEF において，

半円の弧に対する円周角だから，

∠[ア]＝90° ……①

①と，AB∥DE で，同位角は等しいことより，

∠[イ]＝∠[ア]＝90° ……②

仮定から， ∠[ウ]＝90° ……③

②，③より， ∠[イ]＝∠[ウ]＝90° ……④

円 O の半径だから， OC＝OE ……⑤

対頂角は等しいから， ∠DOC＝∠FOE ……⑥

④，⑤，⑥より，直角三角形で，[エ]がそれぞれ等しいから，

△OCD≡△OEF

(2) AB＝8 cm，BC＝10 cm のとき，次の①，②の問いに答えなさい。

① 線分 EF の長さを求めなさい。

② △ABC の面積と △BEF の面積の比をもっとも簡単な整数の比で表しなさい。

問十　傍線部⑩「求められる」とあるが、この場合の「られる」と同じ意味・用法のものを次の傍線部の中から一つ選び、記号で答えなさい。

ア　故郷の母のことが案じられる。　　イ　先生が教室に入って来られる。

ウ　フルートの演奏をほめられる。　　エ　姉のこの服は私にも着られる。

問十一　傍線部⑪『発言』（＝諫言）する」とあるが、この場合の望ましい「発言」の仕方を、「……発言する」に続くように、本文中から六字で抜き出して書きなさい。

問十二　傍線部⑫「日本の政治思想的な伝統」についての筆者の説明として最も適切なものを次の中から一つ選び、記号で答えなさい。

ア　日本では、『葉隠』の思想が根強く広がっていたために、過ちを犯す主君に対して諫言もすることなくただひたすら主君のために自分を犠牲にする武士の生き方が理想とされ、政治において誰もが他人の過ちを追及しない状態が続いている。

イ　日本では、主君や家臣そして一般庶民を含むすべての人々の利益を重視しようという発想は浸透せず、リーダー個人の利益だけを考えて行動することが一般的だったために、政治によって組織や国家の利益を求めようとはしてこなかった。

ウ　日本では、儒教が入ってきたことにより『葉隠』の矛盾点が浮き彫りになり、悪い主君をより優れた判断や行動を取る主君にしなければいけないという感覚が芽生えてきたため、政治を正していくための意識の改革が可能になりつつある。

エ　日本では、間違った主君の行動を正そうとしたり退位を迫ったりするのではなく、逆にそれを周囲に知られないようにしようという意識が存在するため、政治の方向性が良くない状態であっても改善せず、助長することにもなりかねない。

問三　傍線部②「忠誠義務をキャンセルできる」とあるが、これを具体的な行動で表現した言葉を、本文中から十一字で抜き出して書きなさい。

問四　傍線部③「興」と総画数が同じものを、次の中から一つ選び、記号で答えなさい。

ア　館　　イ　謝　　ウ　潔　　エ　遺

問五　傍線部④「暴君」とあるが、これと対照的な意味で使われている言葉を、本文中から二字で抜き出して書きなさい。

問六　空欄【⑤】にあてはまる最も適切な言葉を、本文中から四字で抜き出して書きなさい。

問七　傍線部⑦「事欠かない」の意味として最も適切なものを一つ選び、記号で答えなさい。

ア　欠席しない　　イ　参加しない　　ウ　恵まれていない　　エ　不自由することがない

問八　傍線部⑧「奇妙キテレツな結論」として最も適切なものを次の中から一つ選び、記号で答えなさい。

ア　主君が愚劣であったり無能だったりすると家臣が育つという結論。

イ　主君に暴虐非道な扱いをされるような家臣が望まれるという結論。

ウ　主君がひどければひどいほど家臣にとって都合がよいという結論。

エ　主君に対して諫言する必要がない状態を家臣が求めるという結論。

問九　傍線部⑨「リーダー個人への忠誠」とあるが、これについての古代儒教と『葉隠』のとらえ方の違いを説明した次の文の【a】・【b】にあてはまる最も適切な言葉を本文中から、【a】は八字、【b】は二字で抜き出して答えなさい。

古代儒教の場合、家臣に【a】という考えが主君にあるために、それが果たされないときには家臣が離脱することも可能だが、『葉隠』の場合、主君は家臣に対して何の責任も負わず、家臣の忠誠心の対象は組織全体ではないために、家臣は主君に対して忠誠心を【b】に示す必要がある。

ウタシかに、古代儒教の場合、『葉隠』と異なり、三回諫《いさ》めても主君が聞き入れなければ家臣はその主君のもとを去ってよい、という結論でした。

ただし、これは、主君には主君なりに家臣に対して義務を負っている、という考えがあるからです。

一方、『葉隠』が想定する主君は、家臣に対して何の責任も負っていません。

その結果、家臣には無限に忠誠心を示す義務が生じるわけです。

『葉隠』の論理をハーシュマン理論に「翻訳」すれば、家臣には「発言」することが⑩求められるが、「離脱」の機会はない、ということになります。

しかし、ここでひとつ注意すべき点があります。

家臣は暗愚な主君や暴虐な主君に⑪「発言」（＝諫言）することで忠誠心を示そうと無限に努力すべきだと『葉隠』は主張するのですが、家臣が「発言」する目的とは主君がより優れた判断や行動を取るようにすることではないのです。

『葉隠』によれば、家臣が諫言をするのは、主君が暗愚だったり暴虐非道だったりするのが天下に明らかにならないよう隠すためなのです。

主君がダメなリーダーだという悪評が世間でたたないように、諫言は陰でコソコソ行うべきだというのです。

これは悪い主君をよりよい主君にしようとする意図はなく、もはや手に負えないから、責任を取らせて退位を迫る、というようなエシセイとは対照的です。

むしろ権力がオ腐敗し堕落していくのをひたすら隠し通そうとする論理に他なりません。

⑫日本の政治思想的な伝統にはこのような考え方が根強くあることをみなさんは知っておくべきです。

（将基面貴巳『従順さのどこがいけないのか』より）

※　葉隠……江戸時代の思想書。

※　諫言……目上の人の欠点や過失について忠告すること。

※　ハーシュマン……アルバート・O・ハーシュマン。ドイツの政治経済学者。

問一　傍線部ア～オの漢字にはその読み仮名（ひらがな）を記し、カタカナは漢字に直しなさい。

問二　空欄［①］と［⑥］にあてはまる言葉の組み合わせとして最も適切なものを次の中から一つ選び、記号で答えなさい。

ア　①　たとえば　⑥　なぜなら　　イ　①　つまり　⑥　そこで

ウ　①　しかし　⑥　そのうえ　　エ　①　だから　⑥　あるいは

二　次の文章を読んで後の問いに答えなさい。

戦後日本を代表する作家のひとり、三島由紀夫《みしまゆきお》は※『葉隠《はがくれ》』に惚《ほ》れ込み、そこに人生論、処世訓を見出《みいだ》して、『葉隠入門』という書物を著しています。

さて、この『葉隠』の内容の大きな特徴は、主君への絶対無条件的な忠誠を説いている点です。

①、家臣は主君に対してどこまでも忠誠を尽《ア》くさなければならない、ということです。

先ほど古代中国の儒教的な「※諫言《かんげん》」思想を解説した際、過《あやま》ちを犯す主君に対して三回諫言しても主君が聞き入れないなら、その家臣は②忠誠義務をキャンセルできると説明しました。

『葉隠』の主張はこれと異なります。過ちを犯す主君に繰り返し諫言したにもかかわらず主君がそれを聞き入れなくても、家臣は主君に対して忠実であり続けなければならない、というのです。

これは、主君が主君の道からどれだけ外れていても、家臣は家臣としての道に忠実でなければならない、ということを意味します。

ここから『葉隠』の論理は、さらに③興味深い展開を示します。

主君がたとえ④暴君であっても、家臣は家臣としての忠誠義務を全《まっと》うしなければならない、というにとどまらず、無理難題を言う主君に仕えなければ、家臣は自分の忠誠心の深さが試されることにならない、というのです。

つまり、家臣の立場からすれば、主君がひどいリーダーであればあるほど、自分が忠誠心を持つことを⑤ために諫言するチャンスが増えるのです。

だいたい、主君が名君であれば、賢明な判断をするでしょうから、いちいち諫言する必要はそれほどないはずです。諫言する必要があまりないとなれば、家臣の立場とすれば、忠誠心を実証する機会が少なくなってしまいます。

⑥、主君がとんでもなく愚劣であったり、ひどく無能だったり、あるいは暴虐非道で家臣にやたらと切腹をモウ（イ）しつけたりするようであれば、家臣は諫言する機会に⑦事欠かないわけで、かえって望ましい、という⑧奇妙キテレツな結論になります。

なぜこんな結論にたどり着くかといえば、ひとつには、家臣にとって忠誠の対象が主君個人であって、主君や家臣そして一般庶民を含むすべての人々にとっての全体の利益ではないからです。

※ハーシュマンの理論を紹介した際に、リーダー個人に忠実なのか、それとも組織全体の利益を優先するのか、を問題にしました。ハーシュマンの理論によれば、忠誠心とは、リーダー個人に対して忠実なことではなく、組織全体の利益を尊重することだったはずです。

これとは対照的に、『葉隠』はあくまでもリーダー個人への忠誠を問題とします。

「しかし、古代中国の儒教の場合も、⑨リーダー個人への忠誠を問題にしていたではないか」

こういう反論があるでしょう。

問八　空欄［⑦］にあてはまる最も適切な言葉を、本文中から四字で抜き出して書きなさい。

問九　傍線部⑧「離脱」とあるが、これと熟語の組み立てが同じものを次の中から一つ選び、記号で答えなさい。

ア　臨海　　イ　歓喜　　ウ　激減　　エ　公私

問十　傍線部⑨「窓のきたない紙の看板」とあるが、この看板に対する「おれ」の評価として最も適切な言葉を、本文中から七字で抜き出して書きなさい。

問十一　傍線部⑩「新しいのを描いてほしい」とあるが、「おれ」が樹に描かせようとしたものが予想とは違ったものになったことがうかがえる一文を本文中から抜き出して、初めの五字を答えなさい。

問十二　傍線部⑪「おれは言い切った」とあるが、このときの「おれ」の気持ちとして最も適切なものを次の中から一つ選び、記号で答えなさい。

ア　自分一人で樹にアドバイスしなければならないことを重荷に感じていたときにうまく看板の紙が落ちてきたので、新しい有川岬美術研究所の看板を描くことを樹に提案して、その場をしのごうという気持ち。

イ　ミサキ先生が嫌だと言っていた有川岬美術研究所の看板を樹に描かせ、外を歩いている人が「あれはなんだ?」と思うものにすることができれば先生にすごく喜んでもらえるのではないかと期待する気持ち。

ウ　樹の悩みが予想外に深刻なものであると感じたため、いったん受験や受験後のことを考えさせないようにしたいと思い、有川岬美術研究所の看板を描くことに集中させて自信を取り戻させようという気持ち。

エ　今までの有川岬美術研究所の看板では誰も読まないので、外を歩いている人に「あれなんだ?」と思わせるものにしたいと考え、樹に頼めば字であることがわかるものを描いてくれるだろうと信用する気持ち。

問三　傍線部②「おれも静かに聞いていていた。」とあるが、この一文を単語に分けたものとして適切なものを次の中から一つ選び、記号で答えなさい。

ア　おれも／静かに／聞いて／いた。　イ　おれ／も／静か／に／聞い／て／い／た。

ウ　おれ／も／静かに／聞いて／い／た。　エ　おれ／も／静かに／聞い／て／い／た。

問四　傍線部③「ミサキ先生だって困って……」とあるが、このときの「おれ」の様子として最も適切なものを次の中から一つ選び、記号で答えなさい。

ア　ミサキ先生の気持ちを思いやったことで切なくなっている。

イ　ミサキ先生のことを考えたために新たな気づきを得ている。

ウ　ミサキ先生について今は考えるべきではないと思っている。

エ　ミサキ先生ならばどうするかを自分なりに考えてみている。

問五　傍線部④「言葉」とあるが、上下の漢字の音読みと訓読みの組み合わせがこれと同じものを次の中から一つ選び、記号で答えなさい。

ア　素顔　　イ　図画　　ウ　青空　　エ　湯気

問六　傍線部⑤「なんて言えばいいんだろう」とあるが、「おれ」の言いたいこととして最も適切なものを次の中から一つ選び、記号で答えなさい。

ア　自分のテーマを持ち、自由に描くことができなければ、美芸に合格することは難しいということ。

イ　受験のような大変なことを考えるのをやめ、目の前の一つ一つの課題に全力を傾けろということ。

ウ　受験のために描くのではなく、自分の描きたいものを自由に楽しみながら描けばよいということ。

エ　今から芸大を受験することを想定し、基礎をしっかりと身に付けていかねばならないということ。

問七　傍線部⑥「お、来た来た」とあるが、このときの「おれ」の心情を表す言葉として最も適切なものを次の中から一つ選び、記号で答えなさい。

ア　渡りに船　　イ　魚心あれば水心　　ウ　待てば海路の日和あり　　エ　飛んで火に入る夏の虫

描いてほしい。おれたちの展覧会までに」

おれは立ちあがって、窓にはられている残り七枚の紙を順番に指さした。そう、「有川岬　美術研究所」っていう、あの紙だ。こんなものでも、ちょっとは樹の気晴らしになるんじゃないか？　樹はとにかく、今は受験から離れた方がいいんだ。

それにミサキ先生も、この古い紙はいやだって言っていた。樹が新しい看板にしてくれたら、すごく喜んで、樹をほめるだろう。そして樹は、自信を取り戻すことができる。

「これを、ぼくが一枚ずつ描くの？」

「そうだ。今のやつは、ミサキ先生が新聞の字を拡大コピーしただけっていう、おそまつなものだ。こんなのより、樹のかっこいいデッサンみたいな字の方が、ずっとアトリエのためにもなる。だから、自由に描いて……っと、樹が好きなように楽しく……っと、じゃなくて」

おれは言葉選びに焦《あせ》ったが、樹は意外にも紙の看板を集中して見ていた。いけるか？

「自由にっていうけど、看板なんでしょ。字に見えないとだめだよね？」

「いいのいいの。誰もこんなの読まないから。それより、外歩いてて、『おお、あれなんだ？』っていうオ衝撃的な紙がはってあったら、かっこいいじゃんか！」

⑪おれは言い切った。行き当たりばったりみたいだが、おれにも考えはあった。おれが字なんか描いたら、字に見えなくなる。でも樹だったら、いくら自由にと言われても字らしく描くだろう。おれはそうも読んだのだ。その読みが違っていたとわかるのは、もっとあとのことだ。

（大島恵真『空、雲、シュークリーム、おれ』より）

※　カルトン……画板。

※　マチス……アンリ・マチス。フランスの画家。エコール・デ・ボザール（国立美術学校）を受験するが不合格となっている。

※　ルソー……アンリ・ルソー。フランスの画家。税関吏をしながらの日曜画家で生前は評価が低かった。

※　シュークリームのキャラ……草太はシュークリームを人格化した絵をよく描いている。

問一　傍線部ア～オの漢字にはその読み仮名（ひらがな）を記し、カタカナは漢字に直しなさい。

問二　傍線部①「市野さん」とあるが、「おれ」の目に映る市野さんについて説明した次の文の［a］・［b］にあてはまる最も適切な言葉を本文中から、［a］は十一字、［b］は四字で抜き出して答えなさい。

塾の中で［a］が市野さんであるが、樹の話から、その意識は［b］に向いているのではないかと思い至っている。

樹は、おれがそう考えていることまでは読めないから、自分の悩みの続きを話し続ける。
「そんなのあり？　ぼくなんか、受験のためだけにデッサンをしてるのに。美芸に入れたとして、入ってからどんな絵を描きたいかなんて、今はとてもそれどころじゃ……。いや、それがぼくにたりないものなのかな……」
樹、よくそこに気がついた！　ミサキ先生も喜ぶぞ。
でも、⑤なんて言えばいいんだろう。樹のプライドをアキズつけないように言うには……。
「森山君は、いいね。好きな絵を、そうやって自由に描けて」
⑥お、来た来た。
「おー、自由だよ。すごい自由で楽しいなっと。新堂樹君もさあ、自由に描けば？　ほら」
おれは椅子をずらして、※カルトンをひざに置けるくらいのスペースをあけた。樹もここで描けば？　ってつもりだったのだ。
だが、樹は椅子にかっちり座ったままじっとイ床を見ている。
「自由に描くとか楽しいから描くとか、それってどういうことなの？」
「え？　うー。……自由にってのは、楽しく好きに描く？　とか？」
答えになってない……。三階からまた笑い声が聞こえてくると、樹は聞きたくないというように頭をかいた。それから、下を向いたまま、話しだした。
「うち、両親とも美大出なんだ。二人とも、ぼくには好きなように絵を描いてほしいって言うけど、ぼくの絵に必ずダメ出しするんだ。それで好きに描けって、ありえないでしょ。いったい、どんな絵を描いたらいいわけ？」
意外な樹の悩みだった。※マチスや※ルソーのように、樹にもそんなウクロウがあったとは。うちの家族は誰も美術に関心がないから、おれの活動についても放置だけど、それっていいことだったのかもしれないな。いちいち［⑦］してくる両親がいたんじゃ、そりゃエ窮屈かもな。
……もしかして、樹は本当に受験をしたくないのかな。あんなに誰よりもがんばっていたのに？
今、樹の中では、けっこうたいへんなことが起きてるんじゃないか？
おれは草太に助けを求めようとしたが、草太はすでに、おれと樹の会話から⑧離脱して※シュークリームのキャラを描いていた。ミサキ先生は三階で講評してるし、佐川先生はこの大事な時にスケッチにでかけている。おれは、ない頭をふりしぼって考えた。
その時、ものすごいタイミングで窓の「看板」が一枚、ぺらっとはがれ落ちた。……これだ！
「新堂樹君。きみに頼みがある」
「……何？」
⑨「窓のきたない紙の看板が、今、落ちてきた。いいかげん新しいのにしてくれっていうアトリエからのメッセージだ。だから、⑩新しいのを

二〇二三年度 国士舘高等学校

【国　語】（五〇分）〈満点：一〇〇点〉

一　次の文章を読んで後の問いに答えなさい。

「おれ（森山万里《ばんり》）」は美術部の佐川《さがわ》先生の勧めで、美高（美術科のある高校）や美芸（東京美術芸術高校）の受験塾をしている現代美術作家の有川《ありかわ》岬（ミサキ先生）のアトリエに通い始めるが、自分のデッサンに納得がいかず、美高受験をやめることを宣言して、アトリエの四階で自分の好きなものだけを描き始める。あるとき、「おれ」がライバル視していた同じ中学三年生の新堂樹《しんどういつき》が三階の講習を抜け出してきて、自分も美高進学をやめると言い出す。「おれ」は樹の絵をうまいと思っていたが、ミサキ先生によると、芸大を目指す年上の市野《いちの》さんの真似《まね》になり、自由に描くことができないでいるという。「おれ」と一緒に四階に来ていた美術部の草太《そうた》にうながされ、樹が本心を話し出した。

いつもどおり、順調に描いていた樹だけど、急に、自分のデッサンには何かがたりないと思ったのだという。何がたりないのかは、わからなかったという。それで、①市野さんのデッサンを参考にしようと思ったという。

樹が、自分から市野さんのことにふれるのにはびっくりしたが、それだけせっぱつまっているんだろうと、②おれも静かに聞いていた。

市野さんのデッサンは、今日は特にすごかったという。樹は瞬時に、どこがどうすごいのかを理解して、自分のデッサンに取り入れたという。そしたら、うまく描けたという。……って結局、自慢話じゃんか。

「さすが樹君だねえ。瞬時に理解して取り入れるとか、すげー」

「でも、自分のデッサンと市野さんのを比べてみたけど、何かが違うんだ」

「市野さんよりうまく描けなくても、芸大目指すんじゃないんだから、いいじゃんか」

「その芸大だけどさ。何が違うんだろうって思って、市野さんに聞いてみたんだ。何を考えてデッサンしてますかって。当然、芸大に受かるための対策を考えてるとかだと思ったんだけど、市野さんは、楽しいから描いてるって。そもそも受験もどうでもいいんだって」

え。受験がどうでもいいなんて、じゃあ市野さんはなんで、ここに通ってるんだ？

しかも、誰よりもできのいい生徒がそんな発言をしたら、③ミサキ先生だって困って……。

「あ」

おれは、ミサキ先生の④言葉を思い出した。受験の先をどうしたら教えられるか、ってやつ。もしかして、市野さんにはそれが伝わってるんじゃないか？

英語解答

A (1) イ　(2) エ　(3) ウ　(4) ア
(5) ア

B (6) エ　(7) イ　(8) エ　(9) ウ
(10) ア

C (11) forgot　(12) good　(13) eat
(14) shorter　(15) tells

D (16) エ　(17) イ　(18) ウ　(19) ウ
(20) ア

E (21) 三番目…ア　五番目…イ
(22) 三番目…オ　五番目…イ
(23) 三番目…ア　五番目…ウ
(24) 三番目…エ　五番目…カ
(25) 三番目…ウ　五番目…オ

F (26) ウ　(27) イ　(28) エ　(29) ア
(30) イ　(31) problems　(32) エ
(33) ウ

G (34) ク　(35) オ　(36) コ　(37) イ
(38) エ　(39) ア　(40) キ

A〔単語の発音〕

(1) ア．age[ei]　イ．match[æ]　ウ．apron[ei]　エ．late[ei]
(2) ア．food[uː]　イ．noon[uː]　ウ．pool[uː]　エ．wood[u]
(3) ア．service[əːr]　イ．person[əːr]　ウ．clear[iər]　エ．early[əːr]
(4) ア．waited[id]　イ．opened[d]　ウ．showed[d]　エ．listened[d]
(5) ア．character[k]　イ．chance[tʃ]　ウ．choose[tʃ]　エ．lunch[tʃ]

B〔単語のアクセント〕

(6) ア．lí-on　イ．nóv-el　ウ．plán-et　エ．sup-pórt
(7) ア．a-bóve　イ．cóur-age　ウ．re-spéct　エ．de-sígn
(8) ア．sur-víve　イ．in-víte　ウ．be-lów　エ．swéat-er
(9) ア．de-vél-op　イ．a-máz-ing　ウ．néws-pa-per　エ．ex-pén-sive
(10) ア．vol-un-téer　イ．cóm-pa-ny　ウ．ár-e-a　エ．hós-pi-tal

C〔書き換え―適語補充〕

(11)「私は店に行くのを覚えていなかった」→「私は店に行くのを忘れていた」　remember to ～「～するのを覚えている」の否定文を forget to ～「～するのを忘れる」で書き換える。

(12)「メアリーはギターを上手に弾く」→「メアリーはギターを弾くのが上手だ」　上は「上手に」という意味の副詞 well を使った文。これを be good at ～ing「～するのが上手だ〔得意だ〕」を使って書き換える。

(13)「私たちはいつもその店で食べ物を買う」→「私たちはいつもその店で食べるための物を買う」　上の文の some food を，下の文では‘-thing＋to不定詞’「～するための…」を使って something to eat と表す(to不定詞の形容詞用法)。

(14)「私の好きな映画は，この映画ほど長くない」→「私の好きな映画はこの映画より短い」　‘not as … as ～’「～ほど…ではない」は，反対の意味を持つ形容詞や副詞の比較級を用いて‘比較級＋than ～’「～より…だ」に書き換えられる。

(15)「ヒル先生はいつも私たちに『毎週１冊本を読みなさい』と言う」→「ヒル先生はいつも私たちに毎週１冊本を読むように言う」　上の文は say の後に引用符を使って発言内容を示す直接話法の文。これを‘tell＋人＋to ～’「〈人〉に～するように言う」を使って間接話法で表す。

D〔適語句選択・語形変化〕

(16)後ろに of all ～「全ての～の中で」とあるので，最上級にする。 early－earlier－earliest 「アンはクラスの全ての生徒の中で最も早く登校する」

(17)stop は「～すること」という意味の目的語に to不定詞ではなく動名詞(～ing)をとる。なお，文頭の It は，ここでは‘天候・気候’を表している。 *cf.* stop to ～「～するために立ち止まる」「もうすぐ雨はやむだろう」

(18)‘Have/Has＋主語＋過去分詞…?’の現在完了の疑問文の形(‘完了用法’)。 do－did－done 「宿題はもうしましたか」

(19)the language (　) in your country で「あなたの国で話される言語」という意味になればよい。「～される」の意味を表すのは過去分詞。過去分詞で始まる2語以上の語句が前の名詞を修飾する‘名詞＋過去分詞＋その他の語句’の形。 speak－spoke－spoken 「あなたの国で話されている言語は何ですか」

(20)‘If＋主語＋(助)動詞の過去形 ～，主語＋助動詞の過去形＋動詞の原形 …’で「もし～なら…なのに」という‘現在の事実に反する仮定’を表せる(仮定法過去)。If節の中が be動詞の場合は，主語に関係なく原則として were を使う。 「もし私が金持ちなら，多くの人を助けられるのに」

E〔整序結合〕

(21)「その男性はこの部屋を去りました」を The man left this room とまとめ，その後に without ～ing「～しないで」の形を続ける。 The man left this room without saying any words.

(22)「ずっと～をしています」は，have/has been ～ing の形で表せる(現在完了進行形)。「～から」は since ～。 He has been playing a game since 11 a.m.

(23)「～してくれますか」は Can you ～?。「～の世話をする」は take care of ～ で表す。 Can you take care of your brother while I'm cooking?

(24)「あなたに彼女のコンピュータを使わせてくれる」は‘let＋目的語＋動詞の原形’「～に…させる〔…することを許す〕」で表せる。 She will let you use her computer.

(25)助動詞 will の後には動詞の原形 meet が続く。meet の目的語に当たる「去年あの映画を作った女性」は who を主格の関係代名詞として使って，the woman を先行詞とする関係代名詞節をつくる。 I will meet the woman who made the movie last year.

F〔長文読解総合―物語〕

≪全訳≫❶アヤは高校1年生だった。9月のある日，転校生が彼女のクラスにやってきた。彼女は日本語と英語で「ハジメマシテ。私はケイト・グリーンです。フランス出身です。今は日本語をうまく話せませんが，一生懸命勉強するつもりです。皆さんとたくさん話したいです」と言った。アヤはフランスに興味があったので，ケイトと話したかった。❷放課後，アヤはケイトに「はじめまして。私はタカダ・アヤ。市立図書館の近くに住んでいるの」と言った。ケイトは「はじめまして，アヤ。私も市立図書館の近くに住んでいるわ。一緒に帰れる？」と言った。アヤは「うん！」と答えた。アヤとケイトはその日，一緒に帰宅した。2人は英語で多くのことについて話した。アヤはケイトにいくつか日本語の単語も教えたので，ケイトはうれしかった。ケイトは「アヤ，私は父の仕事の都合で何回も引っ越してるの。日本は私が住む4番目の国よ。ここ日本には2，3年しか住めないと思うわ。それが残念なの。私の滞在中にこの市について多くのことを学びたいわ。ここの有名なものを教えてくれる？」と言った。アヤは「ええとね，私たちの市は何種類かの野菜や果物を生産しているの。それから，お城もあるわ」

と答えた。ケイトはそれを聞いて驚いた。彼女は「本当に？　お城を見たいわ。そこに連れていってくれる？」と言った。アヤは「わかった，連れていくわ」と答えた。❸次の日曜日，アヤはケイトを城に連れていった。ケイトは城を見て，「このお城は美しく見えるわね！」と言った。彼女は城の写真をたくさん撮った。彼女はアヤに「このお城は誰が支配していたの？」ときいた。アヤは「大名が支配していたのよ。ええと，大名っていうのは…」と言った。アヤは大名をどう説明したらいいのかわからなかったので，スマートフォンでその単語を探して，ケイトにウェブサイトを見せた。それでケイトはそれが何かを理解した。アヤは「ごめんね，ケイト。ここには何回か家族で来たことがあるんだけど，お城のことはあまり知らないの。お城の中で多くのことを学べると思うわ。行きましょう」と言った。❹入口でアヤとケイトは入場料を払い，パンフレットを手に入れた。アヤは日本語のパンフレットを，ケイトは英語のパンフレットを手に入れた。２人はそれを読み，一緒に城を歩いて回った。２人は城でたくさんの古いものを見た。アヤはケイトにそのうちのいくつかについて教えた。ケイトは「ありがとう，アヤ。私の国にもたくさんのお城があって，そのいくつかを訪ねたわ。そのお城にもたくさんの古いものがあったけど，そこにあったどれ１つとして，ここにあるものとは似ていなかったわ。このお城にあるものはおもしろそうね」と言った。アヤはフランスの城について知らなかったので，ケイトにそれについて質問した。ケイトは「美術館として一般公開されているお城もあるわ。それから，いまだに家として使われているお城もあるわ」と言った。アヤはそれを聞いて驚いた。「お城に住んでいる人もいるっていうこと？　それはすごいわ！」とアヤは言った。❺城は大きな公園の中にあったので，アヤとケイトは城を訪れた後，その周りを散歩した。そこにはたくさんのサクラの木があった。アヤはケイトに，春には多くの人がサクラの花を見るために公園に来ることを教えた。さらにアヤは「毎年春にはサクラ祭りがあるの。それから，ここでは季節ごとに他のお祭りもあるわ。来月は和太鼓，つまり日本の太鼓の演奏を見るのを楽しめるわよ」と言った。ケイトは「私はそれを見たいわ」と言った。❻翌月，アヤとケイトは再び公園に行った。今回は和太鼓の演奏を見に行ったのだ。約20人が和太鼓を演奏し，そこにいた男の子や女の子の一部は，アヤやケイトと同じくらい若く見えた。彼らの演奏はアヤとケイトを感動させた。ケイトは演奏者たちに拍手をして，「日本の一部の高校には和太鼓部があるって聞いたわ。私たちの学校にもあったらいいのに」と言った。アヤは「今日の出演者は，私たちの市の和太鼓部の部員たちよ。新入部員を募集しているらしいわ。入部したい？」と言った。ケイトはそれを聞いてうれしそうだったが，「ええ，そうしたいんだけど，言葉の問題があるわ。残念だけど，他の部員たちと日本語で十分に意思疎通できないと思うの」と言った。すると，アヤはほほ笑みながら，「心配しないで。私があなたの意思疎通を手伝うわ。私も和太鼓の演奏に興味があるの。だから一緒に入部するつもりよ」と言った。この言葉は，ケイトをとても喜ばせた。彼女はアヤに大いに感謝した。❼翌週，アヤとケイトは和太鼓部に入部して，練習を始めた。ケイトは日本の音楽について学びたかったので，先生や他の部員たちにそれに関して日本語で質問した。ケイトが何か問題を抱えたときには，アヤが彼女を手助けした。和太鼓部は，ときどき学校，公園，神社，寺など市にある場所を訪れて，和太鼓を演奏した。アヤとケイトはその訪問をとても楽しんだ。❽アヤとケイトが高校３年生のとき，ケイトは父親の仕事の都合でフランスに帰らなければならなくなった。ケイトがそのことをアヤに話すと，アヤは悲しそうな顔をして，何も言わなかった。ケイトは「私はあなたがいなくてすごく寂しくなるわ，アヤ。私はここであなたと一緒に多くのすばらしい経験をしたわ。あなたは私に日本文化を学ぶ機会を与えてくれたわ。今，私には計画があるの。来年，大学で日本文化についてもっと学び始めるつもりなの。私は自分の研究のために，また日本を訪れることができると思うわ」と言った。アヤはそれを聞いて，顔が輝いた。「それはすてきね！　ケイト，あなたは私に英語で意思疎通する多くの機会を与えてくれたわ。私も今，計画があるの。私は英語教師になるために大学で英語を勉強するつもりよ。あなたとのたくさんの経験が，私にそう思わせたの。日本かフランスで，再会できるように願っているわ。またそのときにね」とアヤは言った。２人の少女はほほ笑んだ。

(26)＜**指示語**＞前にある sorry は「残念に思って」という意味。that はケイトが残念に思っていることであり，それは前文の内容に当たる。

(27)＜**語句解釈**＞下線部は‘疑問詞＋主語＋動詞’の間接疑問の形で「それが何か」という意味。この前の２人のやり取りから，it が指すのは *daimyo*「大名」である。

(28)＜**指示語**＞that はアヤが「すばらしい」と思った内容で，前文の there are some people … を指す。これは３文前の「いまだに家として使われているお城もある」というケイトの説明を言い換えたものである。

(29)＜**文脈把握**＞下線部は‘I wish＋主語＋動詞の過去形…’の形で「～であればいいのに」という‘現在の事実と反対の願望’を表す仮定法過去の文。前文より，one は a *wadaiko* club「和太鼓部」を指す。和太鼓の演奏に感動したケイトは自分にも演奏する機会があればいいのにと考えたのである。

(30)＜**英文解釈**＞‘help＋目的語＋動詞の原形’で「～が…するのを助ける」という意味。do that は前文の communicate with the other members in Japanese「日本語で他の部員たちと意思疎通する」という内容を指す。

(31)＜**適語補充**＞アヤがケイトを助けるのはケイトに問題が生じたとき。第６段落後半に I have some language problems とある。

(32)＜**英文解釈**＞a plan「計画」の内容は，直後の２文で説明されている。

(33)＜**内容真偽**＞ア．「ケイトは日本に来たとき，他の学生たちと日本語でうまく意思疎通できると思っていた」…×　第１段落終わりから３文目参照。日本語が上手に話せないと説明している。　イ．「ケイトは家族が日本文化を学びたかったので，アヤの市に来た」…×　第２段落中盤参照。父の仕事の都合で引っ越してきた。　ウ．「ケイトはアヤと一緒に日本の城に行ったとき，そこで見た古いものに興味を持った」…◯　第４段落中盤の内容に一致する。　エ．「ケイトは高校２年生になったとき，フランスに帰らなければならなくなった」…×　第８段落第１文参照。高校３年生になったときである。

G〔**長文読解―適語句選択―エッセー**〕

≪**全訳**≫❶私は中学２年生のとき，夏休みの間に３日間，レストランで働いた。そこの給仕たちは，私に仕事に関する多くのことを教えてくれた。初日に私はいくつか間違いをしたが，彼らは私を責めなかった。彼らは私にアドバイスをくれた。私は「次回，間違いをしないようにするには何をすべきだろうか」と思った。私はもっと注意深くなることに決めた。２日目に私は２，３回間違いをした。ある給仕がまた私にアドバイスをくれた。彼は「他のスタッフを注意深く見ておくといいよ。もし君がそうすれば，間違いの数が減るはずだよ」と言った。私は自分がそうしていなかったことに気づいた。それから私は他のスタッフを注意深く見始めた。私はがんばって，３日目には全く間違いをしなかった。さらに，他のスタッフやお客さんが助けを必要としているときには，サポートするようにした。レストランでの仕事を終えたとき，スタッフの人たちは私にこう言った。「君は本当によくやったよ。そして，君はチームの一員として働く方法を学んだね」　私はそれを聞いてとてもうれしかった。私は「チームとして働くことは，ときには難しい。でも，それは私たちにとって価値がある」と思った。❷数か月後，私たちの学校で文化祭があった。文化祭の１か月前，私たちのクラスは企画について話し合い，いくつかの国の伝統的な衣装を調べることに決めた。私たちは５つの班をつくった。A班はアジアの伝統的な衣装を調べ始めた。B班はオセアニアの伝統衣装を調べ始めた。C班は南北アメリカの伝統衣装を調べ始めた。D班はアフリカの伝統衣装を調べ始めた。私はE班で，ヨーロッパの伝統衣装を調べ始めた。❸まず，私たちの班は学校の図書館に行き，ヨーロッパのいくつかの国の文化に関する本を何冊か借りた。私たちは，「キルト」と呼ばれるスコットランドの伝統的な衣装の写真を見つけ，それに興味を持った。次に，私たちはコンピュータ室に行って，インターネットでそれに関する記事を見つけた。私たちはキルトについていくつか興味深いことを学んだ。私たちはその説明を紙に書いて，教室内に展示することに決めた。班の１人が「お客さんをひきつけることをすべきだよ。キルトをつくって，展示しよう。お客さんは試着すれば，きっとわくわくしてくれるよ」と言った。他の班員も賛成した。❹私たちは全員で本やウェブサイトをいくつか読んだ。私たちは何について書くかを決めるために，たくさん話し，お互いに意見を交換した。私たちは書くべきことがたくさんあったので，私は企画について心配になり始めた。私はこう思った。「全部書くには，あと２週間はかかるだろう。キルトをつくるのに十分な時間がない。でも，私はそれを他の班員に言うべきだろうか？　もしそうしたら，みんなはどう思うだろう？」❺翌朝，班員の１人のタクが私に言った。「アキラ，今日は心配そうだね。何が起こったの？」　私は彼に私たちの計画に関する私の意見を伝えた。彼は「君は正しいよ，アキラ。キルトをつくるのはいい考えだけど，それをする十分な時間がない。僕たちは他の班員に今日，そのことを伝えるべきだよ」と言った。❻放課後，私とタクは他の班員に計画を変更する必要があることを伝えた。みんなはそれを理解したが，がっかりして見えた。私も残念だった。私たちは全員，文化祭でわくわくすることをしたかった。すると，班員のユキがこう言った。「顔出しパネルをつくるのはどうかしら？　段ボールにキルトを着た人の絵を描くことでつくれるわ。キルトをつくるより簡単だと思うの」　私もこれはすばらしい考えだと思った。他の班員も賛成し，私たちは作業を開始した。❼文化祭前日，私たちの班はキルトについての文章の執筆と顔出しパネルの作成を終えた。文化祭では，多くの人たちが説明文を読んだり，顔出しパネルで写真を撮ったりするのを楽しんでいた。私たちはそれを見て，とてもうれしかった。❽私はチームとして活動することを通して，大切なことを学んだ。私はきっと，将来，何度も何度も友達とお互いに助け合っていくことだろう，というのも，私たちはそれが目標を達成する最善の方法だと学んだからだ。

＜**解説**＞㉞decide to ～ で「～することに決める」。レストランのスタッフとして間違いをしないためにすべきこととして，オとクが考えられるが，この後の内容から，オについてはこの段階では気づけていないことなので不適。　㉟start to ～ で「～することを始める」。３文前のアドバイスの内容を実行し始めたと考えられる。　㊱コンピュータ室に行ってしたことが入る。コの it は直前の文の kilt を指している。　㊲書くべきことがたくさんあり，キルトをつくる時間がないという前後の内容から，プロジェクトが計画どおりにいかないのではないかと不安になっていることを読み取る。　worry about ～「～について心配する」　㊳タクに What happened？ときかれ，筆者がしたことが入る。‘tell＋人＋物事’「〈人〉に〈物事〉を言う」　㊴キルトづくりの計画が変更になってみんなががっかりしたのは，文化祭で「わくわくすることをしたかった」からである。　㊵最終段落が全体のまとめになっている。筆者はチームとして活動することを通して「重要なことを学んだ」のである。

数学解答

1 (1) ① -4 ② $-8y$ ③ $-\sqrt{15}$

(2) $x=5,\ y=-2$

(3) $x=-\dfrac{3}{5},\ -1$

(4) 最頻値…８点 中央値…６点

2 (1) $\dfrac{1}{2}$ (2) 2 (3) $\left(-3,\ \dfrac{9}{2}\right)$

(4) 18

3 (1) 33枚 (2) $\dfrac{1}{12}$

4 (1) 105° (2) 3：1

5 (1) $6\pi\ \mathrm{cm}^2$ (2) 6 cm

6 (1) ア…BAC イ…ODC

ウ…OFE エ…斜辺と１つの鋭角

(2) ① 3 cm ② 16：1

1〔独立小問集合題〕

(1)＜数の計算，式の計算＞①与式$=12-4\div\dfrac{1}{4}=12-4\times4=12-16=-4$ ②与式$=-\dfrac{6x^2y^2\times12xy^3}{9x^3y^4}=-8y$ ③与式$=\dfrac{6\sqrt{5}\times\sqrt{3}}{\sqrt{3}\times\sqrt{3}}-\sqrt{5}\times\sqrt{3^2\times3}=\dfrac{6\sqrt{15}}{3}-\sqrt{5}\times3\sqrt{3}=2\sqrt{15}-3\sqrt{15}=-\sqrt{15}$

(2)＜連立方程式＞$7(x-2y)=63$……①，$2x+y=8$……②とする。①より，$x-2y=9$……①′ ①′＋②×２より，$x+4x=9+16$，$5x=25$ ∴$x=5$ これを②に代入して，$10+y=8$ ∴$y=-2$

(3)＜二次方程式＞$3x+2=A$，$2x+1=B$とおくと，$A^2=B^2$，$A^2-B^2=0$，$(A+B)(A-B)=0$，$\{(3x+2)+(2x+1)\}\{(3x+2)-(2x+1)\}=0$，$(3x+2+2x+1)(3x+2-2x-1)=0$，$(5x+3)(x+1)=0$ ∴$x=-\dfrac{3}{5}$，-1

(4)＜データの活用―最頻値，中央値＞８点が３人で最も多いから，最頻値は８点である。度数が12人より，中央値は，点数を小さい順に並べたときの６番目の点数と７番目の点数の平均値である。６番目は５点，７番目は７点だから，中央値は$\dfrac{5+7}{2}=6$(点)となる。

2〔関数―関数 $y=ax^2$ と一次関数のグラフ〕

(1)＜比例定数＞右図１で，関数$y=ax^2$のグラフはA(4，8)を通るから，$y=ax^2$に$x=4$，$y=8$を代入して，$8=a\times4^2$より，$a=\dfrac{1}{2}$となる。

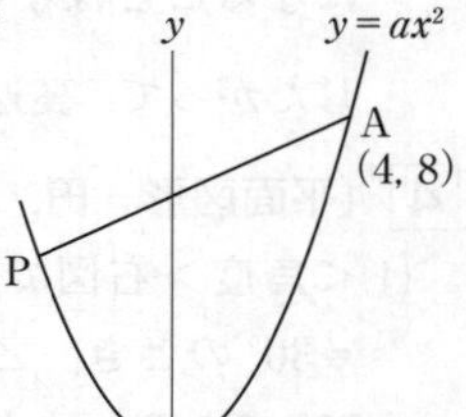

図１

(2)＜変化の割合＞関数$y=\dfrac{1}{2}x^2$において，$x=0$のとき$y=0$，A(4，8)より$x=4$のとき$y=8$である。よって，xの値が０から４まで増加するときの変化の割合は$\dfrac{8-0}{4-0}=2$となる。

(3)＜座標＞右上図１で，直線APの傾きが$\dfrac{1}{2}$より，その式は$y=\dfrac{1}{2}x+b$とおける。A(4，8)を通るから，$8=\dfrac{1}{2}\times4+b$，$b=6$となり，直線APの式は$y=\dfrac{1}{2}x+6$である。点Pは関数$y=\dfrac{1}{2}x^2$のグラフと直線$y=\dfrac{1}{2}x+6$の交点だから，$\dfrac{1}{2}x^2=\dfrac{1}{2}x+6$，$x^2-x-12=0$，$(x+3)(x-4)=0$ ∴$x=-3$，4 よって，点Pのx座標は-3だから，$y=\dfrac{1}{2}\times(-3)^2=\dfrac{9}{2}$より，P$\left(-3,\ \dfrac{9}{2}\right)$である。

(4)＜面積＞次ページの図２で，点Pは関数$y=\dfrac{1}{2}x^2$のグラフ上の点で，x座標は-2だから，$y=\dfrac{1}{2}\times(-2)^2=2$より，P$(-2,\ 2)$となる。また，△OAP＝△OAQのとき，△OAPと△OAQの底辺を

OAと見ると，高さは等しいから，PQ∥OAである。A(4, 8)より，直線OAの傾きは$\frac{8}{4}=2$だから，直線PQの傾きも2である。直線PQの式を$y=2x+q$とおくと，点Pを通るので，$2=2\times(-2)+q$より，$q=6$である。これより，直線PQの切片は6となるから，Q(0, 6)で，OQ=6である。△OAQと△OQPの底辺をOQと見ると，高さはそれぞれ4，2となるから，〔四角形OAQP〕=△OAQ+△OQP=$\frac{1}{2}\times6\times4+\frac{1}{2}\times6\times2=18$である。

図2

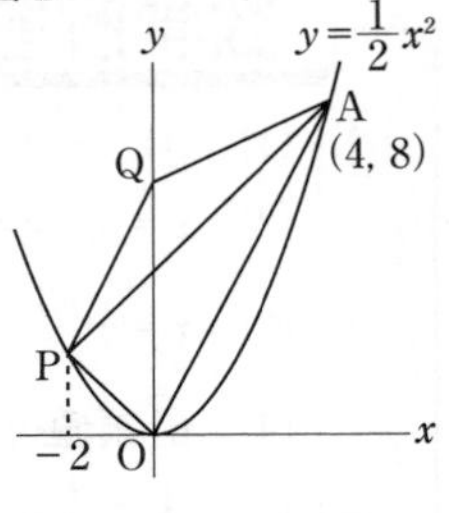

3〔データの活用―場合の数・確率―さいころ〕

⑴＜カードの枚数＞$a=1$のとき，1の倍数のカードを裏返すので，裏返すカードは36枚全てである。$b=4$のとき，$ab=1\times4=4$となるから，次に，4の約数である1，2，4の3枚のカードを表に戻す。よって，裏返されているカードは，$36-3=33$(枚)である。

⑵＜確率＞大小2つのさいころを投げるときの目の出方は全部で$6\times6=36$(通り)あるから，aとbの組も36通りある。⑴より，$a=1$のとき，裏返すカードは36枚だから，裏返されているカードが18枚になる場合，表に戻すカードは$36-18=18$(枚)である。abの値は最大で$1\times6=6$だから，abが18個の約数を持つことはない。つまり，18枚のカードを表に戻すことはない。$a=2$のとき，2の倍数は$36\div2=18$(個)だから，裏返すのは偶数のカード18枚である。裏返されているカードが18枚になる場合，次に裏返す奇数のカードの枚数と表に戻す偶数のカードの枚数が同じであればよい。つまり，abの奇数の約数の個数と偶数の約数の個数が同じであればよい。$ab=2\times1=2$，$2\times2=4$，$2\times3=6$，$2\times4=8$，$2\times5=10$，$2\times6=12$より，奇数の約数の個数と偶数の約数の個数が同じになるabは，2(約数は1，2)，6(約数は1，2，3，6)，10(約数は1，2，5，10)だから，$a=2$のとき，$(a, b)=(2, 1)$，$(2, 3)$，$(2, 5)$の3通りある。$a=3$のとき，3の倍数は$36\div3=12$(個)あるので，裏返すのは3の倍数のカード12枚である。裏返されているカードが18枚になる場合，$18-12=6$より，次に裏返すカードの枚数が表に戻すカードの枚数より6枚多くなればよい。$ab=3\times1=3$，$3\times2=6$，$3\times3=9$，$3\times4=12$，$3\times5=15$，$3\times6=18$より，裏返されているカードが18枚になることはない。$a=4$，5，6のときも同様に，裏返されているカードが18枚になることはない。したがって，裏返されているカードが18枚になるのは3通りだから，求める確率は$\frac{3}{36}=\frac{1}{12}$となる。

4〔平面図形―円，四角形〕

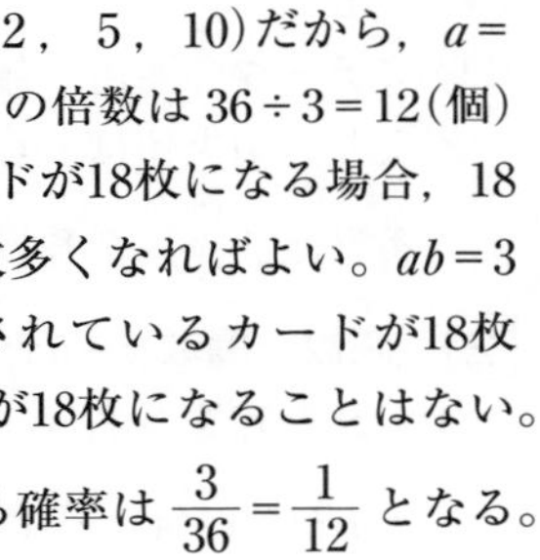

⑴＜角度＞右図で，△ABCはAB=ACの二等辺三角形だから，∠BAC=30°のとき，∠ECB=∠ABC=(180°−∠BAC)÷2=(180°−30°)÷2=75°である。また，∠DAC=∠BAC=30°であり，$\overset{\frown}{\mathrm{DC}}$に対する円周角より，∠EBC=∠DAC=30°となる。よって，△BCEで内角と外角の関係より，∠AEB=∠ECB+∠EBC=75°+30°=105°である。

⑵＜長さの比―相似＞右図で，△ABCと△BECにおいて，∠BAC=∠DAC，∠DAC=∠EBCより，∠BAC=∠EBCであり，∠ACB=∠BCEだから，△ABC∽△BECである。これより，AC：BC=BC：ECとなる。AC=AB=8だから，8：4=4：ECが成り立ち，8×EC=4×4より，EC=2である。よって，AE=AC−EC=8−2=6より，AE：EC=6：2=3：1となる。

5〔空間図形―回転体〕

⑴＜面積＞次ページの図のように，点Bから辺ADに垂線BHを引くと，∠ADC=∠BCD=90°だか

ら，四角形BCDHは長方形となる。長方形BCDHを直線ADを軸に90°回転させると，辺BCが動いてできた曲面BCFEは，円柱の側面の一部で，展開すると長方形になる。その縦の長さはBC＝3であり，横の長さはおうぎ形DCFの$\overset{\frown}{CF}$の長さである。CD＝4，∠CDF＝90°だから，$\overset{\frown}{CF}=2\pi\times4\times\frac{90^\circ}{360^\circ}=2\pi$である。よって，求める面積は，$3\times2\pi=6\pi$(cm²)である。

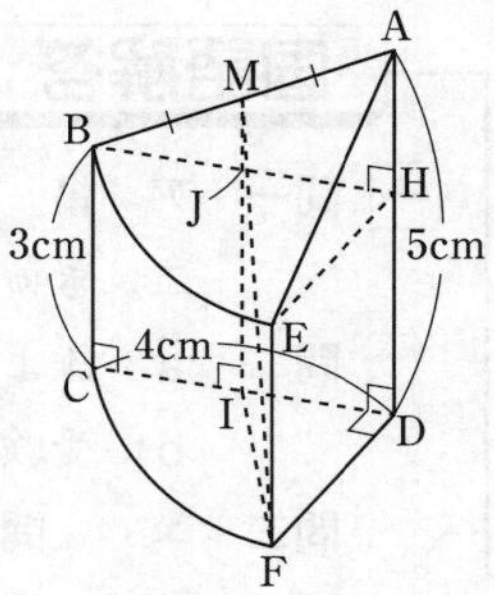

⑵＜長さ―三平方の定理＞右図のように，点Mから面DCFに垂線MIを引くと，点Iは辺CD上の点となり，△MIFは∠MIF＝90°の直角三角形となるから，三平方の定理より，$MF=\sqrt{MI^2+IF^2}$となる。線分MIと線分BHの交点をJとすると，BC∥MI∥ADとなるから，四角形BCDHと四角形BCIJはどちらも長方形となり，HD＝JI＝BC＝3である。これより，AH＝AD－HD＝5－3＝2となる。また，△ABH∽△MBJとなるから，AH：MJ＝AB：MB＝2：1であり，$MJ=\frac{1}{2}AH=\frac{1}{2}\times2=1$となる。よって，MI＝MJ＋JI＝1＋3＝4である。次に，FD＝CD＝4であり，BC∥MI∥AD，AM＝BMより，$DI=CI=\frac{1}{2}CD=\frac{1}{2}\times4=2$である。∠IDF＝90°だから，△FDIで三平方の定理より，$IF^2=FD^2+DI^2=4^2+2^2=20$となる。以上より，$MF=\sqrt{4^2+20}=\sqrt{36}=6$(cm)である。

6〔平面図形―円，三角形〕

⑴＜証明＞右図で，①は，半円の弧に対する円周角であることから導いているので，∠BAC＝90°である。②は，①と，AB∥DEで同位角が等しいことから導いているので，∠ODC＝∠BAC＝90°となる。点Eから辺BCに垂線EFを引いたので，③は，∠OFE＝90°となる。②，③より，④は，∠ODC＝∠OFE＝90°である。△OCDと△OEFにおいて，④の∠ODC＝∠OFE＝90°，⑤のOC＝OE，⑥の∠DOC＝∠FOEより，直角三角形で，斜辺と1つの鋭角がそれぞれ等しいから，△OCD≡△OEFとなる。

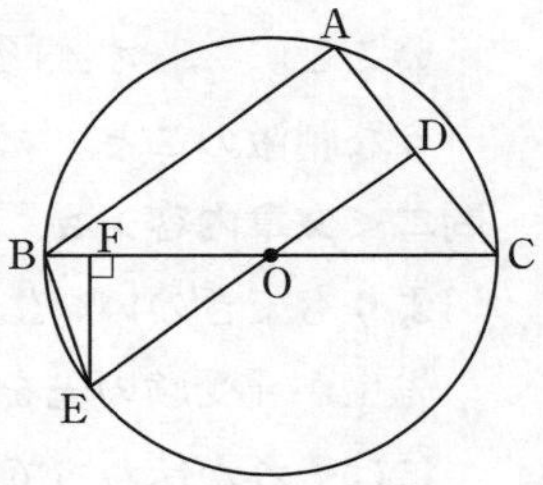

⑵＜長さ，面積の比＞①右上図で，⑴より△OCD≡△OEFだから，CD＝EFである。また，AB∥DE，CO＝BOだから，CD＝ADである。よって，$EF=CD=\frac{1}{2}AC$となる。△ABCは∠CAB＝90°の直角三角形だから，三平方の定理より，$AC=\sqrt{BC^2-AB^2}=\sqrt{10^2-8^2}=\sqrt{36}=6$である。したがって，$EF=\frac{1}{2}AC=\frac{1}{2}\times6=3$(cm)である。　②右上図で，$BO=CO=\frac{1}{2}BC=\frac{1}{2}\times10=5$である。2点O，Dはそれぞれ辺BC，ACの中点だから，△ABCで中点連結定理より，$DO=\frac{1}{2}AB=\frac{1}{2}\times8=4$となり，△OCD≡△OEFより，FO＝DO＝4となる。よって，BF＝BO－FO＝5－4＝1である。①よりEF＝3だから，$\triangle BEF=\frac{1}{2}\times BF\times EF=\frac{1}{2}\times1\times3=\frac{3}{2}$となる。また，$\triangle ABC=\frac{1}{2}\times AB\times AC=\frac{1}{2}\times8\times6=24$である。以上より，$\triangle ABC:\triangle BEF=24:\frac{3}{2}=16:1$となる。

国語解答

一 問一　ア　傷　イ　ゆか　ウ　苦労

エ　きゅうくつ　オ　しょうげき

問二　a　誰よりもできのいい生徒

b　受験の先

問三　エ　問四　イ　問五　ウ

問六　ウ　問七　ア

問八　ダメ出し　問九　イ

問十　おそまつなもの

問十一　その読みが　問十二　ウ

二 問一　ア　つ　イ　申　ウ　確

エ　姿勢　オ　ふはい

問二　イ

問三　主君のもとを去ってよい

問四　ア　問五　名君

問六　実証する　問七　エ

問八　ウ

問九　a　義務を負っている

b　無限

問十　ウ　問十一　陰でコソコソ

問十二　エ

一〔小説の読解〕出典；大島恵真『空，雲，シュークリーム，おれ』(小林深雪，落合由佳，黒川裕子，大島恵真『わたしを決めつけないで』所収)。

問一＜漢字＞ア．音読みは「傷害」などの「ショウ」。　イ．音読みは「病床」などの「ショウ」。　ウ．「苦労」は，苦しみ疲れること。　エ．「窮屈」は，心身の自由が奪われ，思うようにできないこと。　オ．「衝撃」は，物体に急激に大きな力が加えられること，また，心を激しく打つような刺激のこと。

問二＜文章内容＞a．「おれ」は，市野さんが受験を「どうでもいい」と言ったというのを聞き，「誰よりもできのいい生徒」がそんな発言をしたらミサキ先生も困るだろうと考えた。　b．ミサキ先生が「受験の先をどうしたら教えられるか」と話していたのを思い出し，「おれ」は，市野さんにはそれが伝わっているのではないかと気づいた。

問三＜ことばの単位＞「おれも静かに聞いていた」を単語に分けると，「おれ(名詞)／も(副助詞)／静かに(形容動詞)／聞い(動詞)／て(接続助詞)／い(動詞)／た(助動詞)」となる。

問四＜心情＞「おれ」は，「ミサキ先生だって困って……」と考えた直後に，市野さんには「受験の先」が伝わっているのではないかと気づいた。

問五＜漢字の知識＞「言葉」と「青空」は，訓読みと訓読みの組み合わせ。「素顔」は，音読みと訓読みの組み合わせ。「図画」は，音読みと音読みの組み合わせ。「湯気」は，訓読みと音読みの組み合わせ。

問六＜文章内容＞「おれ」は，美術系の高校の受験にとらわれている樹のプライドを傷つけないように，描きたいものを自由に描くことを助言する方法を考えた結果，「新堂樹君もさあ，自由に描けば？」というアドバイスをした。

問七＜ことわざ＞「おれ」は，樹に対するアドバイスの方法を考えていた。すると樹が，「森山君は，いいね。好きな絵を，そうやって自由に描けて」と発言したため，「おれ」は，「新堂樹君もさあ，自由に描けば？」というアドバイスにつなげる絶好のチャンスがきたと感じた。「渡りに船」は，困っているときに都合のよい条件が与えられること。「魚心あれば水心」は，相手が好意を持ったならば，こちらもそれに応じる用意があること。「待てば海路の日和あり」は，あせらずに待っていると，やがて好機がやってくる，という意味。「飛んで火に入る夏の虫」は，自ら進んで災いに巻き込まれにいくこと。

問八＜文章内容＞樹は「両親とも美大出」であり，その両親が樹に，「好きなように絵を描いてほしいって言う」一方，樹の絵に「必ずダメ出しする」という話を聞き，「おれ」は，「そりゃ窮屈かもな」と思った。

問九＜熟語の構成＞「離脱」と「歓喜」は，同じような意味の漢字を組み合わせた熟語。「臨海」は，下の漢字が上の漢字の目的語となっている熟語。「激減」は，上の漢字が下の漢字を修飾している熟語。「公私」は，反対の意味の漢字を組み合わせた熟語。

問十＜文章内容＞「おれ」は，「窓のきたない紙の看板」について，「ミサキ先生が新聞の字を拡大コピーしただけっていう，おそまつなものだ」と言った。

問十一＜文章内容＞「樹だったら，いくら自由にと言われても字らしく描くだろう」という「おれ」の予想が「違っていたとわかるのは，もっとあとのこと」だったのである。

問十二＜心情＞「おれ」は，「誰もこんなの読まない」と言いきることで，樹が他人からの評価を気にせずに，「自由に」「好きなように楽しく」描くことにつなげたかったのである。

二〔**論説文の読解―文化人類学的分野―日本文化**〕出典；将基面貴巳『従順さのどこがいけないのか』。

≪本文の概要≫『葉隠』は，主君への絶対無条件的な忠誠を説いている。主君が主君の道からどれだけ外れていても，家臣は，家臣としての道に忠実でなければならない。さらに，『葉隠』は，無理難題を言う主君に仕えなければ，家臣は自分の忠誠心の深さが試されることにならないとも説く。主君がひどいリーダーであればあるほど，自分が忠誠心を持つことを表すために諫言する機会が増えると考えるのである。こうした奇妙な結論にたどり着く理由の一つは，家臣にとっての忠誠の対象が主君個人であるからである。この考え方は，ハーシュマンの理論が組織全体の利益を尊重している点と対照的である。また，古代儒教の主君が家臣に対して義務を負っていたのに対して，『葉隠』の想定する主君は，家臣に何の責任も負っていない。『葉隠』における諫言の目的が，主君が暗愚だったり暴虐非道だったりするのを世間に知られないように隠すためである点には，注意が必要である。これは，権力が腐敗し堕落していくのをひたすら隠し通そうとする論理である。このような考え方が日本の政治思想的な伝統に根強くあることを，知っておくべきである。

問一＜漢字＞ア．音読みは「尽力」などの「ジン」。　イ．音読みは「申告」などの「シン」。　ウ．音読みは「確認」などの「カク」。　エ．「姿勢」は，心構えのこと。　オ．「腐敗」は，くさること，また，精神が落ちぶれ，害が生じる状態になること。

問二＜接続語＞①『葉隠』が説いている「主君への絶対無条件的な忠誠」を言い換えれば，「家臣は主君に対してどこまでも忠誠を尽くさなければならない」ということになる。　⑥家臣が主君に諫言する必要があまりないならば，家臣は「忠誠心を実証する機会」が少なくなるのであり，そのため，主君が愚劣であったり無能だったりすれば，家臣にとっては，諫言する機会に事欠かない「望ましい」状況になるのである。

問三＜文章内容＞家臣は主君の側で仕えるため「忠誠義務をキャンセルできる」ということは，「主君のもとを去ってよい」ということである。

問四＜漢字の知識＞「興」と「館」は16画。「謝」は17画。「潔」と「遺」は15画。

問五＜語句＞「暴君」は，自分勝手なむごい君主のこと。その対義語は，名高くて優れた君主，という意味の「名君」。

問六＜文章内容＞「無理難題を言う主君に仕えなければ，家臣は自分の忠誠心の深さが試されることにならない」のであり，主君がひどいリーダーであればあるほど，家臣は，諫言することで自分の忠誠心の深さが確かなものだと証明する機会に恵まれるのである。

問七＜語句＞「事欠かない」は，必要なものが十分にあって困らない，という意味。必要なものがなくて困る，という意味の動詞「事欠く」に，打ち消しの意味の助動詞「ない」が組み合わさった言葉である。

問八＜文章内容＞「主君がとんでもなく愚劣であったり，ひどく無能だったり，あるいは暴虐非道で家臣にやたらと切腹を申しつけたりする」状態は，主君としては好ましくない。しかし，『葉隠』によれば，家臣にとっては，諫言によって「忠誠心を実証する機会」が豊富にあるので望ましい状況であるという逆説的で奇妙な結論が導かれるのである。

問九＜文章内容＞ａ．古代儒教では，「主君には主君なりに家臣に対して義務を負っている」という考えがある。そのため，「三回諫めても主君が聞き入れなければ家臣はその主君のもとを去ってよい」のである。　ｂ．『葉隠』の場合，忠誠の対象である主君個人は，家臣に対して何の責任も負っていない。その結果，「家臣には無限に忠誠心を示す義務が生じる」のである。

問十＜品詞＞「求められる」と「ほめられる」の「られる」は，受け身の助動詞。「案じられる」の「られる」は，自発の助動詞。「来られる」の「られる」は，尊敬の助動詞。「着られる」の「られる」は，可能の助動詞。

問十一＜文章内容＞『葉隠』によれば，「家臣が諫言をするのは，主君が暗愚だったり暴虐非道だったりするのが天下に明らかにならないよう隠すため」である。よって，「諫言は陰でコソコソ行うべきだ」とされるのである。

問十二＜文章内容＞『葉隠』が「家臣が諫言をするのは，主君が暗愚だったり暴虐非道だったりするのが天下に明らかにならないよう隠すため」だと説くのは，「権力が腐敗し堕落していくのをひたすら隠し通そうとする論理」に他ならない。これは『葉隠』のみならず，日本の政治思想的な伝統に根強くある考え方なのである。

Memo

Memo

2022年度 国士舘高等学校

【英　語】　(50分)　〈満点：100点〉

A　次の(1)～(5)の各組の語の中で、下線部の発音が他と違うものを一つ選び、記号で答えなさい。

(1)　ア winter　イ still　ウ bring　エ climb
(2)　ア evening　イ end　ウ held　エ temple
(3)　ア sport　イ world　ウ born　エ short
(4)　ア touch　イ machine　ウ beach　エ chair
(5)　ア cooks　イ keeps　ウ turns　エ breaks

B　次の(6)～(10)の各組の語の中で、もっとも強く発音する位置が他と違うものを一つ選び、記号で答えなさい。

(6)　ア heav-y　イ a-fraid　ウ eas-y　エ use-ful
(7)　ア re-port　イ my-self　ウ home-work　エ for-get
(8)　ア a-way　イ weath-er　ウ mes-sage　エ prob-lem
(9)　ア de-vel-op　イ mu-si-cian　ウ ex-cit-ing　エ bas-ket-ball
(10)　ア cam-er-a　イ en-er-gy　ウ en-cour-age　エ u-ni-form

C　次の(11)～(15)の各組がほぼ同じ内容になるように、(　)に入る適語を一語ずつ解答欄に書きなさい。

(11)
It's difficult for me to use a computer.
(　　) a computer is difficult for me.

(12)
This is a book Mr. Sato wrote.
This is a book (　　) by Mr. Sato.

(13)
Shall I open the door?
Do you (　　) me to open the door?

(14)
We can't do the work if you don't help us.
We can't do the work (　　) your help.

(15) ｛I don't know that boy.
I don't know (　　　) that boy is.

D 次の(16)～(20)の各英文の（　）に入るもっとも適切なものをア～エから一つ選び、記号で答えなさい。

(16) Nick can swim (　　) than Mike.
ア fast　イ faster　ウ fastest　エ the fastest

(17) There is a park (　　) the hospital and the library.
ア after　イ between　ウ among　エ through

(18) We have (　　) eaten dinner.
ア already　イ yet　ウ right　エ ever

(19) That girl (　　) tennis with Ann is my sister.
ア play　イ plays　ウ playing　エ played

(20) I like the bags (　　) my grandmother made for me.
ア who　イ when　ウ what　エ which

E 次の(21)～(25)の語句を、日本語の意味に合うように並べかえ、（　）内で三番目と五番目にくるものを記号で答えなさい。ただし、(23)・(25)は文頭の語の最初の文字も小文字で示されています。

(21) あなたはこの部屋をそうじする必要はありません。
You (ア room　イ clean　ウ don't　エ this　オ to　カ have).

(22) 彼は生まれてから一度も海を見たことがありません。
He (ア sea　イ seen　ウ the　エ since　オ has never　カ he) was born.

(23) ゲームをするのを止める時間です。
(ア playing　イ to　ウ time　エ the　オ stop　カ it's) game.

(24) 私はあなたにこの料理の作りかたを教えましょう。
I'll (ア you　イ this　ウ to　エ how　オ make　カ teach) dish.

(25) これは駅に行くバスです。
(ア that　イ this　ウ a　エ is　オ goes　カ bus) to the station.

F　次の英文を読んで、(26)～(33)の問いに答えなさい。

Kenji and Akira are students at Wakaba Junior High School. They became friends with each other when they were five years old. They have done many things together since then. When they were eleven years old, they went to the city festival together and saw a dance performance. Kenji and Akira liked the performance very much. After the performance, Kenji said to Akira, "The people on the stage were very cool. I want to start dancing. I hear Wakaba Junior High School has a dance club. We are going to enter that school in the future, right? When we become junior high school students, let's join the club." Akira said, "(26)That sounds nice! I want to start dancing, too. I want to dance like the people on the stage, so let's practice together in the future." One year later, they joined the dance club at the junior high school and started dancing. They practiced very hard every day.

When Kenji and Akira became third-year students, the members of the dance club had a meeting. The club always chooses a new captain every spring. During the meeting, one member said, "Kenji, I think you should be captain. You are the best dancer in the club. You always think about the club." Kenji didn't know what to do, so (27)he looked at Akira. Akira nodded to him and said, "I agree. I also think Kenji should be captain. I'm sure he will be a very good captain." Then Kenji said, "OK, everyone. I will be captain." and he became captain of the dance club.

Wakaba Junior High School has a school festival in November every year. The dance club performs a dance on the stage at the festival. A lot of people come to see the dance performance, so it's one of the biggest events for the dance club. In July, Kenji said in front of all the members in the club, "We will perform a dance at the school festival this November again. It will be the last performance for the third-year students. Let's perform a great dance. (28)We have four months. I'm sure we can do it because we always practice very hard." All the members said, "Let's do it!"

The members started to practice hard for the school festival. Kenji really wanted to make their performance at the school festival a success. He talked with the other club members and their coach about their performance a lot. He practiced the hardest of all. He learned a new dance the earliest of the members and gave other members some advice. It wasn't easy for him to do everything, but he did. He worked very hard. When he was tired, (29)<u>he said to himself, "I'm the captain."</u>

One day in October, when the members were practicing dancing, Kenji fell down. He felt a pain in his leg, and he couldn't stand up. Everyone ran to him. The coach took care of his leg and said, "I think you have a serious injury. You should see a doctor." Kenji called his mother and asked her to come to school. After a while, she came and took him to a doctor in her car. After examination, the doctor said to Kenji, "You can't dance for one month." Kenji was shocked to hear (30)<u>that</u>. He thought, "I don't know what to say to Akira and the other members."

The next morning, Akira was surprised to see Kenji because he was walking on crutches. Akira went to Kenji and said, "Are you all right?" Kenji said, "Not really. Actually, I can't dance for one month. We have only three weeks until the school festival. I can't perform the dance with you at the festival. I'm very sad." Akira was too sad to say anything.

After school that day, Kenji said to all the members in the dance club, "I injured my leg yesterday. I can't perform the dance at the school festival with you. I'm very sorry." Then, Akira stood up and said, "Kenji, you don't have to say sorry. We all know you have worked the hardest for the club as the captain. Even if you can't dance with us, you are a very important member. To make our performance a success, watch our practice and give us advice." Another member said, "I (31). We still need you. Let's make our performance a success together, Kenji." When Kenji heard these words, his face began to shine. He said, "Thank you very much, everyone. I still have something to do here. I'm very happy. I will do my best."

From that day, Kenji did a lot of work for the dance club. He took videos during the practice. They watched the videos together and talked about how to make their dance better. When someone looked tired or down, Kenji went to the member and talked to him or her.

Three weeks later, the day of the school festival came. The members of the dance club performed a great dance in front of many people. They liked the performance very much. All the members went to Kenji. When they were talking, two younger boys came to them and said, "We enjoyed watching your dance very much. We want to start dancing and dance like you!" Akira said to the two boys, "Really? I am very happy to hear that. Thank you very much. I'm looking forward to seeing your dance!" Then Akira went to Kenji and said, "When I was listening to the two boys, I remembered something. We decided to start dancing for (32)<u>the same kind of reason</u>. Do you remember?" Kenji said, "Of course I do. I could not dance this time, but I was also very happy to hear that."

meeting 集まり　captain 部長　nodded うなづいた
make ～ a success ～を成功させる　fell down 転んだ　pain 痛み
injury 負傷　after a while しばらくして　examination 診察
shocked ショックを受けた　crutch 松葉づえ　injure ～ ～を痛める
even if ～ たとえ～でも　shine 輝く　down 落ち込んで

(26)　下線部(26)の指すものを一つ選び、記号で答えなさい。

ア　ケンジとアキラが、いっしょに市の祭りに行くこと。
イ　ケンジとアキラが、いっしょに市の祭りでダンスをすること。
ウ　ケンジとアキラが、いっしょにワカバ中学校に入学すること。
エ　ケンジとアキラが、いっしょにワカバ中学校のダンス部に入ること。

(27)　下線部(27)の理由としてもっとも適切なものを一つ選び、記号で答えなさい。

ア　ダンスの手本をアキラに見せてもらいたかったから。
イ　ケンジのダンスをアキラに見てもらいたかったから。
ウ　ケンジが部長になることを、アキラがどう思うか聞きたかったから。
エ　アキラがケンジを部長にしようとしていることが腹立たしかったから。

(28)　下線部(28)の内容としてもっとも適切なものを一つ選び、記号で答えなさい。

ア　メンバーが３年生になるまで４か月ある。
イ　文化祭までに４か月ある。
ウ　新しい部長を決めるまで４か月ある。
エ　いまのコーチと練習できる期間が４か月ある。

(29)　下線部(29)の理由としてもっとも適切なものを一つ選び、記号で答えなさい。

ア　忙しさにつかれた自分を励ますため。
イ　部員たちが部長である自分の意見を聞かないため。
ウ　コーチのようにじょうずに指導ができないため。
エ　自ら望んで部長になることができたため。

(30)　下線部(30)の指すものとしてもっとも適切なものを一つ選び、記号で答えなさい。

ア　アキラに足の痛みがあるということ。
イ　自分がしばらく練習できないということ。
ウ　文化祭まで１か月しかないということ。
エ　母親が迎えに来られないと言ったこと。

(31)　空所(31)に適する１語を本文中から抜き出して解答欄に書きなさい。

(32)　下線部(32)の内容としてもっとも適切なものを一つ選び、記号で答えなさい。

ア　ダンス部の先輩に誘われた。
イ　共通の友だちがダンスを始めた。
ウ　テレビでダンスを見た。
エ　子どもの頃，市の祭りでダンスを見た。

(33)　ケンジについての説明としてもっとも適切なものを一つ選び、記号で答えなさい。

ア　Kenji could not dance on the day of the school festival, but he helped Akira, captain of the dance club, a lot.
イ　Kenji is captain of the dance club, and he danced very well on the day of the school festival.
ウ　Kenji is captain of the dance club, but he could not dance on the day of the school festival.
エ　Kenji helped Akira, captain of the dance club, and Kenji danced very well on the day of the school festival.

G 次の英文を読んで、あとの問いに答えなさい。

When I was sixteen, I stayed at a family's house in London for one week. I went there because I was interested in the people's lives there. It was my first visit to a foreign country, so I was very excited. The experience I had there is very important to my life because it (34).

My host parents, Mr. and Mrs. Lord, met me at the airport in London. They took me to their house in their car. After arriving at their house, Mr. Lord showed me around the house. They lived in a beautiful house. He said in the living room, "This house (35). It is old, but we love it. We have taken good care of it, so we have been able to live here for many years." Then he took me to a room and said, "This is your room. I hope you'll like it." It was a room with a large window. I liked the room very much.

We had some tea, and after that, Mr. and Mrs. Lord took me to their large garden. They told me about the trees, birds, and flowers they took care of there. When we were talking, they sometimes asked me, "What is this called in Japanese?" But I (36). I didn't know much about trees, flowers, or birds in Japan. So I said, "In our garden in Japan, we have some trees and flowers. But I don't know much about them." Then Mr. Lord said, "Then, why don't you learn here?"

During my stay, I often helped Mr. and Mrs. Lord in the garden. We pulled the weeds and gave flowers some water together there. We often had tea in the garden. I said to them after the work, "That was hard work. Do you feel tired after working in the garden?" Mr. Lord said, "No! I just enjoy it." Mrs. Lord said, "We can feel nature here. Some people don't notice that nature gives us pleasure. I believe spending time in nature (37)." Their words impressed me a lot.

My stay in London finished very quickly and I went back to Japan. I told my parents about my stay. When I said, "I want to learn about the trees in our garden and the birds that come to the garden," they were very surprised. The next day, I went to the garden with them. I learned the names of the trees and flowers from them. I saw a small green bird. It settled in one of the trees. My father said in a low voice, "That's a *mejiro.* You can see white rings around its eyes, right? That kind of bird often comes to our garden." My mother said, "Some kinds of birds come to our garden every day. Look at this tree. It grows naturally. It germinated from a seed that a bird dropped." When I heard that, I thought, "Our garden is smaller than Mr. and Mrs. Lord's, but I can feel nature here, too. I (38)."

After that, I often spend time in our garden. I sometimes take some pictures of the plants and birds in the garden. I send e-mails with those pictures to Mr. and Mrs. Lord. They soon write me back. They say in their e-mails that Japanese plants and birds (39). I am happy to show something new to them.

Now I am interested in natural science and I study about it at a university. I often go to many places to see plants and watch birds with my teachers and other students. When I see and watch those things, I (40).

airport 空港　　weed 雑草　　notice that ～ ～ということに気づく
impress ～ ～を感動させる　　settle in ～ ～に止まる　　ring 輪
grow naturally 自生する　　germinate 発芽する　　seed 種

問　本文中の(34)～(40)の空所に適する語句をア～コから選び、記号で答えなさい。ただし、同じ語句は2回以上使わないことにする。また、不要なものも含まれている。

ア didn’t realize that before
イ wasn’t interesting to me
ウ couldn’t answer
エ caught them for Mr. and Mrs. Lord
オ makes our lives better
カ look new to them
キ was built when my grandfather was young
ク always think of Mr. and Mrs. Lord
ケ gave me a chance to think about my future
コ have to teach it to my parents

【数　学】（50分）〈満点：100点〉

1　次の問いに答えなさい。

(1)　次の計算をしなさい。

①　$-6^2-24\times\frac{3}{4}$

②　$-15x^2y\div\frac{3}{5}xy$

③　$6\sqrt{6}\div\sqrt{12}-\frac{8}{\sqrt{2}}$

(2)　連立方程式 $\begin{cases}3(2x-y)=-27\\x+0.5y=-3.5\end{cases}$ を解きなさい。

(3)　二次方程式　$(3x-2)^2=4(3x-2)$　を解きなさい。

(4)　右の度数分布表は，あるクラスの生徒40人の昨日の学習時間をまとめたものである。
　相対度数が0.15の階級の階級値を求めなさい。

学習時間(分)	度数(人)
以上　　未満	
0 ～ 30	4
30 ～ 60	6
60 ～ 90	10
90 ～ 120	12
120 ～ 150	8
計	40

2 右の図で，点Oは原点，曲線①は関数 $y=\frac{1}{3}x^2$ のグラフである。

2点A，Bは曲線①上にあり，x 座標はそれぞれ3，6である。

y 軸上に点Pをとり，△PAB をつくる。

このとき，次の問いに答えなさい。

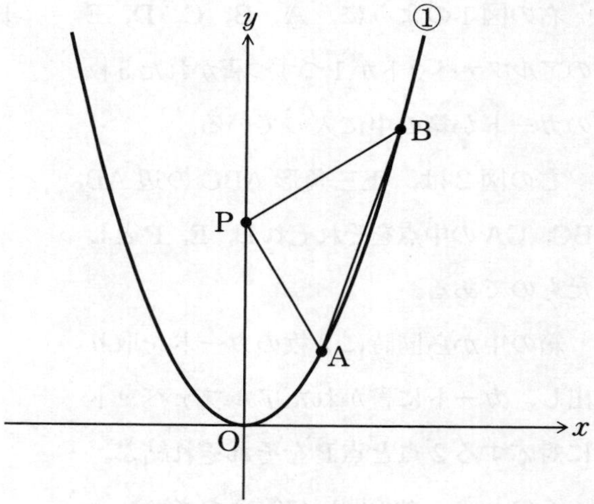

(1) 関数 $y=\frac{1}{3}x^2$ において，x の値が3から6まで増加するときの変化の割合を求めなさい。

(2) PA＝PB となるとき，点Pの座標を求めなさい。

(3) 線分 AP と線分 BP の長さの和が最短になるとき，次の①，②の問いに答えなさい。

① 直線 AP の式を求めなさい。

② △PAB の周の長さを求めなさい。

3　右の図1のように，A，B，C，D，Eのアルファベットが1つずつ書かれた5枚のカードが箱の中に入っている。

右の図2は，正三角形ABCの辺AB，BC，CAの中点をそれぞれD，E，Pとしたものである。

箱の中から同時に2枚のカードを取り出し，カードに書かれたアルファベットに対応する2点と点Pをそれぞれ結ぶ。

このとき，次の問いに答えなさい。

ただし，どのカードを取り出すことも同様に確からしいものとする。

図1

図2

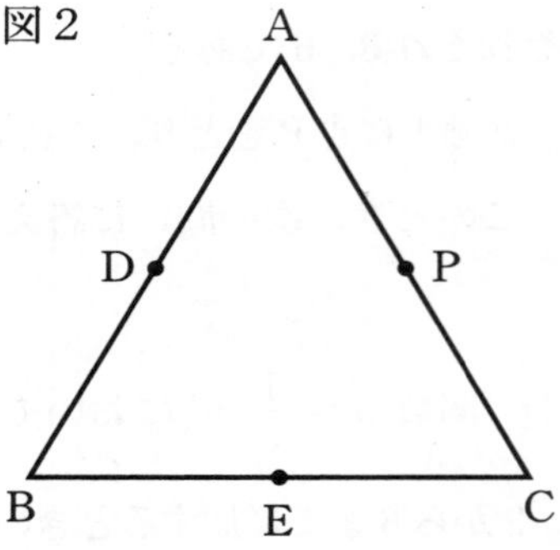

⑴　三角形ができない確率を求めなさい。

⑵　次のア～ウの三角形になる確率を考える。
ア～ウのうち，それになる確率がもっとも小さいものを選び，その記号を書きなさい。
また，その確率を求めなさい。

ア　正三角形　　　イ　直角三角形　　　ウ　正三角形でない二等辺三角形

4 右の図は，平行四辺形ABCDの辺CDの中点をEとし，直線ADと直線BEとの交点をFとしたものである。

頂点Aから直線BEにひいた垂線と直線BEとの交点をGとする。

AD＝AG＝BGのとき，次の問いに答えなさい。

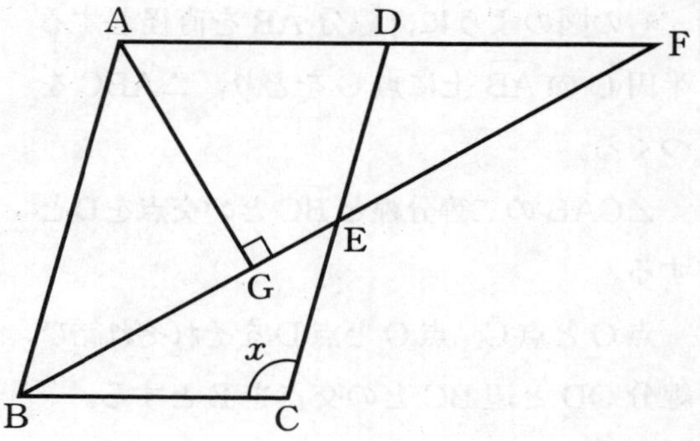

⑴ 平行四辺形ABCDの面積が$24\ \mathrm{cm}^2$のとき，△DEFの面積を求めなさい。

⑵ ∠BCD（図の$\angle x$）の大きさを求めなさい。

5 右の図の立体ABCD－EFGHは，AB＝BC＝6 cm，AE＝9 cmの直方体である。

辺AE，CG上にそれぞれ点P，Qをとり，四面体BPFQをつくる。

このとき，次の問いに答えなさい。

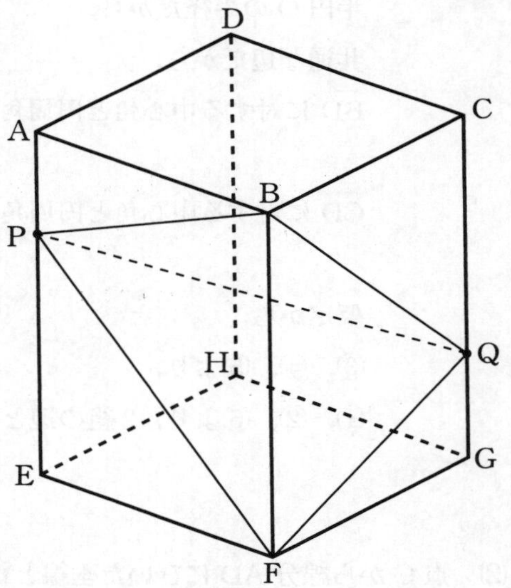

⑴ 四面体BPFQの体積を求めなさい。

⑵ AP＝GQ，AP＜PE，PQ＝11 cmのとき，線分APの長さを求めなさい。

6 右の図のように，線分 AB を直径とする半円 O の $\overset{\frown}{AB}$ 上に点 C をとり，△ABC をつくる。

∠CAB の二等分線と $\overset{\frown}{BC}$ との交点をDとする。

点 O と点 C，点 O と点 D をそれぞれ結び，線分 OD と辺 BC との交点を E とする。

このとき，次の問いに答えなさい。

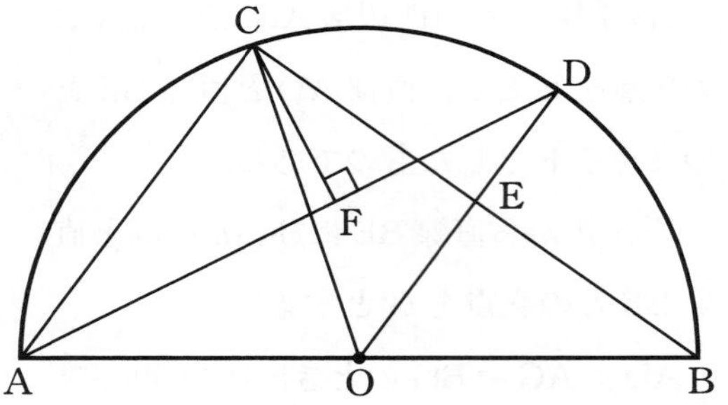

(1) △OBE≡△OCE であることを次のように証明するとき，［ア］～［エ］にあてはまる角をそれぞれ書きなさい。

ただし，同じ記号には同じものがあてはまるものとする。

〔証明〕 △OBE と △OCE において，

半円 O の半径だから，　OB = OC　……①

共通な辺だから，　OE = OE　……②

$\overset{\frown}{BD}$ に対する中心角と円周角の関係から，

∠［ア］= 2∠［イ］……③

$\overset{\frown}{CD}$ に対する中心角と円周角の関係から，

∠［ウ］= 2∠［エ］……④

仮定から，　∠［イ］=∠［エ］……⑤

③，④，⑤より，　∠［ア］=∠［ウ］……⑥

①，②，⑥より，2 組の辺とその間の角がそれぞれ等しいから，

△OBE ≡ △OCE

(2) 点 C から線分 AD にひいた垂線と線分 AD との交点を F とする。

OA = 5 cm，BC = 8 cm のとき，次の①，②の問いに答えなさい。

① 線分 OE の長さを求めなさい。

② AF : FD をもっとも簡単な整数の比で表しなさい。

問七　傍線部⑥「日本人にとっての野球は、クリフォード・ギアーツの分析で有名なバリの闘鶏にどこか似ている」とあるが、ここから読み取れる、筆者の「日本人にとっての野球」のとらえ方を説明した次の文の［　］にあてはまる言葉を、本文中から二十四字で探し、初めと終わりの五字を抜き出して答えなさい。

日本人にとって野球は［　］が表れたものになっている。

問八　傍線部⑦「サッカーを論じた」とあるが、本文中で「サッカー」に関する言葉として表現されているものを次の中から一つ選び、記号で答えなさい。

ア　教訓的な物語の源泉　　イ　資本主義的蓄積の倫理　　ウ　努力と克己と野心の成就　　エ　軽みと快楽の文化

問九　空欄［⑨］にあてはまる最も適切な言葉を、本文中から二字で抜き出して答えなさい。

問十　傍線部⑩「多様化」の対義語を次の中から一つ選び、記号で答えなさい。

ア　一般化　　イ　単一化　　ウ　二極化　　エ　組織化

問十一　傍線部⑪「非教訓的」のように上に「非」をつけることができる言葉を一つ選び、記号で答えなさい。

ア　公式　　イ　信任　　ウ　完成　　エ　表情

問十二　本文の内容に合っているものとして最も適切なものを次の中から一つ選び、記号で答えなさい。

ア　スポーツの理想化の進展は、教訓的な物語がスポーツに読み込まれるようになって終わった。
イ　中世ヨーロッパにおいて「道徳劇」として始まったスポーツが甲子園の高校野球につながる。
ウ　フットボールの美学は「道徳劇」型スポーツの様相が変化していることの一例となっている。
エ　スポーツが次第に芸術一般に近づいてきているという点について問題視していく必要がある。

問一　傍線部ア～オの漢字にはその読み仮名（ひらがな）を記し、カタカナは漢字に直しなさい。

問二　傍線部①「真の文化は何らかの遊びの内容をもたずには存続してゆくことができない」とあるが、この部分の文節の数を漢数字で答えなさい。

問三　空欄［②］と［⑧］にあてはまる言葉の組み合わせとして最も適切なものを次の中から一つ選び、記号で答えなさい。

ア　②　ところが　⑧　そして　　イ　②　ただし　⑧　なぜなら

ウ　②　あるいは　⑧　つまり　　エ　②　だから　⑧　たとえば

問四　傍線部③「これら」が指すものを、本文中から二つ抜き出して答えなさい。

問五　傍線部④「スポーツと演劇（さらには芸術一般）との間の親近性」とあるが、これについての筆者の考えを説明した次の文の［a］・［b］にあてはまる最も適切な言葉を、本文中から、［a］は八字、［b］は四字で抜き出して答えなさい。

　勝利のための闘いと作品制作の表現を［a］べきではないが、スポーツを通して芸術に触れたときのような［b］を観客がすることは可能だ。

問六　傍線部⑤「ただし、フィギュア・スケート、体操、アーティスティック・スイミング＝旧シンクロナイズド・スイミングなどについてどう考えるかは微妙なところであろう」とあるが、この表現の説明として最も適切なものを次の中から一つ選び、記号で答えなさい。

ア　フィギュア・スケートなどは、勝利をめざして闘っているものだとは言い切れないということ。

イ　フィギュア・スケートなどは、独特の迫力があるものだとは言えないかもしれないということ。

ウ　フィギュア・スケートなどは、芸術にみられるような表現を否定するかもしれないということ。

エ　フィギュア・スケートなどは、芸術にみられるような表現に該当する可能性もあるということ。

らゴールネットにつき刺さるその瞬間に、球と足のもっとも美しい関係が樹《う》ち立てられているからなのだ」。また、野球が「塁にランナーを貯《た》め、カウントを引き伸ばしながら好球を待ってついに得点するというような蓄積的発想」に立っているのに対し、フットボールでは「一瞬にして形勢が逆転することなど日常茶飯事」である。「どこからでも点は入り、いつでも点はとられる」。［⑧］、「資本主義的蓄積の倫理」を無視し、〈いま〉という一瞬を楽しみながら、あるとき突然のエ跳躍に賭けること……」、これがフットボールの美学であり、生活哲学なのだ。それはまた、「努力と克己と野心の成就《じょうじゅ》」を語り続けてきた「強固な野球文化」にかわる「軽みと快楽の文化」の萌芽《ほうが》なのかもしれない。

近年では、人びとをひきつけるスポーツの種類も、またひきつけられる［⑨］の層も⑩多様化している。またメディアや情報技術の発展によって、スポーツが提示あるいは表現される仕方も高度化し、オフクザツ化してきた。とうぜん、私たちがそこに見いだす美感や物語も、ときには例えば※メカニックな美やグロテスクな感覚であったり、あるいは⑪非教訓的または反教訓的なメッセージであったりというふうに、多様化し変容してきている。その意味でスポーツは、道徳劇を多少とも離れ、道徳劇を含む演劇一般に、さらには芸術一般に近づいてきているとも言えよう。とすれば、独特の美的体験のなかで世界と生の活力と意味（あるいは無力と無意味）を感得する、いわば「芸術」タイプの文化としてスポーツをとらえる視点、したがってまた、芸術と同じように、（単に既存の価値観や認知様式や感性を反映するだけでなく）よかれあしかれ新たな価値観・認識・感性などを創造し形成していく要因でもあるという面からスポーツをとらえていく視点が、もっと強調されてよいのではないか。そのような視点からスポーツについて考え、批評していくことは、これからのスポーツ文化論にとって、重要な課題の一つとなるだろう。

（井上俊『文化社会学界隈』より）

※ホイジンガ……オランダの歴史家。
※樋口聡……日本の教育学者。
※道徳劇……中世末期にヨーロッパで栄えた、教訓を表現する演劇。
※クリフォード・ギアーツ……アメリカの文化人類学者。
※『リア王』や『マクベス』……シェイクスピアが書いた戯曲。
※今福龍太……日本の文化人類学者・批評家。
※直截……まわりくどくなく、ずばりと言うこと。
※エクスタシー……快感が最高潮に達して無我夢中の状態。
※メカニック……動きが機械のようである様子。

二　次の文章を読んで後の問いに答えなさい。

さまざまの新しい試みや工夫によってスポーツのなかに「遊び」の要素を回復していくこと、あるいはそれを新たな形で組み込んでいくことは、私たちのスポーツ文化をアユタかにしていくための一つの有力な方向ではあろう。※ホイジンガ流に言うなら、①「真の文化は何らかの遊びの内容をもたずには存続してゆくことができない」のだから。

ホイジンガはまた、遊びの「本質的な二つの相」として「闘争」と「表現」をあげた。遊びは、例えばスポーツなどに見られるように「何かを求めての闘争」であるか、②演劇などに見られるように「何かをあらわす表現」である。そしてときには、遊びが闘争を表現したり、あるいは表現のすぐれた者を選ぶための競争の形をとったりすることによって、③これら二つの相がうまく結びつく場合もある。

ここには、④スポーツと演劇（さらには芸術一般）との間の親近性が示唆されている。しかしもちろん、※樋《ひ》口《ぐち》聡《さとし》が詳細に論じたように、スポーツと芸術とを安易に同一視することはできない。たとえスポーツが闘争の形式を通して何かを表現しているとしても、勝利をめざして闘っているスポーツ・プレーヤーの行為は芸術家が作品を制作するときの「表現」行為（つまり「意図的な美的形成」）とはイコトなったものである。もちろん、だからこそ独特の迫力があるとも言えるわけだが、一般にスポーツが「芸術にみられるような表現的契機を欠いている」ことは否定できないだろう⑤（ただし、フィギュア・スケート、体操、アーティスティック・スイミング＝旧シンクロナイズド・スイミングなどについてどう考えるかは微妙なところであろう）。しかしいずれにせよ、スポーツの観客が、「スポーツ運動の美や試合の劇的特質」といった形式的特徴を通して「生命力の表出」や「人格性の発露」を感得し読みとっていくことは常に可能であり、それは明らかに一種の「美的体験」と言ってよい。（中略）

一九世紀後半からのスポーツの理想化の進展のなかで、さまざまの教訓的な物語がスポーツに読み込まれるようになったこと、その結果スポーツが中世ヨーロッパの「※道徳劇」の近代版とでもいうべきものになったことについては、すでに触れた。身近なところでは、例えば甲子園の高校野球などを考えてみればよいだろう。

高校野球にかぎらず、⑥日本人にとっての野球は、※クリフォード・ギアーツの分析で有名なバリの闘鶏にどこか似ている。ギアーツによれば「闘鶏はバリ人の経験をバリ風に読み込んだものであり、バリ人が自分たち自身に語る自分たち自身についての物語である」。したがってそれは、バリ人にとって「一種の感情教育」の機会でもあり、西欧人にとっての※『リア王』や『マクベス』と同じように、バリ人はそれを通して自分たちの社会や感性のあり方、あるいはありうる姿を学ぶのである。

もちろん、近年では、単純な⑦「道徳劇」型の物語のウ衰退や変容が進んでいることも事実である。例えば、これまで教訓的な物語の源泉となってきた野球との比較においてサッカーを論じた※今福龍《いまふくりゅう》太《た》は、とりわけラテンアメリカのフットボール（「サッカー」というよりスペイン語やポルトガル語で「足・球」〔Futbol/Futebol〕と※直《ちょく》截《せつ》に呼ばれる球技）では「勝ち負け以上に、その美しさが問題となる」と言う。「ゴールの瞬間が※エクスタシーになるのは、得点が入ったという事実があるからではなく、つながれたボールが流れるような軌跡を示しなが

問八　空欄 ⑦ にあてはまる最も適切な言葉を本文中から二字で抜き出して答えなさい。

問九　傍線部⑧「数粒」とあるが、上下の漢字の音読みと訓読みの組み合わせがこれと同じものを次の中から一つ選び、記号で答えなさい。

ア　役場　　イ　世界　　ウ　荷物　　エ　昔話

問十　傍線部⑨「この砂鉄と同じもんが、浩太の身体の中にある」とあるが、このように言った六郎の意図として最も適切なものを次の中から一つ選び、記号で答えなさい。

ア　砂鉄を一粒一粒集めて鍛えれば強い刀ができるように今から修業すれば鍛冶屋になれるということを浩太に伝えようとしている。

イ　今の時点ではできなくても、あきらめないで丁寧に努力を積み重ねればいつか夢は叶《かな》うということを浩太に伝えようとしている。

ウ　一つ一つのことを怠らず努力していけば鍛冶屋にはなれるのであり才能などは必要ないということを浩太に伝えようとしている。

エ　玉鋼はかなやごさんがこの土地にくださった砂鉄でしか作れない、とても貴重なものだということを浩太に伝えようとしている。

問十一　傍線部⑩「ぼくも、ぼくの親方のようにいつかなれるんですね」とあるが、このときの浩太の様子を説明した次の文の a ・ b にあてはまる最も適切な言葉を、本文中から、 a は九字、 b は四字で抜き出して答えなさい。

浩太は六郎のことを a からこそ弟子になりたいのであり、その心は b なため、弟子にしてもらえると信じきっている。

問十二　傍線部⑪「六郎は浩太の言葉に口ごもった」とあるが、六郎が「口ごもった」理由として最も適切なものを次の中から一つ選び、記号で答えなさい。

ア　浩太が鍛冶屋を目指すにあたって、自分のような年老いた者が親方として教えるわけにはいかず、他の鍛冶屋に弟子入りしたほうが浩太にとってよいと思うから。

イ　何十年も鍛冶屋を続けてきて、やっと仕事のことを理解できるようになってきたのであり、浩太も自分のようになれるとはっきりと言い切ることができないから。

ウ　浩太は自分のことを親方として慕ってくれてはいるが、浩太がいつか鍛冶屋を目指すかどうかはともかく、親方として自分が浩太を育てていくつもりはないから。

エ　自分の親方がしてくれた話を浩太にしてやったことで役目は終わったという実感があって、親方として浩太に教えられることはもう何も残っていないと思うから。

問二　傍線部①「十二月になったばかり」とあるが、これと同じ意味・用法の「ばかり」を次の中から一つ選び、記号で答えなさい。

ア　高い熱が出て三日ばかり学校を休んでしまった。　イ　ちょっと気を抜いたばかりに失敗してしまった。

ウ　ゲームばかりしていると勉強に集中できないよ。　エ　さきほど注意したばかりなのにもう忘れている。

問三　傍線部②「私の話を聞いてもらいたいんです」とあるが、このときの須崎の気持ちとして最も適切なものを次の中から一つ選び、記号で答えなさい。

ア　浩太を鍛冶屋の跡継ぎに育てることを、六郎にあきらめてほしいという気持ち。

イ　浩太に鍛冶屋になる気を捨てさせるため、六郎に協力してほしいという気持ち。

ウ　中学生になろうと浩太が考え直すように、六郎から話してほしいという気持ち。

エ　鍛冶屋になりたいと浩太に思わせたことを、六郎に許してほしいという気持ち。

問四　傍線部③「神妙な」とあるが、この言葉の意味に最も近いものを次の中から一つ選び、記号で答えなさい。

ア　不安　　イ　感心　　ウ　立派　　エ　素直

問五　傍線部④「進学」とあるが、これと熟語の組み立てが同じものを次の中から一つ選び、記号で答えなさい。

ア　誤報　　イ　着席　　ウ　利害　　エ　競争

問六　傍線部⑤「説得とはまったく逆の話」とあるが、それは具体的にどのような話か。「　　　　がわかる話」にあてはまる最も適切な言葉を本文中から十六字で抜き出して答えなさい。

問七　傍線部⑥「六郎は眠れなかった」とあるが、その理由として最も適切なものを次の中から一つ選び、記号で答えなさい。

ア　浩太を納得させるためにどんな話をしたらいいのかがわからなくなったから。

イ　眠っている間に浩太が自分の元からいなくなってしまうような気がしたから。

ウ　浩太に伝えることを考えるうちに自身が受けた教えがよみがえってきたから。

エ　今後について話し合った結果裏切られたと浩太に思われるのが怖かったから。

「ああできるとも。やってみろ」
浩太はズボンが濡《ぬ》れるのもかまわず水の中から砂を掬い上げると両手の中で洗うようにした。浩太のちいさな手に砂鉄が⑧数粒残った。
「あった、あった。砂鉄があった」
浩太が嬉《うれ》しそうに声を上げ、六郎を見返した。
「それは※真砂《まさご》砂鉄と言う一等上等な砂鉄じゃ。このあたりにしかない。※かなやごさんがこの土地に下さったもんじゃ。その砂鉄をあの岩ほど集めて、これだけの玉鋼ができる」
六郎は先刻まで二人が座っていた大岩を指さし、両手で鋼の大きさを教えた。
「あの岩ほど集めて、それだけの鋼しか取れないんですか」
「そうじゃ。そのかわり鋼を鍛えて刀に仕上げればどんなものより強い刀ができる。どんなに強い刀も、この砂鉄の一粒が生んどる」
「なら砂鉄が一番大事なものですね」
「そうじゃ。砂鉄はひとつひとつはちいさいが集まれば大きな力になる。⑨この砂鉄と同じもんが、浩太の身体の中にある」
「ぼくの身体の中に……」
「どんなに大変そうに見えるもんでも、今はすぐにできんでもひとつひとつ丁寧に集めていけばいつか必ずできるようになる。わしの親方がそう言うた」
⑩「ぼくも、ぼくの親方のようにいつかなれるんですね」
「……」
⑪六郎は浩太の言葉に口ごもった。
「浩太、わしだけがおまえの親方ではない」
「どうしてですか。ぼくの親方はあなただけです。親方だけです」
浩太の顔が半べそをかきそうになっていた。六郎は浩太の頭を撫《な》でた。

（伊集院静『親方と神様』より）

※　真砂砂鉄……二酸化チタンの含有量が少なくて純度が高く、産出地が山陰側の一部に限られる砂鉄。
※　かなやごさん……金屋《かなや》子《ご》神《かみ》。鍛冶職人に信仰される神。

問一　傍線部ア～オの漢字にはその読み仮名（ひらがな）を記し、カタカナは漢字に直しなさい。

らしい職業かを教えてくれた、あの山径《やまみち》に二人で出かけ、親方が言ったことと同じ話をしてみようということだった。それは⑤説得とはまったく逆の話なのだが、六郎は自分ができる唯一の方法だと思った。

昼食を終えて二人は岩の上で少し昼寝をした。

⑥六郎は眠れなかった。胸元で浩太の寝息が聞こえた。

六郎の胸の上に浩太のちいさな指がかかっている。いつかこの指が大人の男の指になるのだろうと思った。その時は自分はこの世にいない。浩太がどんな大人になるか見てみたい気がする。六郎は独りで生きてきたことを少し後悔した。

——いや、そのかわりにこの子に逢《あ》えた。

親方の言葉がまた聞こえてきた。

『玉鋼《たまはがね》と同じもんがおまえの身体の中にもある。玉鋼のようにいろんなもんが集まって一人前になるもんじゃ。鍛冶の仕事には何ひとつ無駄なもんはない。とにかく丁寧に仕事をやっていけ』

親方の言葉が耳の底に響いた。

玉鋼は鋼の最上のものである。ちいさな砂鉄をひとつひとつ集めて玉鋼は生まれる。親方はちいさなものをおろそかにせずひとつひとつ集めたものが一番強いということを少年の六郎に言って聞かせた。その時は親方の話の意味がよくわからなかった。それが十年、二十年、三十年と続けて行くうちに理解できるようになった。一日一日も ⑦ のようなものだったのかもしれない……。

浩太が目を覚ました。

「浩太、鋼は何からできるか知っとるや」

「鉄鉱石」

「そうじゃ。他には」

浩太が首をかしげた。

「ならそれを見せてやろう。靴を脱いで裸足《はだし》になれ」

六郎は浩太を連れて滝壺《たきつぼ》の脇の流れがゆるやかな水にエ膝まで入り、底の砂を両手で掬《すく》い上げた。そうして両手をオ器のようにして砂を洗い出した。浩太は六郎の大きな手の中の砂をのぞきこんでいる。やがて六郎の手の中にきらきらと光る粒が残った。六郎はその光る粒を指先につまんで浩太に見せた。

「これが砂鉄じゃ。この砂鉄を集めて火の中に入れてやると鋼ができる」

「ぼくにも見つけられますか」

二〇二二年度 国士舘高等学校

【国語】（五〇分）〈満点：一〇〇点〉

一　次の文章を読んで後の問いに答えなさい。

年老いた鍛冶《かじ》職人六郎《ろくろう》のもとに、鍛冶屋になりたいので仕事を見学させてほしいと、十二歳の浩太《こうた》が訪ねてくる。浩太の真剣な表情と向き合う六郎は見学を許すが、子供の一時的な憧れとして本気にはしなかった。七日ばかり見学して明日で夏休みが終わるという日、浩太は中学校に行かず六郎の弟子になりたいと申し出るが六郎は笑うだけだった。ところが十月、浩太の母親が訪ねてきて、浩太が六郎の跡を継ぐと言って困っているという。六郎は跡継ぎを頼んだ覚えはないと激怒し、浩太を二度と来させるなと言って追い返してしまう。すると今度は、浩太の学校の担任の須崎《すざき》が現れるのだった。

①十二月になったばかりの夕暮れ、須崎は六郎の鍛冶場に訪ねてくると、仕事場をぐるりと見回して懐《なつ》かしそうに言った。

「いや懐かしいですね。私、生まれ育ったのが出雲《いずも》の佐田町という山の中でしてね。そこに山村の鍛冶屋が一軒あって、職人さんが一人で毎日金槌《かなづち》を打っていたんです。私、子供の時分、その仕事を見るのが好きで、一日中眺めていました。山でアハタラく人には必要ないろんな道具をこしらえていたんですよ」

「ああ、知っておる。わしの兄弟弟子の一人が山鍛冶職人になったからの。あんたは浩太の担任の先生ですか。あんたがわしの所に来なさった用件はわかっています」

「いや能島さん、違うんです。私は浩太君に鍛冶屋になる夢を捨てろとは一度も言っていません。鍛冶屋さんはいい仕事だと言いました。鍛冶屋は人間が最初に作った職業のひとつだと教えたんです。浩太君が鍛冶屋になりたいと言い出したのは私のせいでもあるんです……ですから②私の話を聞いてもらいたいんです。浩太君は能島さんの話なら耳を傾けてくれます。あなたのことを本当に尊敬しているんです」

須崎という教師の話には説得力があった。

その翌日、須崎に連れられて浩太の母が③神妙な顔をしてあらわれ、先日の非礼を詫《わ》び、息子を説得して欲しいと頼みにきた。

「ともかく話してみましょう」

六郎は二人にイヤクソクした。

ウ承諾はしたものの、口下手な六郎の説得をあの純粋無垢《むく》な浩太が聞き入れてくれるとは思えなかった。④進学した方がおまえのためだと話せば話すほど浩太は自分に裏切られたと思うに違いない。

六郎は考えた。妙案なぞ浮かぶはずはなかった。考えた末、六郎が出した答えは彼がかつて少年の時、親方が彼に鍛冶職人がいかに素晴

2022年度／国士舘高等学校

英語解答

A (1) エ　(2) ア　(3) イ　(4) イ
(5) ウ

B (6) イ　(7) ウ　(8) ア　(9) エ
(10) ウ

C (11) Using　(12) written
(13) want〔wish, need〕
(14) without　(15) who

D (16) イ　(17) イ　(18) ア　(19) ウ
(20) エ

E (21) 三番目…オ　五番目…エ
(22) 三番目…ウ　五番目…エ
(23) 三番目…イ　五番目…ア
(24) 三番目…エ　五番目…オ
(25) 三番目…ウ　五番目…ア

F (26) エ　(27) ウ　(28) イ　(29) ア
(30) イ　(31) agree　(32) エ
(33) ウ

G (34) ケ　(35) キ　(36) ウ　(37) オ
(38) ア　(39) カ　(40) ク

A〔単語の発音〕

(1)	ア．winter[i]	イ．still[i]	ウ．bring[i]	エ．climb[ai]
(2)	ア．evening[iː]	イ．end[e]	ウ．held[e]	エ．temple[e]
(3)	ア．sport[ɔːr]	イ．world[əːr]	ウ．born[ɔːr]	エ．short[ɔːr]
(4)	ア．touch[tʃ]	イ．machine[ʃ]	ウ．beach[tʃ]	エ．chair[tʃ]
(5)	ア．cooks[s]	イ．keeps[s]	ウ．turns[z]	エ．breaks[s]

B〔単語のアクセント〕

(6)	ア．héav-y	イ．a-fráid	ウ．éas-y	エ．úse-ful
(7)	ア．re-pórt	イ．my-sélf	ウ．hóme-work	エ．for-gét
(8)	ア．a-wáy	イ．wéath-er	ウ．més-sage	エ．prób-lem
(9)	ア．de-vél-op	イ．mu-sí-cian	ウ．ex-cít-ing	エ．bás-ket-ball
(10)	ア．cám-er-a	イ．én-er-gy	ウ．en-cóur-age	エ．ú-ni-form

C〔書き換え―適語補充〕

(11)「私にとってコンピュータを使うことは難しい」→「コンピュータを使うことは私にとって難しい」　上の文は‘It is ～ for … to ―’「…にとって―することは～だ」の形式主語の構文。下の文では「コンピュータを使うこと」を動名詞(～ing)を使って Using a computer と表す。

(12)「これはサトウさんが書いた本だ」→「これはサトウさんによって書かれた本だ」　上の文は，a book の後に目的格の関係代名詞が省略されている。下の文は，by ～「～によって」があるので，a book「本」が「サトウさんによって書かれた」という受け身の意味で修飾する形になる。これは，形容詞的用法の過去分詞 written で表せる。

(13)「窓を開けましょうか」→「あなたは私に窓を開けてほしいですか」　相手の意向を尋ねる Shall I ～？は，Do you want me to ～？で書き換えられる。

(14)「もしあなたが私たちを助けてくれなければ，私たちは仕事をすることができない」→「私たちはあなたの助けなしでは仕事をすることができない」　直前に所有格の代名詞の your があることから，下の文の help は名詞だとわかる。よって，without ～「～なしでは」を使って書き換える。

(15)「私はその少年を知らない」→「私はその少年が誰なのか知らない」　間接疑問(‘疑問詞＋主語＋動詞...’)を用いて書き換える。

D〔適語(句)選択〕

(16)後ろに than があるので，比較級の faster が適切。　「ニックはマイクより速く泳げる」

(17)'between A and B'「AとBの間に」　「病院と図書館の間に公園がある」

(18)現在完了の文で have〔has〕の後に置くことができる already，yet，ever のうち，yet は否定形 haven't〔hasn't〕の後に置かれる。また，ever は，疑問文や 'This is the＋形容詞の最上級＋名詞＋(that＋)主語＋have ever＋過去分詞…'「これはこれまで～した中で一番…な―だ」という形において使われる。よって，already「もう，すでに」が適切。　「私たちはもう夕食を食べてしまった」

(19)主語の That girl に対応する述語動詞は is で，(　　)から Ann までが That girl を修飾している。したがって，「～している」という意味で That girl を修飾する形容詞的用法の現在分詞(～ing)が適切。　「アンと一緒にテニスをしているあの女の子は私の姉〔妹〕だ」

(20)直前に the bags という'物'があり，直後が'主語＋動詞…'という形になっているので，'物'を先行詞にとる目的格の関係代名詞 which が適切。　「私は祖母が私のためにつくってくれたバッグが好きだ」

E〔整序結合〕

(21)「～する必要はない」は don't have to ～ で表せる。「この部屋をそうじする」は clean this room。　You don't have to clean this room.

(22)「一度も～したことがない」は，現在完了の'経験'用法('have/has never＋過去分詞')で表す。「～から」は，'since＋主語＋動詞'という形で表す。　He has never seen the sea since he was born.

(23)「(もう)～する時間だ」は It's time(この It は'時間'を表す)とした後，time を修飾する形容詞的用法の to不定詞を置き，It's time to ～とする。「ゲームをするのを止める」は，'stop＋動名詞'の形を使って，stop playing the game とする。　It's time to stop playing the game.

(24)「あなたに～を教える」は'teach＋人＋物事'の順。「この料理の作りかた」は'how to ～'「～のやりかた」を使って，how to make this dish とする。　I'll teach you how to make this dish.

(25)「これは～です」は This is ～。「駅に行くバス」は，「バス」を先行詞，「駅に行く」を関係代名詞節で表し，a bus that goes to the station とする。　This is a bus that goes to the station.

F〔長文読解総合―物語〕

≪全訳≫❶ケンジとアキラはワカバ中学校の生徒だ。２人は５歳のときに友達になった。それ以来，２人はいろいろなことを一緒にしてきた。11歳のとき，２人は一緒に市の祭りに行き，ダンスを見た。ケンジとアキラはそのダンスをとても気に入った。舞台が終わると，ケンジはアキラに「舞台の人たち，すごくかっこよかったね。ダンスを始めたいな。ワカバ中学校にはダンス部があるそうだね。僕たち，将来，あの学校に入るんだよね？　中学生になったら，一緒に入部しようよ」と言った。アキラは「それはいいね！　僕もダンスを始めたいな。舞台の人たちみたいにダンスをしたいから，将来一緒に練習しよう」と言った。１年後，２人は中学校のダンス部に入部し，ダンスを始めた。毎日，一生懸命に練習した。❷ケンジとアキラが３年生になった頃，ダンス部のミーティングがあった。毎年春になると，いつも新しい部長を選ぶのだ。ミーティング中，１人のメンバーが「ケンジ，君が部長になれよ。君は部内で一番ダンスがうまい。いつも部のことを考えてくれているしね」と言った。ケンジはどうしたらいいかわからなかったので，アキラに目をやった。アキラは彼に向かってうなずき，「そうだね。僕もケンジが部長になるべきだと思う。彼はきっとすごくいい部長になるよ」と言った。するとケンジは，

「よし，みんな。僕が部長になる」と言い，ダンス部の部長になった。❸ワカバ中学校では，毎年11月に文化祭がある。その文化祭のステージで，ダンス部はダンスを披露する。たくさんの人がダンスを見に来てくれるので，ダンス部にとっては一大イベントの１つなのだ。７月，ケンジは部員全員の前で，「今年もまた11月の文化祭でダンスを披露しよう。３年生にとっては最後の公演になる。すばらしいダンスを披露しよう。あと４か月ある。いつも一生懸命練習しているから，きっとうまくできるはずだ」と言った。メンバー全員が「やろう！」と言った。❹文化祭に向けて，メンバーは猛練習を開始した。ケンジは文化祭での公演をどうしても成功させたいと思った。彼は他の部員やコーチと，彼らの公演についてたくさん話し合った。ケンジが皆の中で一番熱心に練習した。メンバーの中で新しいダンスを一番早く覚え，他の部員にもアドバイスをした。全部をこなすのは簡単ではなかったが，彼はやり遂げた。彼はとてもよく働いた。疲れたときは，「僕は部長なんだ」と自分に言い聞かせていた。❺10月のある日，メンバーがダンスの練習をしているとき，ケンジは転んでしまった。足に痛みが走り，立ち上がれなくなった。みんなが彼に駆け寄った。コーチが足を診て，「大ケガのようだ。医者に診てもらったほうがいい」と言った。ケンジは母親に電話をして，学校に来てくれるように頼んだ。しばらくすると母親が来て，車でケンジを医者に連れていってくれた。診察の後，医者はケンジに「１か月はダンスができませんね」と言った。それを聞いたケンジはショックを受けた。彼は「アキラや他のメンバーたちに何と言えばいいんだろう」と思った。❻翌朝，アキラはケンジを見て驚いた，なぜならケンジは松葉づえをついて歩いていたからだ。アキラはケンジのところに行き，「大丈夫？」と言った。ケンジは「いや，大丈夫じゃない。実は，１か月間ダンスができないんだ。文化祭まであと３週間しかない。文化祭でみんなと一緒にダンスができなくなってしまった。とても悲しいよ」と言った。アキラはあまりの悲しさに何も言えなかった。❼その日の放課後，ケンジはダンス部のみんなに「昨日，足をケガしてしまった。文化祭で，みんなと一緒にダンスができないんだ。とても残念だけど」と言った。すると，アキラが立ち上がり，「ケンジ，謝らなくていいよ。君が部長として部のために一番がんばってきたことはみんな知っている。一緒にダンスができなくても，君は大切なメンバーだ。僕たちの公演を成功させるために，練習を見て，アドバイスをしてくれよ」と言った。別のメンバーが，「僕もそう思う。やっぱり，僕たちには君が必要なんだ。一緒に公演を成功させよう，ケンジ」と言った。この言葉を聞いたケンジは，顔を輝かせた。彼は，「みんな，ありがとう。僕はまだここでやらなければならないことがあるんだね。とてもうれしいよ。僕も全力でがんばるつもりだ」と言った。❽その日から，ケンジはダンス部のための仕事をたくさんするようになった。練習中にビデオを撮った。そのビデオをみんなで見て，どうすればダンスをもっとよくできるかを話し合った。誰かが疲れていたり，元気がなさそうに見えると，ケンジはそのメンバーのところに行き，声をかけた。❾３週間後，文化祭の日がやってきた。ダンス部員たちは，多くの人の前ですばらしいダンスを披露した。みんなその公演を気に入った。部員たちは皆，ケンジのところへ行った。彼らが話していると，２人の少年がやってきて，「あなたたちのダンスを見て，とても楽しかったです。僕たちもダンスを始めて，あなたたちのようにダンスをしたいです！」と言った。アキラが２人の少年に「そうなの？　それを聞いてとてもうれしいよ。ありがとう。君たちのダンスを見るのを楽しみにしているよ！」と言った。そして，アキラはケンジのところへ行き，「あの２人の話を聞いていて思い出したことがあるんだ。僕らも同じような理由でダンスを始めることにしたんだよね。覚えているかい？」と言った。ケンジは「もちろん覚えているさ。今回はダンスができなかったけど，僕もそれを聞いてとてもうれしいよ」と言った。

(26)＜**指示語**＞直後の sounds は「～のように思える，聞こえる」という意味。ケンジがアキラに，ワカバ中学校に入ったらダンス部に入ろうと誘ったところ，アキラは「それはいいね」と同意したのである。

(27)＜文脈把握＞これより前の部分に，ミーティング中に1人のメンバーが，ケンジが部長になることを提案したことに対し，ケンジはどうしたらいいかわからなかったとある。したがって，ケンジが「アキラに目をやった」理由としてウが適切。

(28)＜文脈把握＞第3段落第4文以降参照。7月のミーティングでケンジが部員に対し，「今年も11月の文化祭でダンスを披露しよう」「あと4か月ある」と述べているので，イが適切。

(29)＜文脈把握＞第4段落には，ケンジが部長として忙しく働く様子や，「疲れたときは，『僕は部長なんだ』と自分に言い聞かせていた」というケンジの思いが述べられている。

(30)＜指示語＞直前に「診察の後，医者はケンジに『1か月はダンスができませんね』と言った」とある。これを聞いて，ケンジはショックを受けたのである。

(31)＜適語補充＞足をケガしたケンジに対し，アキラは，部長としての仕事を果たすように努めてほしいと言っている。この後，別のメンバーがケンジに対し，部員は君のことを必要している，とアキラと同様のことを述べている。したがって，(31)には，アキラと同意見であることを示すよう，第2段落でケンジが部長になるべきだとアキラが同意したときに言ったagree「同意する」が入るとわかる。

(32)＜文脈把握＞下線部(32)を含む文は「僕らも同じような理由でダンスを始めることにした」という意味。第1段落に，ケンジとアキラは市の祭りでダンスを見たことがきっかけでダンスを始めたといういきさつが描かれている。

(33)＜内容真偽＞ア．「文化祭の日，ケンジはダンスができなかったが，ダンス部の部長であるアキラの手伝いをたくさんした」…×　ダンス部の部長はケンジ。　イ．「ケンジはダンス部の部長で，文化祭の日，とても上手にダンスをした」…×　ケンジは足のケガのため，文化祭の日はダンスができなかった。　ウ．「ケンジはダンス部の部長だが，文化祭の日，ダンスができなかった」…○　第7段落に一致する。　エ．「ケンジはダンス部の部長であるアキラを助け，文化祭の日，ケンジはとても上手にダンスをした」…×　ダンス部の部長はケンジ。また，ケンジは文化祭の日，ダンスができなかった。

G〔長文読解─適語句選択─エッセー〕

≪全訳≫❶私は16歳のとき，ロンドンのある一家の家に1週間滞在した。私がロンドンに行ったのは，そこに住む人々の生活に興味があったからだ。初めての外国訪問で，とてもわくわくした。そこで経験したことは，自分の将来について考える機会を与えてくれたので，私の人生にとってとても大切なものである。❷ホストファミリーのロード夫妻は，ロンドンの空港で私を出迎えてくれた。彼らは，車で自宅まで送ってくれた。家に着くと，ロードさんは家の中を案内した。彼らはきれいな家に住んでいた。リビングルームで彼は「この家は私の祖父が若いときに建てられたものです。古いけど気に入っています。大切に使ってきたから，長年住むことができているんです」と言った。そして，私をある部屋に連れていき，「ここがあなたの部屋ですよ。気に入ってもらえるといいです」と言った。それは大きな窓のある部屋だった。私はその部屋をとても気に入った。❸皆でお茶を飲み，その後，ロード夫妻は私を大きな庭に連れていってくれた。彼らはそこで世話をしている木々や鳥，花々について教えてくれた。話をしているとき，彼らはときどき私に「これは日本語で何というのですか？」ときいた。でも，私は答えられなかった。日本の木や花や鳥のことをよく知らなかったのだ。そこで私は，「日本の私の家の庭には，木や花がいくらかあります。でも，それらについてあまりよく知らないのです」と言った。するとロードさんが「それなら，ここで勉強したらどうですか？」と言ってくれた。❹滞在中，私は庭でロード夫妻をよく手伝った。私たちはそこで一緒に雑草を抜いたり，花に水をやったりした。庭でよくお茶を飲んだ。仕事が終わってから，私は「大変な仕事でしたね。庭で仕事を終えると疲れますか？」と彼らに言った。ロードさんは「とんでもない！　私はそれをただ楽しんでいます」と言った。ロード夫人は，「ここでは自然を感じることができるわ。自然が私たちに喜びを与えてくれることに気づかない人がいるでしょ。自然の中で過ごすことは，私たちの生活をよりよいものにしてくれると思うの」と言った。彼らの言葉はとても印象的だった。❺ロンドンでの滞在はあっという間に終わり，私は日本へ帰国した。両親に滞在中のことを話した。私が「庭の木や庭に来る鳥のことを知りたい」と言うと，両親はとても驚いた。次の日，一緒に庭に行った。木や花の名前を教えてもらった。小さな緑色の鳥を見かけた。その鳥は，ある木に止まっていた。父は小さな声で「あれはメジロだ。目の周りに白い輪が見えるだろ？　あの種類の鳥はよく庭に来るんだ」と言った。母が「毎日来る鳥もいるわよ。この木を見てごらん。自然に生えているでしょ。鳥が落とした種から発芽したのよ」と言った。私はそれを聞いたとき，「うちの庭はロード夫妻の庭より小さいけれど，ここでも自然を感じることができるんだ。今まで気づかなかったな」と思った。❻それからというもの，私はよく庭で過ごすようになった。庭の植物や鳥の写真を撮ることもある。その写真をロード夫妻にメールで送っている。彼らはすぐに返事をくれる。メールには，日本の植物や鳥が新鮮に映ると書いてある。新しいものを見せられるのはうれしいことだ。❼私は今，自然科学に興味があり，大学でそれについて勉強している。先生や他の学生たちと一緒に，よくいろいろなところに植物を見に行ったり，鳥を観察しに行ったりしている。そういうのを見たり，観察したりすると，いつもロード夫妻のことを思い出す。

＜解説＞(34)筆者はロンドンでロード夫妻宅に滞在したことがきっかけとなって，現在，大学で自然科学を勉強している(第7段落参照)。したがって，筆者がロンドンで経験したことが自分の人生にとってとても大切なものである理由としてケが適切。　(35)This house「この家」が主語なので，was built「建てられた」という受け身形(‘be動詞＋過去分詞’)になるキが適切。　(36)直前に，ロード夫妻から植物や鳥の日本語での呼び名を尋ねられたとあり，直後には，その頃の筆者は日本の植物や鳥のことをよく知らなかったとある。したがって，ロード夫妻の質問に「私は答えられなかった」となるウが適切。　(37)ロード夫人はこの直前で，自分の庭の植物や鳥は自然を感じさせてくれると述べ，自然に感謝している。したがって，「自然の中で過ごすことは，私たちの生活をよりよいものにしてくれると思う」となるオが適切。I believe の後の that が省略されており，spending ～ nature を主語とする述語動詞以下が‘make＋A＋B’「AをBにする」の形になっている。　(38)筆者は，ロード夫妻の庭で植物や鳥を見て自然とふれ合った。帰国後，自分の家の庭でも自然を感じられたことに対して，「今まで気づかなかった」と思ったのである。　(39)ロンドンで暮らすロード夫妻にとって日本の植物や鳥はなじみがないので，それらの写真は「新鮮に映る」のである。　(40)筆者はロード夫妻の庭で植物や鳥を見たことがきっかけとなって，大学で自然科学を学ぶようになった。そのため，植物や鳥を見たり，観察したりするときは，「いつもロード夫妻のことを思い出す」のである。

2022年度／国士舘高等学校

数学解答

1 (1) ① -54 ② $-25x$ ③ $-\sqrt{2}$

(2) $x=-4,\ y=1$ (3) $x=\dfrac{2}{3},\ 2$

(4) 45分

2 (1) 3 (2) (0, 9)

(3) ① $y=-x+6$ ② $9\sqrt{2}+3\sqrt{10}$

3 (1) $\dfrac{1}{10}$ (2) 記号…イ 確率…$\dfrac{1}{5}$

4 (1) 6 cm² (2) 105°

5 (1) 54cm³ (2) 1 cm

6 (1) ア…∠BOE イ…∠BAD

ウ…∠COE エ…∠CAD

(2) ① 3 cm ② 3：2

1 〔独立小問集合題〕

(1)＜数，式の計算＞①与式 $=-36-18=-54$ ②与式 $=-15x^2y\times\dfrac{5}{3xy}=-\dfrac{15x^2y\times5}{3xy}=-25x$

③与式 $=6\sqrt{6}\div2\sqrt{3}-\dfrac{8\times\sqrt{2}}{\sqrt{2}\times\sqrt{2}}=3\sqrt{2}-\dfrac{8\sqrt{2}}{2}=3\sqrt{2}-4\sqrt{2}=-\sqrt{2}$

(2)＜連立方程式＞$3(2x-y)=-27$……①，$x+0.5y=-3.5$……②とする。①÷3より，$2x-y=-9$……①′ ②×2より，$2x+y=-7$……②′ ①′+②′より，$2x+2x=-9+(-7)$，$4x=-16$ ∴$x=-4$ これを②′に代入して，$2\times(-4)+y=-7$，$-8+y=-7$ ∴$y=1$

(3)＜二次方程式＞$9x^2-12x+4=12x-8$，$9x^2-24x+12=0$，$3x^2-8x+4=0$となるので，解の公式を用いて，$x=\dfrac{-(-8)\pm\sqrt{(-8)^2-4\times3\times4}}{2\times3}=\dfrac{8\pm\sqrt{16}}{6}=\dfrac{8\pm4}{6}=\dfrac{4\pm2}{3}$となる。よって，$x=\dfrac{4+2}{3}=2$，$x=\dfrac{4-2}{3}=\dfrac{2}{3}$である。

≪別解≫$3x-2=X$とおくと，$X^2=4X$，$X^2-4X=0$，$X(X-4)=0$，$(3x-2)(3x-2-4)=0$，$(3x-2)(3x-6)=0$，$(3x-2)(x-2)=0$，$x=\dfrac{2}{3}$，2となる。

(4)＜データの活用―階級値＞クラス全体の人数が40人だから，相対度数が0.15の階級の度数は，40×0.15＝6(人)となる。よって，度数分布表より，この階級は30分以上60分未満の階級なので，求める階級値は $\dfrac{30+60}{2}=45$(分)である。

2 〔関数 $y=ax^2$ と一次関数のグラフ〕

≪基本方針の決定≫(2) 2点A，Bからy軸に垂線を引き，直角三角形をつくる。 (3) 点Bとy軸について対称な点を考える。

(1)＜変化の割合＞関数 $y=\dfrac{1}{3}x^2$ において，$x=3$のとき，$y=\dfrac{1}{3}\times3^2=3$，$x=6$のとき，$y=\dfrac{1}{3}\times6^2=12$ だから，xの値が3から6まで増加するときの変化の割合は $\dfrac{12-3}{6-3}=\dfrac{9}{3}=3$である。

(2)＜座標＞(1)より，A(3, 3)，B(6, 12)である。右図1のように，PA＝PBのとき，2点A，Bからy軸にそれぞれ垂線AC，BDを引くと，C(0, 3)，D(0, 12)となる。ここで，点Pのy座標をtとすると，△APCで，AC＝3，PC＝$t-3$となるから，三平方の定理より，$PA^2=AC^2+PC^2=3^2+(t-3)^2=9+t^2-6t+9=t^2-6t+18$となり，△BPDで，BD＝6，PD＝$12-t$となるから，三平方の定理より，$PB^2=BD^2+PD^2=6^2+(12-t)^2=36+144-24t+t^2=t^2-24t+180$となる。よって，PA＝

図1

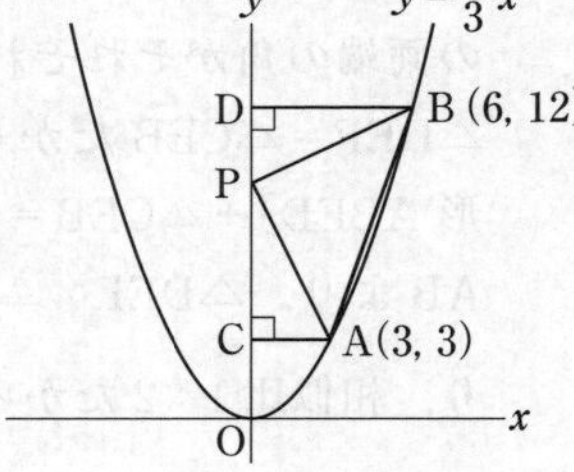

PBのとき，$PA^2=PB^2$であるから，$t^2-6t+18=t^2-24t+180$が成り立つ。これを解くと，$18t=162$より，$t=9$となる。したがって，P(0, 9)である。

(3)＜直線の式，長さ＞①右図2のように，点Bとy軸について対称な点をB′とすると，BP=B′Pとなるので，AP+BP=AP+B′Pとなる。これより，AP+BPが最短になるとき，AP+B′Pも最短となり，3点A，P，B′は一直線上にある。つまり，直線APは直線AB′と一致する。B′(−6, 12)だから，2点A，B′を通る直線の傾きは$\frac{3-12}{3-(-6)}=\frac{-9}{9}=-1$で，その式は$y=-x+b$とおけ，点Aを通るので，$x=3$，$y=3$を代入して，$3=-3+b$より，$b=6$となる。よって，直線APの式は$y=-x+6$である。

図2

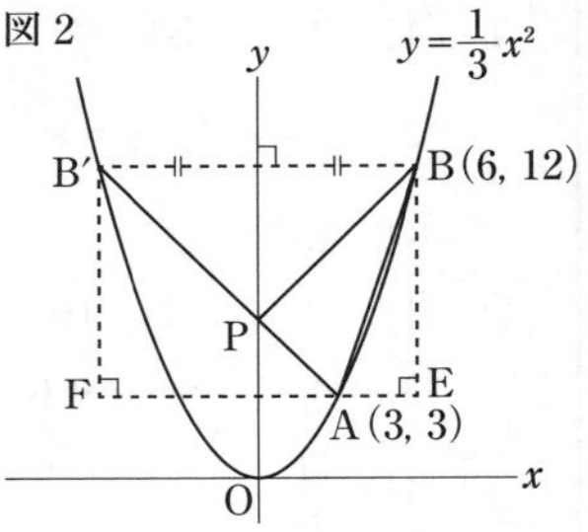

②(2)よりAP+BP=AP+B′P=AB′だから，△PABの周の長さは，AP+BP+AB=AB′+ABとなる。ここで，点Aを通りx軸に平行な直線と，点Bを通りy軸に平行な直線の交点をE，点Aを通りx軸に平行な直線と，点B′を通りy軸に平行な直線の交点をFとする。△ABEは，AE=6−3=3，BE=12−3=9だから，三平方の定理より，$AB=\sqrt{AE^2+BE^2}=\sqrt{3^2+9^2}=\sqrt{90}=3\sqrt{10}$，△AB′Fは，AF=3−(−6)=9，B′F=12−3=9より，直角二等辺三角形だから，$AB'=\sqrt{2}AF=\sqrt{2}\times9=9\sqrt{2}$となる。よって，△PABの周の長さは，$AP+BP+AB=9\sqrt{2}+3\sqrt{10}$である。

3 〔確率―カード〕

≪基本方針の決定≫(1)　三角形ができないのは，3点が一直線上にあるときである。

(1)＜確率＞5枚のカードから2枚のカードを取り出すとき，順番に取り出すとすると，1枚目が5通り，2枚目が残りの4通りより，5×4=20(通り)となるが，同時に取り出すときは，(1枚目，2枚目)=(A，B)，(B，A)のように順番が逆のものも同じ取り出し方になるので，20通りの中には同じ取り出し方が2通りずつあることになり，2枚のカードを同時に取り出すときの取り出し方は，20÷2=10(通り)となる。このうち三角形ができないのは，点Pと残り2点が一直線上にあるときであり，AとCを取り出す1通りである。したがって，求める確率は$\frac{1}{10}$である。

(2)＜確率＞三角形が正三角形になるのは，AとD，CとE，DとEのカードを取り出したときの3通り，直角三角形になるのは，AとB，BとCのカードを取り出したときの2通り，正三角形でない二等辺三角形になるのは，AとE，BとD，BとE，CとDのカードを取り出したときの4通りである。よって，確率が最も小さいのはイで，その確率は$\frac{2}{10}=\frac{1}{5}$である。

4 〔平面図形―平行四辺形〕

≪基本方針の決定≫(1)　△DEF≡△CEBに気づきたい。　　(2)　平行四辺形ABCDより，∠BCDの対角である∠BADの大きさを考える。

(1)＜面積＞右図の△DEFと△CEBで，DE=CE，対頂角より∠DEF=∠CEB，DF∥BCの錯角より∠EDF=∠ECBだから，1組の辺とその両端の角がそれぞれ等しく，△DEF≡△CEBである。これより，△DEF=△CEBだから，△ABF=〔四角形ABED〕+△DEF=〔四角形ABED〕+△CEB=〔平行四辺形ABCD〕=24となる。また，DE∥ABより，△DEF∽△ABFで，FE=BEより，FE：FB=FE：(FE+BE)=FE：2FE=1：2となり，相似比1：2だから，面積比は，$1^2:2^2=1:4$となる。よって，$\triangle DEF=\frac{1}{4}\triangle ABF=\frac{1}{4}\times24=6$

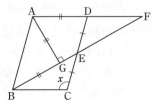

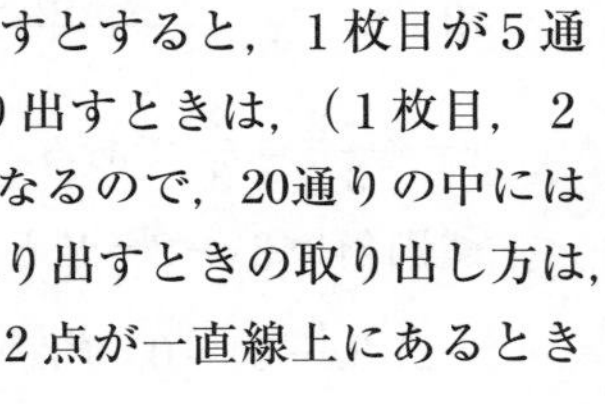

(cm^2)である。

⑵＜**角度**＞△ABGはAG＝BG，∠AGB＝90°だから，直角二等辺三角形である。よって，∠BAG＝45°である。また，△DEF≡△CEBよりDF＝BCだから，AD＝BCより，DF＝ADとなり，AG＝AD＝DFである。これより，AG＝$\frac{1}{2}$AFで，∠AGF＝90°だから，△GAFは3辺の比が1：2：$\sqrt{3}$の直角三角形である。よって，∠GAF＝60°である。以上より，平行四辺形の対角は等しいから，∠BCD＝∠BAD＝∠BAG＋∠GAF＝45°＋60°＝105°である。

5 〔空間図形―直方体〕

≪**基本方針の決定**≫⑵　線分PQを斜辺とする直角三角形をつくり，三平方の定理を使う。

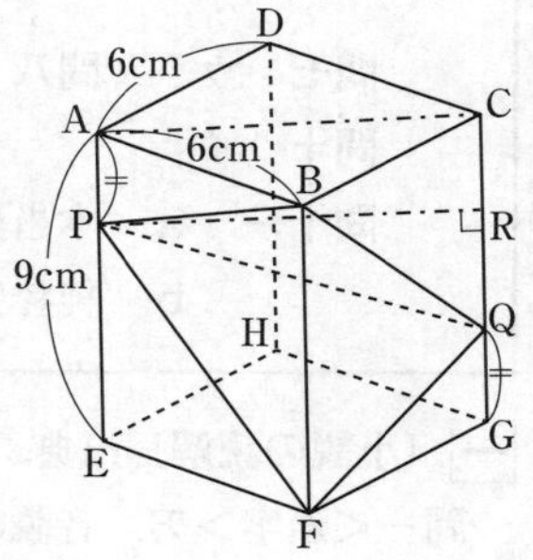

⑴＜**体積**＞右図で，△BPFを底面と見ると，四面体BPFQの高さはBC＝6となる。また，△BPFは，底辺をBF＝9とすると，高さはAB＝6となる。よって，〔四面体BPFQ〕＝$\frac{1}{3}$×△BPF×BC＝$\frac{1}{3}\times\frac{1}{2}\times9\times6\times6=54$($cm^3$)である。

⑵＜**長さ**＞右図で，点Pから辺CGに垂線PRを引くと，四角形APRCは長方形になり，PR＝AC，AP＝CRである。△ADCはAD＝CD＝6より，直角二等辺三角形だから，AC＝$\sqrt{2}$AD＝$\sqrt{2}\times6=6\sqrt{2}$となり，PR＝$6\sqrt{2}$である。よって，△PQRで三平方の定理より，RQ＝$\sqrt{PQ^2-PR^2}=\sqrt{11^2-(6\sqrt{2})^2}=\sqrt{49}=7$となる。また，AP＝GQより，CR＝GQだから，GQ＝(CG－RQ)÷2＝(9－7)÷2＝1(cm)である。

6 〔平面図形―半円〕

≪**基本方針の決定**≫⑵②　線分AFまたは線分FDを辺とする三角形を考えると，△ACFがある。辺ACの長さは求められるので，△ACFと相似な三角形で辺ACと対応する辺の長さがわかるものを見つける。補助線を引くと見つけやすい。

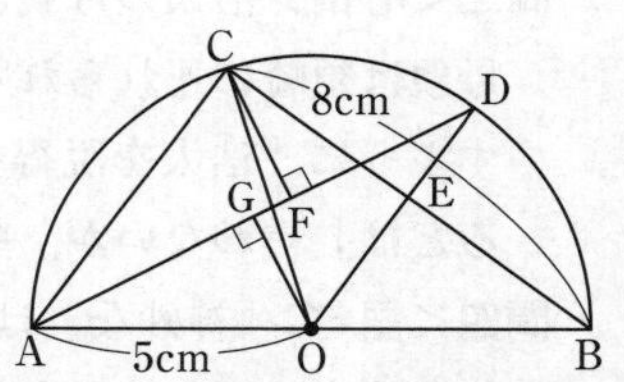

⑴＜**証明**＞右図で，線分ADが∠CABの二等分線より，$\overset{\frown}{BD}$と$\overset{\frown}{CD}$の円周角が等しいので，中心角も等しくなり，∠BOE＝∠COEである。

⑵＜**長さ，長さの比**＞①半円Oの半径より，OB＝OA＝5，⑴で△OBE≡△OCEよりBE＝CEだから，BE＝$\frac{1}{2}$BC＝$\frac{1}{2}\times8=4$である。また，△OBCはOB＝OCの二等辺三角形で，点Eは辺BCの中点だから，OE⊥BCとなり，∠OEB＝90°である。よって，△OBEで三平方の定理より，OE＝$\sqrt{OB^2-BE^2}=\sqrt{5^2-4^2}=\sqrt{9}=3$(cm)である。
②△ABCで，点O，Eはそれぞれ辺AB，BCの中点だから，中点連結定理より，AC＝2OE＝2×3＝6である。図で，点Oから線分ADに垂線OGを引くと，△ACFと△AOGで，∠AFC＝∠AGO＝90°，∠CAF＝∠OAGより，2組の角がそれぞれ等しいから，△ACF∽△AOGで相似比は，AC：AO＝6：5である。そこで，AF＝$6x$，AG＝$5x$とすると，△OADがOA＝ODの二等辺三角形であり，点Gが線分ADの中点となるので，AD＝2AG＝$2\times5x=10x$となる。よって，FD＝AD－AF＝$10x-6x=4x$となるので，AF：FD＝$6x$：$4x$＝3：2である。

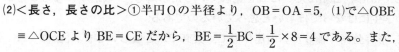

国語解答

一 問一 ア 働 イ 約束
ウ しょうだく エ ひざ
オ うつわ
問二 エ 問三 ウ 問四 エ
問五 イ
問六 鍛冶職人がいかに素晴らしい職業か
問七 ウ 問八 砂鉄 問九 ア
問十 イ
問十一 a 本当に尊敬している
b 純粋無垢
問十二 ウ

二 問一 ア 豊 イ 異 ウ すいたい
エ ちょうやく オ 複雑
問二 十 問三 ウ
問四 闘争／表現
問五 a 安易に同一視する
b 美的体験
問六 エ
問七 自分たちの～ありうる姿
問八 エ 問九 観客 問十 イ
問十一 ア 問十二 ウ

一〔小説の読解〕出典；伊集院静『親方と神様』（『少年譜』所収）。

問一＜漢字＞ア．音読みは「労働」などの「ドウ」。　イ．「約束」は，当事者の間で将来の事柄を取り決めること。　ウ．「承諾」は，相手の意見・希望・要求などを聞いて，受け入れること。　エ．「膝」は，ももとすねを連結する身体部位の一つ。　オ．音読みは「食器」などの「キ」。

問二＜品詞＞「なったばかり」と「注意したばかり」の「ばかり」は，物事が生じて，または，動作が完了して間もないことを示す副助詞。「三日ばかり」の「ばかり」は，おおよその程度を示す副助詞。「気を抜いたばかりに」の「ばかり」は，「ばかりに」の形で，そのことだけが原因である意味を示す副助詞。「ゲームばかりしていると」の「ばかり」は，範囲を限定する意味を示す副助詞。

問三＜心情＞浩太の母親は，浩太が中学校へ行かず六郎の跡を継ぐと言うので困っている。そして，母親は須崎に連れられて六郎を訪ね，「息子を説得して欲しい」，つまり，中学生になろうと考え直すように，浩太を説得してほしいと頼んだ。母親を連れていった須崎も，「鍛冶屋になる夢を捨てろとは」言わないが，中学生にはなってほしいと思っているのである。

問四＜語句＞「神妙な」は，形容動詞「神妙だ」の連体形で，素直でおとなしいさま。「素直」は，性格や態度にひねくれたところがなく，人の言動などを逆らわないで受け入れること。

問五＜熟語の構成＞「進学」と「着席」は，下の漢字が上の漢字の目的語になっている熟語。「誤報」は，上の漢字が下の漢字を修飾している熟語。「利害」は，反対の意味を表す漢字を組み合わせた熟語。「競争」は，同じような意味の漢字を組み合わせた熟語。

問六＜文章内容＞「進学した方がおまえのためだ」と話しても浩太を説得できないと思われるので，六郎は，中学生になるよう勧めるのとは逆の方法であるが，自分が少年の頃に親方から教えられた「鍛冶職人がいかに素晴らしい職業か」を，浩太に話すのが唯一の方法だと考えた。

問七＜文章内容＞六郎は，昼寝している浩太を見て，浩太が大人になった頃には自分はもう生きていないだろうと思った。そして，自分が浩太に伝えられることは何かを考えているうちに，少年の頃に親方から教えられた言葉が思い出されてきて，六郎は眠れなくなった。

問八＜文章内容＞「ちいさな砂鉄をひとつひとつ集めて玉鋼は生まれる」ということを考えると，小さな砂鉄を一つ一つ集めるように，努力する一日一日が積み重なって，玉鋼のように強固な鍛冶職人としての自分の技量ができたのかもしれないと，六郎は考えている。

問九＜漢字＞「数粒」は「すうつぶ」，「役場」は「やくば」と読み，ともに上の字は音で，下の字は訓で読む熟語。「世界」は「せかい」と読み，上の字も下の字も音で読む熟語。「荷物」は「にもつ」と読み，上の字は訓で，下の字は音で読む熟語。「昔話」は「むかしばなし」と読み，上の字も下の字も訓で読む熟語。

問十＜文章内容＞浩太の身体の中には，砂鉄と同様に「ひとつひとつはちいさいが集まれば大き」くなる力が備わっているから，砂鉄を一つ一つ集めるようにていねいに努力を積み重ねていけば，今すぐにはできないことでも，やがて玉鋼が生まれるように「いつか必ずできるようになる」と，六郎は浩太に伝えようとしたのである。

問十一＜文章内容＞a．須崎が，浩太は六郎のことを「本当に尊敬している」と言ったとおり，浩太は，六郎を尊敬しているからこそ弟子になりたいのである。　　b．六郎が，自分が説得しても「純粋無垢な浩太」は納得しないだろうと考えているように，私欲や打算がなく心が清らかな浩太は，六郎の弟子にしてもらえると信じきっており，六郎のことを「ぼくの親方」と言っている。

問十二＜心情＞六郎は，昼寝している小さな浩太を見て，浩太が大人になったときは「自分はこの世にいない」と思っている。だから，浩太が鍛冶職人を目指したとしても，年老いた自分が浩太の親方になるべきではないと考え，浩太が六郎を自分の親方だと言っても，六郎は，それを肯定できないのである。

二〔**論説文の読解―文化人類学的分野―文化**〕出典；井上俊『文化社会学界隈』。

≪本文の概要≫スポーツ文化を豊かにするためには，スポーツに遊びの要素を組み込むことが必要である。遊びの本質的な様相は，スポーツなどの「闘争」と演劇などの「表現」があり，ときにはこの二つの相が結びつく場合もある。勝利のための闘いは芸術家の表現とは異なるが，スポーツの観客が運動の美や試合の劇的特質を通して，一種の美的体験をすることは可能である。十九世紀後半からスポーツが理想化されていく中で，教訓的な物語がスポーツに読み込まれるようになり，その結果スポーツは，中世ヨーロッパの「道徳劇」の近代版のようなものになった。その「道徳劇」型の物語も，近年では衰退や変容が進んでいる。例えば，一瞬にして形勢が逆転することもよくあるフットボールには，「〈いま〉という一瞬を楽しみながら，あるとき突然の跳躍に賭ける」美学がある。これは，蓄積的発想に立って「努力と克己と野心の成就」を掲げる野球文化に替わる，「軽みと快楽の文化」の芽生えともいえる。近年では，スポーツの種類も観客の層も多様化し，人々のスポーツに対する美感や物語も変容して，スポーツは芸術一般に近づいてきている。スポーツを新たな価値観，認識，感性などを創造する芸術タイプの文化としてとらえる視点が，さらに強調されるべきである。

問一＜漢字＞ア．音読みは「豊富」などの「ホウ」。　　イ．音読みは「異種」などの「イ」。　　ウ．「衰退」は，勢いや活力が衰えて弱ること。　　エ．「跳躍」は，飛び跳ねること。　　オ．「複雑」は，物事がさまざまに入り組んで，簡単にはとらえられないこと。

問二＜ことばの単位＞文節に分けると，「真の／文化は／何らかの／遊びの／内容を／もたずには／存続して／ゆく／ことが／できない」となる。

問三＜接続語＞②ホイジンガが，遊びの「本質的な二つの相」として「闘争」と「表現」を挙げたように，遊びは，スポーツなどの「何かを求めての闘争」か，または，演劇などの「何かをあらわす表現」である。　　⑧野球が「蓄積的発想に立っている」のに対し，フットボールでは「一瞬にして形勢が逆転することなど日常茶飯事」であり，要するに，「資本主義的蓄積の倫理」を無視し，

「〈いま〉という一瞬を楽しみながら，あるとき突然の跳躍に賭ける」のがフットボールの美学である。

問四＜指示語＞遊びの「本質的な二つの相」は，「闘争」と「表現」であるが，「ときには，遊びが闘争を表現したり，あるいは表現のすぐれた者を選ぶための競争の形をとったりすること」によって，「闘争」と「表現」の「二つの相がうまく結びつく場合もある」のである。

問五＜文章内容＞ａ．「勝利をめざして闘っているスポーツ・プレーヤーの行為は芸術家が作品を制作するときの『表現』行為」とは異なる。したがって，勝利のための闘いであるスポーツと，作品制作の表現である芸術とを「安易に同一視することはできない」のである。　ｂ．スポーツの観客が，「スポーツ運動の美や試合の劇的特質」を通して，「生命力の表出」などを感得するといった，一種の「美的体験」をすることは可能である。

問六＜文章内容＞一般的にスポーツが「『芸術にみられるような表現的契機を欠いている』ことは否定できない」とはいっても，フィギュア・スケート，体操などについては，芸術に見られるような表現ではないとは言い切れず，芸術のような表現である可能性もある。

問七＜文章内容＞バリ人は，闘鶏を通して「自分たちの社会や感性のあり方，あるいはありうる姿を学ぶ」のである。そういったバリ人にとっての闘鶏に，日本人にとっての野球は似ており，「自分たちの社会や感性のあり方，あるいはありうる姿」が表れたものになっている。

問八＜文章内容＞野球は，「教訓的な物語の源泉となってきた」のである(ア…×)。野球は，「資本主義的蓄積の倫理」を重視し，「蓄積的発想」に立っている(イ…×)。フットボールの「〈いま〉という一瞬を楽しみながら，あるとき突然の跳躍に賭ける」という美学は，「努力と克己と野心の成就」を語り続けてきた野球文化に替わる「軽みと快楽の文化」である(ウ…×，エ…○)。

問九＜文章内容＞スポーツの観客は，「スポーツ運動の美や試合の劇的特質」を通して美的体験をする。そういった美的体験や闘争に「ひきつけられる」のは，スポーツの観客である。

問十＜語句＞「多様化」は，様式や傾向などが多くの種類に分かれること。対して「単一化」は，ばらばらになっているものを一つにまとめること。「一般化」は，広く行きわたる，または，広く行きわたるようにすること。「二極化」は，物事が大きく二つに分かれること。「組織化」は，いくつかの部分と部分を関連づけて，一つのまとまった仕組みをつくること。

問十一＜語句＞熟語に打ち消しの接頭語をつける場合，「公式」は「非」をつけて「非公式」となる。「信任」は「不信任」，「完成」は「未完成」，「表情」は「無表情」。

問十二＜要旨＞スポーツの理想化が進展していくと，「さまざまの教訓的な物語がスポーツに読み込まれるように」なり，近年では変容も見られるようになった(ア…×)。スポーツは，理想化が進展していった結果，中世ヨーロッパで栄えた「道徳劇」を近代的にしたようなものになったが，その一例として，甲子園の高校野球がある(イ…×)。「〈いま〉という一瞬を楽しみながら，あるとき突然の跳躍に賭ける」フットボールの美学は，教訓的で「蓄積的発想」に立つ野球の哲学とは異なっており，「道徳劇」型のスポーツが変容してきていることの一例となっている(ウ…○)。スポーツは，「芸術一般に近づいてきているとも」いえるので，スポーツを芸術タイプの文化として，また，新たな価値観・認識・感性などを創造していくものとして，とらえていくことが望まれる(エ…×)。

2021年度 国士舘高等学校

【英　語】（50分）〈満点：100点〉

A　次の(１)～(５)の各組の語の中で、下線部の発音が他と違うものを一つ選び、記号で答えなさい。

(１)	ア age	イ paper	ウ plane	エ happy
(２)	ア cold	イ home	ウ doctor	エ hello
(３)	ア visit	イ high	ウ kind	エ like
(４)	ア started	イ washed	ウ needed	エ waited
(５)	ア bus	イ under	ウ up	エ use

B　次の(６)～(10)の各組の語の中で、もっとも強く発音する位置が他と違うものを一つ選び、記号で答えなさい。

(６)	ア de-sign	イ to-day	ウ sec-ond	エ Ja-pan
(７)	ア im-por-tant	イ li-brar-y	ウ ex-am-ple	エ com-put-er
(８)	ア soc-cer	イ mu-sic	ウ mes-sage	エ sup-port
(９)	ア Sep-tem-ber	イ re-mem-ber	ウ hos-pi-tal	エ va-ca-tion
(10)	ア teach-er	イ for-get	ウ be-come	エ ar-rive

C　次の(11)～(15)の各組がほぼ同じ内容になるように、(　　)に入る適語を一語ずつ解答欄に書きなさい。

(11) Speaking English is difficult for me.
It is not (　　　) for me to speak English.

(12) He can run the fastest of all the students.
He can run (　　　) than any other student.

(13) I can't buy this book because it is very expensive.
This book is (　　　) expensive for me to buy.

(14) Let's go to see a soccer game this Sunday.
(　　) we go to see a soccer game this Sunday?

(15) Did you make this box for me?
( ) this box made by you for me?

D 次の(16)～(20)の各英文の（ ）に入るもっとも適切なものをア～エから一つ選び、記号で答えなさい。

(16) Have you finished your homework ( )?
ア after　イ ago　ウ later　エ yet

(17) Thank you for ( ) us to your party today.
ア invite　イ inviting　ウ invited　エ to invite

(18) I have two old friends. One is in Tokyo, and ( ) is in Osaka.
ア another　イ others　ウ some　エ the other

(19) If it rains tomorrow, we ( ) at home.
ア were　イ are　ウ will be　エ have been

(20) All the teachers are very kind ( ) me at school.
ア to　イ at　ウ for　エ on

E 次の(21)～(25)の語句を、日本語の意味に合うように並べかえ、（ ）内で三番目と五番目にくるものを記号で答えなさい。

(21) この花を英語で何と呼びますか。
What (ア call　イ flower　ウ you　エ this　オ in　カ do) English?

(22) 公園でサッカーをしている少年たちを見なさい。
Look (ア the boys　イ soccer　ウ the park　エ at　オ playing　カ in).

(23) 今日の午後、私の家に来ませんか。
This afternoon, (ア come　イ why　ウ my house　エ to　オ don't　カ you)?

(24) 私は、野球がいちばんわくわくするスポーツだと思います。
I (ア exciting　イ the　ウ is　エ most　オ think　カ baseball) sport of all.

(25) 数学は英語よりずっと面白いです。
Math (ア interesting　イ much　ウ English　エ than　オ more　カ is).

F　次の英文を読んで、(26)～(33)の問いに答えなさい。

Takuya is a junior high school student. He loves soccer. He has practiced soccer since he was a little boy. He joined the school soccer team when he became a junior high school student. He wanted to practice very hard with the other members of the team every day, but (26)it was hard.

At Takuya's school, there were not many soccer fans then. Many students at the school liked baseball and they joined the baseball team. Soon the baseball team needed more space to practice on the school ground.

One day in April, when Takuya was a third-year student, the advisor to the baseball team asked the advisor to the soccer team, Mr. Kobayashi, to practice on the smaller school ground. Takuya's school had two school grounds: a bigger one and a smaller one. The bigger one was well-maintained, and the smaller one was not well-maintained.

Takuya heard about practicing on the smaller school ground from Mr. Kobayashi the next day. Mr. Kobayashi said to the team members, "Everyone, please listen. The baseball team wants us to practice on the second school ground from this fall." Kyoichi, the captain of the soccer team, said, "Mr. Kobayashi, that's not fair. The first school ground is bigger and well-maintained. Everyone wants to practice there." Mr. Kobayashi said, "You're right, but the baseball team has many members, and they win many games. I don't know what to say to the advisor to the baseball team." Then Takuya said, "I have an idea. If we win the tournament in August, you can insist on using the first ground, right?" Mr. Kobayashi said, "Yes, but I think winning the tournament is difficult." Kyoichi said, "I know, but we have to do something to practice on the first ground." The other members agreed with him.

A few weeks later, (27)other bad news came to Takuya's team. Kyoichi had to leave the city. Kyoichi played soccer the best on the team. Takuya's team lost not only its captain, but also its best player.

Sayuri, the team's assistant, told the members of the team, "We still have some months before the tournament. I think we should choose our new captain first. Who can be our next captain?" Some members said that Takuya should be the next captain. Takuya said, "I can't play as well as Kyoichi, and we have five other third-year students on our team." Then one of the five said, “Takuya, I know that you love soccer the most of all the members. I think you should be the next captain.” After listening to his words, (28)Takuya agreed to become the new captain.

Takuya started to work as the captain and practiced harder than before. He worked very hard, but a few weeks later, the team started to have another problem. Some members didn’t practice as hard as Takuya, and other members began to come late to practice. Also, some members said that they wanted to leave the soccer team and join the baseball team. (29)Takuya became very sad and did not know what to do. He went to Mr. Kobayashi to talk about the problem.

Takuya said to Mr. Kobayashi, “What should I do to make our team better? I want every member to practice hard, but I don’t know what to say to them.” Mr. Kobayashi looked at Takuya and said, “Takuya, you work very hard as the captain. I think that’s great. But that can also cause a problem.” Takuya said, “What do you mean, Mr. Kobayashi?” Mr. Kobayashi said, “You always smiled at the members and talked with them happily before, but you don’t smile at the members on the ground now. You always look like a difficult person.” Takuya was surprised and said, “Do I? I didn’t know that. I always think only about practicing on the ground.” Mr. Kobayashi said, “Practicing very hard is important, but I think there is (30)another important thing to do as the captain.” Takuya said, “What’s that?” Mr. Kobayashi said, “It’s to have good communication with the other members. If you have good communication with people, they will trust you and follow you. Having it is difficult, but it’s very important.” Takuya said, “When a captain practices the hardest of all the members, members will follow such a captain. I thought so. Maybe I was wrong. I will try to have good communication with the other members. Thank you, Mr. Kobayashi.”

From the next day, Takuya tried to smile at each member and talked to them. Soon the atmosphere of the team became very good and all the members started to practice harder than before. No one came late to practice or said they wanted to leave the team.

Two months later, the day of the tournament came. Everyone played very hard, but Takuya’s team lost the semifinal. All the members were very sad. Mr. Kobayashi said to the members, “You did very well. You didn't win the tournament, but you did your best. I think that's great. Now it's my turn. I will do my best to be able to practice on the first school ground from fall." All the members were happy to hear (31)that.

Sayuri came to Takuya and said, "You have been a very good captain." He said, "Thank you, Sayuri. Well, the tournament is finished. The third-year students have to leave the team. I hope that the new (32) will have good communication with the other members and that the team will win the tournament next year."

space 空間　advisor to ～ ～の顧問
well-maintained きちんと整備された　captain 部長　fair 公平な
tournament トーナメント　insist on ～ ～を要求する
not only ～ but also … ～だけでなく…も　assistant アシスタント
cause ～ ～の原因となる　smile ほほ笑む　happily うれしそうに
trust ～ ～を信頼する　maybe おそらく　wrong 間違っている
atmosphere 雰囲気　lose 負ける　semifinal 準決勝
do one's best 最善を尽くす　turn 順番

(26)　下線部(26)の内容としてもっとも適切なものを一つ選び、記号で答えなさい。

ア　野球部からサッカー部に移ることは、難しかった。
イ　サッカーの練習を熱心にすることは、難しかった。
ウ　中学で加入する部活を決めることは、難しかった。
エ　サッカーと野球の両方を続けていくことは、難しかった。

(27)　下線部(27)の内容としてもっとも適切なものを一つ選び、記号で答えなさい。

ア　部の顧問の先生が転勤によりかわること。
イ　練習場所を移動させられること。
ウ　部で一番じょうずな部員がケガをしたこと。
エ　部の部員の一人がいなくなること。

(28)　下線部(28)の理由としてもっとも適切なものを一つ選び、記号で答えなさい。

ア　他の部員に、部長になるように言われたから。
イ　顧問の先生に、部長になるように言われたから。
ウ　部の中に、他に３年生がいなかったから。
エ　自分が一番じょうずなサッカー選手だと思っていたから。

(29)　下線部(29)の理由として、**不適切なもの**を一つ選び、記号で答えなさい。

ア　練習に一生懸命に取り組まない部員がいたから。
イ　練習に遅れてくる部員がいたから。
ウ　部長を変えてほしいと言う部員がいたから。
エ　部をやめたいと言う部員がいたから。

(30)　下線部(30)の指すものを一つ選び、記号で答えなさい。

ア　どの部員よりも先に練習を始めること
イ　他の部員と良いコミュニケーションを取ること
ウ　だれよりも一生懸命に練習すること
エ　練習中には笑顔を見せないこと

(31)　下線部(31)の内容としてもっとも適切なものを一つ選び、記号で答えなさい。

ア　練習場所に関する顧問の先生の言葉
イ　部員全員をほめるサユリの言葉
ウ　タクヤのチームが準決勝で負けたという知らせ
エ　野球部がトーナメントで優勝したという知らせ

(32)　空所(32)に適する１語を本文中から抜き出して解答欄に書きなさい。

(33)　タクヤについての説明としてもっとも適切なものを一つ選び、記号で答えなさい。

ア　Takuya was a high school student and he was a member of the baseball team.
イ　Takuya was a soccer player and he played the best on his team.
ウ　Takuya was an assistant of a soccer team and he never smiled during practice.
エ　Takuya was a captain of a soccer team and he worked hard for his team.

G 次の英文を読んで、あとの問いに答えなさい。

I like to do volunteer work, so I do some volunteer work once or twice in a month. I clean the parks near my house or the streets around the station. I sometimes visit a nursery school near my house and (34). I read books or play with them. I enjoy doing volunteer work.

I know that some people don't like to do volunteer work. Some of them think that they should use their time for themselves, not for others. I can understand their feeling. Our time is limited, so we should do what we want to do.

It's fun for me to clean with other people or spend time with children. I think volunteer work is very important in my life because helping people (35).

Now I do my volunteer work in my city, but I want to do it in foreign countries in the future. I started to hope this when I learned about some people's volunteer work about school backpacks and picture books.

School backpacks are used by Japanese children when they (36). The children use their backpacks for six years, and stop using them when they graduate from elementary schools. Often those backpacks are still usable, but parents throw away the backpacks or just keep them at home. Some people in a Japanese company wanted to do something with those still-usable school backpacks.

The people in the company learned about children in Afghanistan. The country has been in a difficult situation for a long time. Children in the country (37). After learning about this, the people in the company learned what to do with the school backpacks.

The company began to collect a lot of school backpacks from people in Japan, and sent them to children in Afghanistan. The children in Afghanistan became very happy to get those backpacks, and soon they started to go to school with the backpacks.

In Afghanistan, some parents don't want their daughters to go to school or study at school. But some of them (38) after seeing children with school backpacks. Those parents liked the children with backpacks, and the parents wanted their daughters to go to school with backpacks. Now in Afghanistan, about fifty percent of girls can go to school. I hope more and more people in the country will be able to go to school with backpacks.

In some Asian countries like Cambodia, many children have never read picture books. For those children, some people in Japan do volunteer work. Those people make translated picture books for those children. The official language of Cambodia is Khmer, so they put some paper with Khmer translation into Japanese picture books. Then they send the picture books to Cambodia. Children there enjoy reading the picture books in schools or libraries. I was moved when I read a girl's words about those picture books. She said, "I like picture books better than cakes. If I eat cakes, I can't get more cakes, but picture books will stay for a long time and I (39)."

I know only these two examples, but I think there is a big need for volunteer work in the world. To join it, I (40). I hope I will be able to enjoy my life by helping or working with many people.

once 一回　nursery school 保育園　themselves 自分たち自身
feeling 考え　limited 限られた
what we want to do 私たちがしたいこと　backpack リュックサック
graduate from ～ ～を卒業する　usable 使用できる
throw away ～ ～を捨てる　keep ～ ～をとっておく　company 会社
Afghanistan アフガニスタン　situation 状況　Asian アジアの
Cambodia カンボジア　translated 翻訳《ほんやく》された
official language 公用語　Khmer クメール語　translation 翻訳
into ～ ～に　be moved 感動する　need 必要性

問　本文中の(34)～(40)の空所に適する語句をア～コから選び、記号で答えなさい。ただし、同じ語句は２回以上使わないことにする。また、不要なものも含まれている。

ア go to their friends' houses
イ can enjoy them many times
ウ spend some time with children there
エ don't have many things to help them when they go to school
オ can eat more cakes
カ will learn many foreign languages and cultures in many countries
キ go to elementary school
ク changed their idea
ケ can make my life better
コ still want their children to stay home

【数　学】（50分）〈満点：100点〉

1 次の問いに答えなさい。

(1) 次の計算をしなさい。

① $-8-4^2\times\left(-\frac{1}{8}\right)$

② $(3x^2y-xy)\div\frac{1}{3}xy$

③ $6\sqrt{3}\div\sqrt{6}\times\frac{5}{\sqrt{10}}$

(2) 連立方程式 $\begin{cases}\frac{1}{3}x+\frac{1}{2}y=2\\ 3x+2y=3\end{cases}$ を解きなさい。

(3) 二次方程式　$x^2+4x-117=0$　を解きなさい。

(4) 右の度数分布表は，ある中学校の生徒100人の通学時間をまとめたものである。

中央値を含む階級の相対度数を求めなさい。

通学時間(分)	度数(人)
以上　　未満	
0 ～ 5	6
5 ～ 10	18
10 ～ 15	25
15 ～ 20	21
20 ～ 25	16
25 ～ 30	6
30 ～ 35	5
35 ～ 40	3
計	100

2 右の図で，点Oは原点，曲線①は関数 $y=2x^2$ のグラフである。

曲線①上の点A $(-1,\ 2)$ を通り直線OAに垂直な直線が，再び曲線①と交わる点をBとし，長方形OABCをつくる。

点Cから x 軸にひいた垂線と x 軸との交点をDとする。

このとき，次の問いに答えなさい。

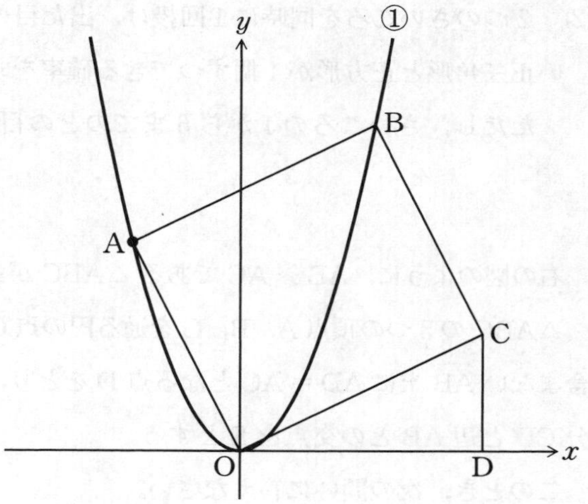

(1) 関数 $y=2x^2$ において，x の値が -1 から 0 まで増加するときの変化の割合を求めなさい。

(2) OD : CD を，もっとも簡単な整数の比で表しなさい。

(3) 直線ABの式を求めなさい。

(4) △ODCの面積を求めなさい。

3 2つのさいころを同時に1回投げ，出た目の数の和や積と等しい本数のマッチ棒をすべて使い，下の図のような正三角形や正方形をつくる。

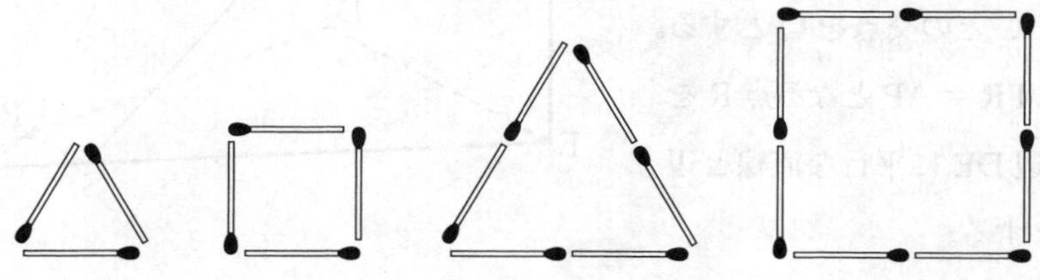

このとき，次の問いに答えなさい。

(1) 2つのさいころを同時に1回投げ，出た目の数の積と等しい本数のマッチ棒をすべて使い正三角形が1個できる場合がある。

このとき，できる正三角形の大きさは全部で何通りか答えなさい。

⑵　2つのさいころを同時に1回投げ，出た目の数の和と等しい本数のマッチ棒をすべて使い正三角形と正方形が1個ずつできる確率を求めなさい。

ただし，さいころの1から6までのどの目が出ることも同様に確からしいものとする。

4　右の図のように，AB＞AC である △ABC がある。

△ABC の3つの頂点 A，B，C を通る円の点 C を含まない $\overset{\frown}{AB}$ 上に AD＝AC となる点 D をとり，線分 CD と辺 AB との交点を E とする。

このとき，次の問いに答えなさい。

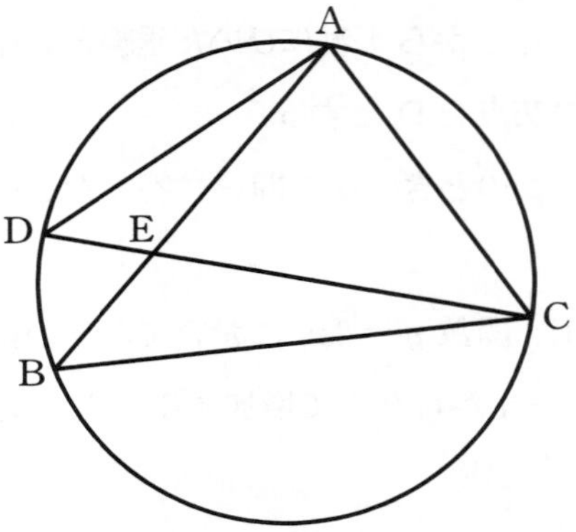

⑴　∠B＝48° のとき，∠CAD の大きさを求めなさい。

⑵　AB＝5 cm，AC＝4 cm のとき，線分 AE の長さを求めなさい。

5　右の図で，立体 ABC − DEF は，

AB＝8 cm，AC＝12 cm，AD＝10 cm，

∠BAC＝∠BAD＝∠CAD＝90° の三角柱である。

辺 AC 上に点 P をとり，点 P を通り辺 AB に平行な直線と辺 BC との交点を Q とする。

また，辺 DF 上に FR＝AP となる点 R をとり，点 R を通り辺 DE に平行な直線と辺 EF との交点を S とする。

点 P と点 R，点 Q と点 S をそれぞれ結ぶ。

このとき，次の問いに答えなさい。

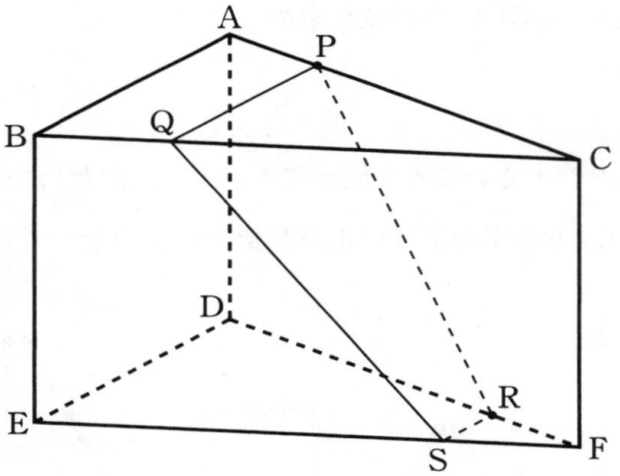

⑴　点 P が辺 AC の中点のとき，四角形 PQSR の面積を求めなさい。

⑵　AP：PC＝1：3 のとき，立体 PQC − RSF の体積を求めなさい。

6 右の図で，△ABC は AB＝6 cm，BC＝10 cm，∠BAC＝90° の直角三角形である。

∠ABC の二等分線と辺 AC との交点を D とし，点 D を通り辺 AB に平行な直線と辺 BC との交点を E，点 D を通り辺 AB に平行な直線と点 B を通り辺 BC に垂直な直線との交点を F とする。

このとき，次の問いに答えなさい。

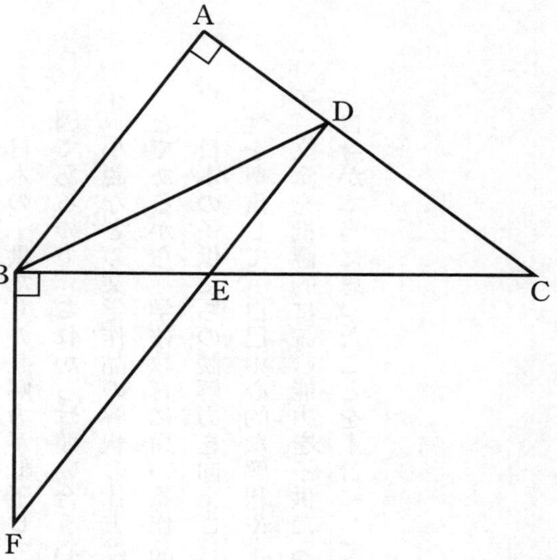

(1) △BFE ≡ △DCE であることを次のように証明するとき，［ア］，［イ］にあてはまることばと，［ウ］にあてはまる式をそれぞれ書きなさい。

〔証明〕 △BFE と △DCE において，

仮定から， ∠EBF＝90° ……①

AB // DE で，［ア］は等しいから， ∠EDC＝∠BAC＝90° ……②

①，②より， ∠EBF＝∠EDC ……③

仮定から， ∠ABD＝∠EBD ……④

AB // DE で，［イ］は等しいから， ∠ABD＝∠EDB ……⑤

④，⑤より， ∠EBD＝∠EDB ……⑥

⑥より， ［ウ］ ……⑦

対頂角は等しいから， ∠BEF＝∠DEC ……⑧

③，⑦，⑧より，1 組の辺とその両端の角がそれぞれ等しいから，

△BFE ≡ △DCE

(2) 線分 EF の長さを求めなさい。

(3) (△ABDの面積)：(△BFEの面積)を，もっとも簡単な整数の比で表しなさい。

問七　空欄［⑦］にあてはまる最もふさわしい言葉を本文中から三字で抜き出して答えなさい。

問八　傍線部⑧「限りなく遠い立場」をまとめた次の文の［　　］にあてはまる言葉を本文中から十一字で抜き出して答えなさい。

文学テクストの［　　］を重視する立場。

問九　傍線部⑨「蜃気楼のようなもの」とは何か。本文中から九字で抜き出して答えなさい。

問十　傍線部⑩「いくらでも」が修飾している部分を次の中から一つ選び、記号で答えなさい。

ア　読み方の　　イ　可能性を　　ウ　見い出せる　　エ　はずなのである

問十一　筆者は「文学」をどのようなものだと考えているか。それがわかる一文を本文中から探し、初めの六字を抜き出して答えなさい。

問十二　日本の「国語教育」についての筆者の考えを説明したものとして最も適切なものを次の中から一つ選び、記号で答えなさい。

ア　日本の子供たちの読解力が低下してしまったのは、正解が一つしかないテストでみんなが満点を取ることを目標にする教育が原因であるので、これからは競い合う心を養うことができるような教育に切り替えるべきである。

イ　小説などの文学作品の解釈の仕方は一つではなく、極端に言えば、誤解も解釈の一つと考えると人の数だけ解釈もあるということであるから、学校教育に用いる作品としては、多くの解釈ができる素材を選択すべきである。

ウ　日本の子供たちの読解力を向上させるためには、国語教育をグローバル・スタンダードの視点から見直し、子供たちの自由や個性を尊重して、自己中心的な解釈や主張を助長するような国語教育を推し進めるべきである。

エ　文章を批評的に読む能力を子供たちが身につけるには、文学作品を一つの教訓的な方向に意味づけする教育ではなく、子供たち自身が本当に思ったことを土台にして、それを確認し合うような国語教育を目指すべきである。

問一　傍線部ア〜オの漢字の読み仮名（ひらがな）を記しなさい。

問二　傍線部①「もとより」の意味として最も適切なものを次の中から一つ選び、記号で答えなさい。

ア　例外として　　イ　定かでないが　　ウ　言うまでもなく　　エ　論外だが

問三　傍線部②「小説という文化財の読み方は、現代の子供たちにとってはもはや教えなくてはならない過去のものとなっているのではないだろうか」とあるが、この表現の説明として最も適切なものを次の中から一つ選び、記号で答えなさい。

ア　小説や評論よりも古典や漢文を重要視する日本の保守的な教育に警鐘を鳴らしている。

イ　自分の小説の読み方を他人に知的に伝えられない日本の子供たちに自覚を促している。

ウ　日本の近代文学の研究成果が国語教育に生かされていないことに異議を表明している。

エ　小説を読む技術を特別に教えなければならない現状に日本の教育の危機を訴えている。

問四　空欄［③］と［④］にあてはまる言葉の組み合わせとして最も適切なものを次の中から一つ選び、記号で答えなさい。

ア　③　ただし　④　つまり　　イ　③　したがって　④　しかし

ウ　③　しかし　④　または　　エ　③　また　④　たとえば

問五　傍線部⑤「効果」とあるが、上下の漢字の音読みと訓読みの組み合わせがこれと同じものを次の中から一つ選び、記号で答えなさい。

ア　無口　　イ　若草　　ウ　砂地　　エ　絵本

問六　傍線部⑥「これまでの国語教育は罪深いと言える」とあるが、その理由として最も適切なものを次の中から一つ選び、記号で答えなさい。

ア　道徳的な読み方ができていなければ国語の力がないことになっていたから。

イ　国語ができない子供には思った通りに文学を読むことを許さなかったから。

ウ　国語教育が道徳教育だと気づかないと、国語ができないことにされたから。

エ　思った通りに文学を読めなかった子供は、国語ができないと思われたから。

いうことを身をもって学ばなければならない。そして、子供たちがイ互いに異なった読みを認め合うことを身をもって学ばなければならない。一人一人がウ根拠を挙げて、異なった読みを確認し合うのである。それは、文学テクスト※にたった一つの思想、たった一つの全体像を求めることからは、⑧限りなく遠い立場だ。

文学テクストは、そういう意味では全体のわからない部分の集合でしかない。もちろん、全体がわからないのに、あるものが部分だと判断できるはずはない。したがって、全体のわからない部分とは正確には「断片」と呼ぶべきだろう。文学テクストを読むときには、全体を志向しながら、しかし決して全体には行き着かない「断片」を、個性と名づける勇気が求められるのだ。

もう少し説明しておこう。ある文学テクストの全体が読めるとはどういうことだろうか。たとえば、一万語からなる文学テクストのすべての語を、たった一つの方向で意味づけることができるということだろうか。もしそういうテクストがあったとしたら、それは文学テクストの名にエ値しない。解釈の多様性をオ内包していないからだ。現実には、ある読みの枠組を設定することで、一万語のうちのごく一部の語に特に重要な意味を見出《みいだ》して、それで全体が読めたと言っているにすぎないはずだ。全体が読めるというのは幻想なのである。

国語教育では道徳的な言葉に特に重要な意味を与えて、それでその文学テクストの全体が読めたことにしているにすぎない。しかし、全体とは、ある一つの枠組からテクストを読んだときにのみ見えてくる⑨蜃気楼《しんきろう》のようなものにすぎないのだ。もし「個性」というものがあるのならば、ほかに⑩いくらでも読み方の可能性を見い出せるはずなのである。したがって、「ほかの読み方の可能性」を認めることが、すなわち個性を認めるということになるだろう。

（石原千秋『国語教科書の思想』より）

※　グローバル・スタンダード……世界標準。筆者は、ＯＥＣＤ（経済協力開発機構）が行った学習到達度調査（ＰＩＳＡ）において、日本の子供の読解力が低下した問題で、ＰＩＳＡの求めている「読解力」とは、他人を遠慮なく批評し、他人と違った意見を言える「批評精神」であるから、日本の国語教育をグローバル・スタンダードの視点から見直すべきだと主張している。

※　テクスト……作者の意図を想定し、それを言い当てようとする読み方は不自然であり、文章はいったん書かれれば、作者自身との連関が断たれて自律的なものとなり、多様な読まれ方が許されるものになるという考えに基づいた作品自体の呼び方。

二　次の文章を読んで後の問いに答えなさい。

現在、現代文を教わらなくてもわかる子供はどれくらいいるのだろうか。この場合の「わかる」とは、自分の読み方を他人に知的に伝える能力のことを言っている。評論は①もとより、近代が生み出した②小説という文化財の読み方は、現代の子供たちにとってはもはや教えなくてはならない過去のものとなっているのではないだろうか。

古典や漢文を教えるのとはまた違った意味で、小説を読む技術ももはや教えなければならないものとなっているのである。問題は、現在そういう局面に立ち至っているにもかかわらず、文学理論をないがしろにしてきた日本の近代文学研究と国語教育研究に、小説を読む技術を自覚的に教えるような方法が用意されていないところにある。

③、そうした技術の開発は急務だと言えるが、ひどく保守的な様相をア呈してきた日本の近代文学研究にそれを期待することは難しいかもしれない。（中略）

そこでとりあえずできることは、少なくとも二通りには読めるような小説教材を選ぶことである。その上で、二通りに読める技術を教えることができれば、とりあえずは良しとしなければならないだろう。

こういう言い方をすると、「文学は心を豊かにするものであって、技術とは馴染《なじ》まないものだ」だとか「文学は神聖なもので、まるで道具のように扱うのはけしからん」などという頓珍漢な批判が出てきそうである。④、何度でも繰り返すが、日本の国語教育で言う「心の豊かさ」とは道徳的な正しさのことであり、「文学が神聖」であるのはそういう道徳の教材だからなのである。それは一つの思想である。自分のやっていることが一つの思想にすぎないということに気づかないまま、たった一つの思想で文学を読んでいるのが、現在の国語教育なのである。

国語教育が道徳教育だということに自分でも気づいていないのだから、教師がそのことを子供たちに伝えるはずがない。と言うよりも、道徳教育は、それが道徳教育だと子供たちに気づかれずに行われた方が⑤効果が上がるものである。戦後の国語教育はその隠れ蓑《みの》になってきた。そのために、国語教育が道徳教育だとは気づかずに、本当に自由に、思った通りに文学を読んだ子供たちが、「国語ができない子供」になってしまったのである。その意味で、⑥これまでの国語教育は罪深いと言える。

一つの読み方しか認めないのは、結局は趣味＝好みの問題だろう。だから、趣味で文学を読む分には、もちろんそれでいっこうにかまわない。しかし、教育となれば話は違ってくる。アメリカでは「教えやすい」という言い方をよくすると言う。趣味としての文学と教育としての文学は違うものなのだ。そう割り切ったところからしか、新しい国語教育は生まれない。

「読解力」の※グローバル・スタンダードは、すなわち「個性」というところに落ち着きそうだ。個性こそが商品価値があるのだ。そして、文学は子供の個性をその可能性の限界まで試すことができるジャンルなのだ。

個性尊重の教育とはすなわち⑦を尊重する教育のことだが、それには子供が他人とは異なった読み方をすることに価値があると

問十　傍線部⑨「ふたりのお年よりを引っぱってるみたいやった」とあるが、一方、「お年より」から犬はどのように見えていたのかがわかる一文を本文中から探し、初めの六字を抜き出して答えなさい。

問十一　傍線部⑩「おばさんと話をしたおかげで、おじいさんとおばあさんから、この犬のことはきみにたのんだよ、といわれた気がした」とあるが、このときの陽太について説明した次の文の［a］・［b］にあてはまる最も適切な言葉を、本文中から、［a］は五字、［b］は十一字で抜き出して答えなさい。

飼い主の夫婦が判明したものの、陽太は［a］すらわからない状態であり、たとえ夫婦と話すのが［b］だけだった人の話でも聞けたことで、夫婦を身近に感じることができた。

問十二　傍線部⑪「陽太は胸が熱くなった」とあるが、このときの陽太の気持ちとして最も適切なものを次の中から一つ選び、記号で答えなさい。

ア　飼い主の弟さんだけでなく、通りかかったおばさんにまでブルについて詳しく聞かせてもらえたので、ブルの性格や行動パターンを理解できるようになり、これからどうにかうまくブルを育てていけるだろうと自信が湧いてきている。

イ　おばさんから飼い主夫婦のエピソードを聞いたことで二人の姿が目に浮かぶようになり、二人からブルのことを託されたような気がしていたところに、陽太が飼うことを二人が喜んでいるだろうとおばさんに言われて感極まっている。

ウ　飼い主夫婦がとても仲がよく、ブルのこともかわいがっていたことをおばさんから聞き、ブルが今まで幸せに生きてきたと思い、自分が二人と同じようにブルのことを幸せにすることができるのかわからずその方法を模索し始めている。

エ　ブルが飼い主夫婦だけでなく、地域の人たちにかわいがられていたことを知り、ブルのことがますます好きになり、これからは飼い主夫婦に負けないように自分がブルをかわいがって育てていけたらという期待に胸を膨らませている。

問四　空欄［③］にあてはまる最もふさわしい言葉を本文中から二字で抜き出して答えなさい。

問五　傍線部④「よく」とあるが、これと品詞が同じものを次の――線をつけた中から一つ選び、記号で答えなさい。

ア　行きたい場所はここからかなり遠い。　イ　さわやかな風が吹いて落ち着いた。

ウ　鍋の中にほんの少しだけ塩を加える。　エ　あの子とは小さい頃から仲がよい。

問六　傍線部⑤「たえることなく」とあるが、この部分からわかることとして最も適切なものを次の中から一つ選び、記号で答えなさい。

ア　つけた火が消えていないこと　イ　参加者が我慢をしないこと

ウ　行事が毎年行われていること　エ　規模が変わっていないこと

問七　空欄［⑥］にあてはまる最もふさわしい言葉を本文中から三字で抜き出して答えなさい。

問八　傍線部⑦「いえ、この犬はペロちゃんです」とあるが、このときの陽太の気持ちとして最も適切なものを次の中から一つ選び、記号で答えなさい。

ア　犬を飼うか飼わないかという状況の中で犬に関心を示した女の子に出会ったので、ペロちゃんという犬の話を聞いて自分の気持ちを固めようと思っている。

イ　ペロちゃんという犬に思い入れがありそうな女の子に対して、違う犬だと否定するのもかわいそうな気がして、女の子の気持ちに寄り添おうと思っている。

ウ　まだ自分が飼うことを正式に決断したわけではない状況であり、ペロちゃんという名前までつけている女の子が犬を欲しがるならそれでいいと思っている。

エ　女の子の言うペロちゃんと、自分の連れているブルが同じ犬であると推測し、この犬についての詳しい情報を少しでも聞くことができないかと思っている。

問九　傍線部⑧「知ってるんですか？」とあるが、「知ってる」を尊敬語にして「［　］なんですか？」と言い換えるとき、［　］にあてはまる適切な言葉をひらがな四字で答えなさい。

「ペロちゃん」

女の子がまた手をのばすと、フレンチブルドッグはうしろ足で立ちあがり、自転車に前足をかけて耳をぴたっとたおし、短いうしろ足でぴょんぴょんはねた。

「かわいいねえ、ペロちゃん」おばさんがいった。

「わたしも、ほしい」

「また、そんなこというて。そのうち飼ってあげるから」

おばさんは娘にいったあと、陽太を見た。「それじゃ、おにいちゃんが飼ってあげているんや」

「はい」陽太ははっきりと返事をした。

おじいさんの弟に話を聞いてから、胸にひっかかっていたものが、すとんと落ちた。⑩おばさんと話をしたおかげで、おじいさんとおばあさんから、この犬のことはきみにたのんだよ、といわれた気がした。

「おじいさんとおばあさんも、きっと喜んではるよ」

⑪陽太は胸が熱くなった。

（西田俊也『ハルと歩いた』より）

※ 歩いてはった・住んではる……歩いていらっしゃった・住んでいらっしゃる。関西方言「はる」は軽い尊敬の意を表す。

問一　傍線部ア～オのカタカナを漢字に直しなさい。

問二　傍線部①「でも、はい、とはいいたくなかった」とあるが、その理由として最も適切なものを次の中から一つ選び、記号で答えなさい。

ア　飼いたいという意思を表明した結果、飼うことを断られてしまった場合ブルを飼う人が他に見つからなそうだから。

イ　飼い主から見捨てられた現実を前に、自分も同じことをするかもしれないと思うとブルがかわいそうになったから。

ウ　飼いたいという自分の欲望よりも、見捨てられたかもしれないブルの気持ちに対する思いやりの方が強かったから。

エ　飼い主をわざわざ探しにきた以上、自分から飼いたいという思いをあからさまに伝えることは失礼だと感じたから。

問三　傍線部②「おじいさんは小さくうなずいた」とあるが、この部分の単語の数を答えなさい。

でも、④よく知っている匂いなのにちがいない。胸がいっぱいになるくらい、たくさんかいでおけよ。陽太は心のなかで、フレンチブルドッグにいった。

陽太には、去年の春に奈良にきて、家に入ったときにかいだのと同じ匂いに思えた。いい匂いじゃない。長いあいだだれも住んでいない家の、少しカビくさいような匂いだ。でも、今回はイヤだとは思わなかった。

フレンチブルドッグといっしょにこのへんをちょっと歩いてみたい、といって、陽太は父さんたちに家で待ってもらうことにした。

このあたりを歩くのは二度目だ。フレンチブルドッグのようすはいつもと同じで、とくに変わらない。

一本北の通りへ出ると、向こうに若草山《わかくさやま》が見えた。冬に焼かれて茶色になっていた山の芝のところどころに、緑があらわれている。

立ち止まって見ていると、メガネのおばさんが話しかけてきた。「一月にウモやされたのに、もう緑が見えてきた。春やな」

おばさんは自転車に小さな女の子を乗せて、押していた。カゴには買いものの荷物がたくさんつんである。

毎年一月に山焼きという行事があり、若草山をおおうかれた芝に火をつける。昔から⑤たえることなく続く行事だ。始まりの由来は興福寺《こうふくじ》と東大寺《とうだいじ》の領地の境界線争いだ、という説もあった。「奈良ツアー」のとき父さんが教えてくれた。見てみたいと楽しみにしていたけど、今年の⑥［　　］は、塾があり見られなかった。

そのとき、自転車のまえについたいすから女の子が手をのばしていった。「ペロちゃん」

「ちがうよ、エニているけど、これはおにいちゃんのワンワンよ。かわいいねえ」

おばさんが子どもに話しかけた。

陽太は思い切っていった。

⑦「いえ、この犬はペロちゃんです。前にも会ったこと、あるんですか?」

「いつも、おじいさんとおばあさんがつれて歩※いてはったよ。最近お見かけしないけど。お孫さん?」

「そうじゃないんですけど……。そのおじいさんとおばあさんのこと、⑧知ってるんですか?」

「知っているといっても、たまにすれちがったときに、こんなふうに話すだけで、お名前も、どこに住※んではるかも知らないのよ」

犬をはさんで話しあうおじいさんたちとおばあさんのようすが、目に浮かぶようだった。

「……じつはおじいさんは去年の夏に亡くなって、おばあさんは、いまは老人ホームにいるそうなんです。ぼくは孫じゃないんですけど、いろいろあって、この犬をあずかることになったというか……。でも、ふたりには会ったことがなくて……。どんな人たちでしたか?」

「やさしいご夫婦やったよ。うちの子にもようしてくれたし。いつも、手をつないで歩いてはった。この犬が先頭を歩いててな。なんか、この犬がリーダーで、がんばって歩け歩け、⑨とふたりのお年よりを引っぱってるみたいやった」

陽太はふたりの顔を知らない。でもその姿を思うと、オハナの奥がつんとなりそうだった。

二〇二一年度　国士舘高等学校

【国語】（五〇分）〈満点：一〇〇点〉

一　次の文章を読んで後の問いに答えなさい。

奈良に引っ越した佐久良陽太《さくらようた》は、仲のよい友達もいないため、春休みをどう過ごそうかと思いながら歩いていた。すると「ブル」という名のフレンチブルドッグを連れた男が現れ、「飼い主を探してやれよ」と言って姿を消す。飼い主を探して歩き回る陽太は、自分で飼いたいと思う気持ちが次第に強くなる。飼い主がわかり、父親と一緒にその家を訪ねると、出てきたのは飼い主の弟だという「おじいさん」。飼い主は病気で亡《な》くなり、ブルは葬儀のときにいなくなっていたと話す。飼い主の奥さんも老人ホームに入ってしまったので、このまま飼ってほしいと陽太に頼むのだった。

陽太は返事ができなかった。飼いたいのに。たのまれなくても、そうしたいと思っていたのに。①でも、はい、とはいいたくなかった。せっかく見つかった飼い主に拒否されてしまったみたいで、ブルがかわいそうでたまらない。

車からフレンチブルドッグをつれてきた。

おじいさんが手をのばしてなでても、ブルははしゃいだりはしなかった。

「わたしがこの犬に会ったのは、兄が死んでからでな。兄が入院したとき、犬を飼ってると初めて聞いたんやわ」

亡くなった飼い主は病室で、おじいさんに犬のことを話した。人なつっこくてな、すぐワシの横にくっついてくる。病院につれてきてほしいけど、動物はダメやな。さびしがっとらんかな……。

「自分の嫁さんの話より、犬の話のほうをようしてるな、というて(ア)ワラってた。ちゃんと嫁さんがかわいがってるから心配せんでええよ、というたら、安心しとった。(イ)ナオると思ったんやけど。あちこち転移しとって、手おくれでな……」

おじいさんは目をふせると、兄夫婦が住んでいた家をふり返った。「この家は近いうちに、こわすことになると思う」

「おばさんはもう、もどってこないんですか？」

②おじいさんは小さくうなずいた。「もうほとんど何もないけど、よかったら入るか」

[　③　]されたわけじゃないんだ、いろいろとあるんだ、人にはそれぞれの事情が……と陽太は思った。

陽太はフレンチブルドッグをつれて、シャッターの横のドアからなかに入った。フレンチブルドッグはあちこちの匂いをかいでいる。

「おぼえているんやな、おぼえているんやな、アニキの匂いがするか、ねえさんの匂いがするか」おじいさんがいった。

でも陽太には、いつも知らないところで見せる動作と同じにしか見えなかった。ここはわたしの家だよ、といってるようには見えない。

英語解答

A (1) エ　(2) ウ　(3) ア　(4) イ
(5) エ

B (6) ウ　(7) イ　(8) エ　(9) ウ
(10) ア

C (11) easy　(12) faster　(13) too
(14) Shall　(15) Was

D (16) エ　(17) イ　(18) エ　(19) ウ
(20) ア

E (21) 三番目…ア　五番目…イ
(22) 三番目…オ　五番目…カ
(23) 三番目…カ　五番目…エ
(24) 三番目…ウ　五番目…エ
(25) 三番目…オ　五番目…エ

F (26) イ　(27) エ　(28) ア　(29) ウ
(30) イ　(31) ア　(32) captain
(33) エ

G (34) ウ　(35) ケ　(36) キ　(37) エ
(38) ク　(39) イ　(40) カ

A〔単語の発音〕

(1)ア．age[ei]　イ．paper[ei]　ウ．plane[ei]　エ．happy[æ]
(2)ア．cold[ou]　イ．home[ou]　ウ．doctor[ɑ]　エ．hello[ou]
(3)ア．visit[i]　イ．high[ai]　ウ．kind[ai]　エ．like[ai]
(4)ア．started[id]　イ．washed[t]　ウ．needed[id]　エ．waited[id]
(5)ア．bus[ʌ]　イ．under[ʌ]　ウ．up[ʌ]　エ．use[ju:]

B〔単語のアクセント〕

(6)ア．de-sígn　イ．to-dáy　ウ．séc-ond　エ．Ja-pán
(7)ア．im-pór-tant　イ．lí-brar-y　ウ．ex-ám-ple　エ．com-pút-er
(8)ア．sóc-cer　イ．mú-sic　ウ．més-sage　エ．sup-pórt
(9)ア．Sep-tém-ber　イ．re-mém-ber　ウ．hós-pi-tal　エ．va-cá-tion
(10)ア．téach-er　イ．for-gét　ウ．be-cóme　エ．ar-ríve

C〔書き換え―適語補充〕

(11)下の文は‘It is ～ for … to ―’「…にとって―することは～だ」の形式主語の構文で，否定文であることから，difficult の反対の意味の easy を入れる。「英語を話すのは私には難しい」／「私にとって英語を話すのは簡単ではない」

(12)‘比較級＋than any other＋単数名詞’で，最上級と同じ意味を表せる。any は「どの」，other は「他の」。「彼は全ての生徒の中で最も速く走ることができる」／「彼は他のどの生徒よりも速く走ることができる」

(13)‘too ～ for … to ―’で「あまりにも～なので…は―できない」を表せる。「この本はとても高いので買えない」／「この本はあまりにも高いので私には買えない」

(14)Let's ～ は Shall we ～？で書き換えられる。「今週の日曜日にサッカーの試合を見に行きましょう」／「今週の日曜日にサッカーの試合を見に行きましょうか？」

(15)this box を主語にした受け身形（‘主語＋be動詞＋過去分詞...’）の疑問文で書き換える。過去の内容で主語が単数なので，be動詞には Was を用いる。「あなたは私にこの箱をつくってくれたのですか？」／「この箱は私のためにあなたによってつくられたのですか？」

D〔適語（句）選択〕

(16)yet は‘完了’を表す現在完了（‘have/has＋過去分詞’）の疑問文で「もう，すでに」を表す。「宿題はもう終えましたか？」

(17)Thank you for 〜ing「〜してくれてありがとうございます」　「本日はご招待いただきありがとうございます」

(18)2人(2つ)のうちの一方を one で表した場合，もう一方は the other と表す。　「私には2人の古い友人がいる。1人は東京にいて，もう1人は大阪にいる」

(19)tomorrow「明日」のことを述べる内容なので，'未来'を表せる will を用いる。　「明日雨が降ったら，私は家にいるつもりだ」

(20)be kind to 〜「〜に親切だ」　「学校の先生はみんな私にとても親切だ」

E〔整序結合〕

(21)「*A*を*B*と呼ぶ」は'call＋*A*＋*B*'で表せる。*A*には this flower「この花」が，*B*には「何」が当てはまり，what は疑問詞なので文頭に出ている。「英語で」は in English。　What do you call this flower in English？

(22)「公園でサッカーをしている」が「少年たち」を修飾する形。「〜している」という意味の語句が名詞を修飾する形は，'名詞＋〜ing …'で表せる(現在分詞の形容詞的用法)。　Look at the boys playing soccer in the park.

(23)「〜しませんか？」という'提案・勧誘'は Why don't you 〜？で表せる。　This afternoon, why don't you come to my house？

(24)「私は〜と思います」は'I think (that)＋主語＋動詞…'。「いちばんわくわくする」は，exciting の最上級を用いて the most exciting と表す。　I think baseball is the most exciting sport of all.

(25)「ずっと面白い」は，interesting を比較級 more interesting にし，その前に比較級を強める副詞 much を置いて表す。　Math is much more interesting than English.

F〔長文読解総合—物語〕

≪全訳≫❶タクヤは中学生だ。彼はサッカーが大好きである。幼い頃からサッカーを練習してきた。彼は，中学生になったときに学校のサッカー部に入った。毎日他の部員と熱心に練習したかったのだが，それは大変だった。❷タクヤの学校では当時，サッカーファンは多くなかった。学校の生徒の多くは野球が好きで，野球部に入った。やがて野球部は，校庭で練習するためにより多くのスペースを必要とするようになった。❸タクヤが3年生のときの4月のある日，野球部の顧問がサッカー部の顧問のコバヤシ先生に，小さい方の校庭で練習するように頼んだ。タクヤの学校には，大きいのと小さいのの2つの校庭があった。大きい方は手入れが行き届いており，小さい方は手入れが行き届いていなかった。❹翌日，タクヤはコバヤシ先生から，小さな校庭で練習するという話を聞いた。コバヤシ先生は部員に「みんな，聞いてくれ。野球部がうちの部に，今秋から第2校庭で練習してほしいと言ってきた」と言った。サッカー部の部長であるキョウイチは，「コバヤシ先生，それは公平ではありません。第1校庭は広くて手入れが行き届いてます。誰もがそこで練習したいと思っています」と言った。コバヤシ先生は「そうなんだが，野球部には部員が多く，勝つ試合も多い。野球部の顧問に何て言ったらいいのかわからないんだ」と言った。するとタクヤは，「僕に考えがあります。8月のトーナメントでうちが優勝すれば，第1校庭を使用することを先生は主張できますよね」と言った。コバヤシ先生は「そうだが，トーナメントで優勝することは難しいと思うぞ」と言った。キョウイチは「それはわかっていますが，第1校庭で練習するために何か行動しないと」と言った。他のメンバーも彼に賛成した。❺数週間後，別の悪いニュースがタクヤのチームに届いた。キョウイチが市を離れることになったのだ。キョウイチはチームで最もサッカーがうまかった。タクヤのチームは部長だけでなく，最高の選手をも失った。❻部のアシスタントであるサユリは部員に，「トーナメントまでまだ数か月あるわ。まず，新しい部長を選ぶべきだと思う。次の部長は誰にする？」と言った。次の部長はタクヤにしようと言う部員もいた。タクヤは，「僕はキョウイチほどうまくプレーすることはできないし，うちの部には他に３年生が５人いる」と言った。すると，５人のうちの１人が，「タクヤ，部員の中でサッカーが一番好きなのは君だということを僕は知っている。僕は，君が次の部長になるべきだと思う」と言った。彼の言葉を聞いた後，タクヤは新しい部長になることに同意した。❼タクヤは部長として働き始め，今まで以上に一生懸命練習した。彼は一生懸命働いたが，数週間後，部は別の問題を抱え始めた。タクヤほど熱心に練習をしない部員もいれば，練習に遅刻するようになった部員も出てきた。また，サッカー部を辞めて野球部に入りたいと言う部員もいた。タクヤはとても悲しくなり，どうしたらいいのかわからなくなった。彼はコバヤシ先生のところに行ってその問題を話した。❽タクヤはコバヤシ先生に，「チームを良くするためにはどうしたらいいでしょうか？　みんなに一生懸命練習してほしいけど，何と言ったらいいのかわからないんです」と言った。コバヤシ先生はタクヤを見て，「タクヤ，君は部長として一生懸命やっている。それはすばらしいことだと思う。でも，そのことが問題の原因となる可能性もある」と言った。タクヤは「コバヤシ先生，それはどういう意味ですか？」と言った。コバヤシ先生は言った。「以前の君はいつも部員に笑顔でうれしそうに話をしていたが，今の君はグラウンドでメンバーに笑顔を見せていない。君はいつも難しい顔をしている」　タクヤは驚いて言った。「僕が？　それは知りませんでした。いつもグラウンドでは，練習することだけを考えているんです」　コバヤシ先生は「一生懸命練習することは大事だが，部長としてやるべきもう１つの大切なことがあると思うな」と言った。タクヤは「それは何ですか？」と言った。するとコバヤシ先生は，「他の部員と良好なコミュニケーションを取ることだ。君が人と良好なコミュニケーションを取れれば，人は君を信頼し，君についてくる。難しいが，とても大事なことなんだ」と言った。タクヤは「部長が部員の中で一番がんばれば，部員はその部長についてくる。僕はそう思っていました。僕が間違っていたのかもしれません。他の部員との良好なコミュニケーションを心がけることにします。コバヤシ先生，ありがとうございました」❾翌日から，タクヤは部員一人ひとりに笑顔で話しかけることを心がけた。すぐに部の雰囲気がとても良くなり，メンバー全員が以前よりも一生懸命に練習し始めた。練習に遅刻する者はいなくなり，チームを辞めたいと言う者もいなくなった。❿２か月後，トーナメントの日がやってきた。みんな一生懸命プレーしたが，タクヤのチームは準決勝で負けた。部員は皆とても悲しんだ。コバヤシ先生は部員に，「よくやった。トーナメントには勝てなかったが，君たちは最善を尽くした。すばらしいと思う。今度は私の番だ。秋から第１校庭で練習できるように最善を尽くすよ」と言った。部員全員がこれを聞いて喜んだ。⓫サユリがタクヤのもとに来て，「あなたはとても良い部長だったわ」と言った。タクヤは「ありがとう，サユリ。でもまあ，トーナメントは終わりだ。３年生は引退しないとね。新部長が他の部員と良好なコミュニケーションを取って，来年のトーナメントで優勝することを願っているよ」と言った。

(26)＜**要旨把握**＞「それは大変だった」の「それ」は，この文の前半の「毎日他の部員と熱心に練習したかった」という内容を指している。

(27)＜**要旨把握**＞下線部(27)は「別の悪いニュース」という意味。この内容は，続く３つの文で説明されている。

(28)＜**文脈把握**＞下線部(28)は「タクヤは新しい部長になることに同意した」という意味。直前に「彼の言葉を聞いた後」とあり，これが理由になっているとわかる。その彼の言葉は，その前の部分に書かれている。

(29)＜文脈把握＞下線部(29)は「タクヤはとても悲しくなった」という意味。ア，イ，エはいずれも第7段落第3文以降に記述がある。

(30)＜要旨把握＞下線部(30)は「部長としてやるべきもう1つの大切なこと」という意味。この後，タクヤが「それは何ですか？」と尋ねたところ，コバヤシ先生は「他のメンバーとコミュニケーションを取ることだ」と答えている。

(31)＜指示語＞「それを聞いて」の「それ」は，直前の文までで書かれたコバヤシ先生の言葉を指している。

(32)＜適語補充＞現部長のタクヤを含む3年生が引退した後，「他の部員と良好なコミュニケーション」を取るべき立場になるのは，新しい captain「部長」である。

(33)＜内容真偽＞ア．「タクヤは高校生で，野球部の一員だった」…×　第1段落参照。タクヤは中学生で，サッカー部の一員だった。　イ．「タクヤはサッカー選手で，チームで最高のプレーをした」…×　第5段落参照。チームで最高のプレーをしたのはキョウイチ。　ウ．「タクヤはサッカー部のアシスタントで，練習中は決してほほ笑まなかった」…×　第7段落参照。タクヤはサッカー部の部長。　エ．「タクヤはサッカー部の部長で，チームのために一生懸命働いた」…○　第7段落前半に一致する。

G〔長文読解―適語句選択―エッセー〕

≪全訳≫❶私はボランティア活動が好きなので，月に1，2回ボランティア活動をしている。家の近くの公園や駅周辺の通りを掃除する。家の近くの保育園に行って，そこの子どもたちと一緒に時を過ごすこともある。本を読んであげたり，彼らと遊んだりする。私はボランティア活動をすることを楽しんでいる。❷ボランティア活動をするのが好きではない人もいることは知っている。他人のためではなく，自分自身のために時間を使うべきだと考える人もいる。彼らの考えは理解できる。私たちの時間は限られているのだから，やりたいことをやるべきだ。❸他の人と一緒に掃除をしたり，子どもたちと一緒に時を過ごしたりするのは，私にとっては楽しい。人々を助けることで私の人生をより良くすることができるので，ボランティア活動は私の人生において非常に重要だと思っている。❹現在，私は自分の街でボランティア活動をしているが，将来は海外でもやりたいと思っている。ランドセルや絵本についてのボランティア活動を行っている人がいることを知ったとき，私はこれをやりたいと思い始めた。❺ランドセルは，日本の子どもたちが小学校に通うときに使われる。子どもたちはランドセルを6年間使用し，小学校を卒業すると使用をやめる。多くの場合，これらのランドセルはまだ使用できるものの，親はランドセルを捨てるか，家にとっておくだけだ。日本のある会社の何人かの人が，まだ使えるそれらのランドセルで何かをしたいと考えた。❻その会社の人は，アフガニスタンの子どもたちのことを知った。その国は，長い間困難な状況にあった。その国の子どもたちは，学校に通うときに彼らの役に立つ物をあまり多く持っていない。これを知った後，その会社の人はランドセルをどうしたらよいかを学んだ。❼その会社は，日本の人々からたくさんのランドセルを集め始め，アフガニスタンの子どもたちに送った。アフガニスタンの子どもたちはそれらのランドセルを手に入れてとても喜び，すぐにランドセルを背負って学校に通い始めた。❽アフガニスタンでは，娘が学校に行ったり学校で勉強したりするのを望まない親もいる。しかし，ランドセルを背負った子どもたちを見た後，考えを変える人たちもいた。そうした親はランドセルを持った子どもたちの姿を気に入り，自分の娘にランドセルを背負って学校に通うことを望むようになった。現在，アフガニスタンでは，女の子の約50パーセントが学校に通うことができるようになった。私は，その国のもっと多くの人がランドセルを背負って学校に行けるようになることを願っている。❾カンボジアのようなアジアの国々では，多くの子どもたちが絵本を読んだことがない。そうした子どもたちのために，ボランティア活動をする日本の人たちもいる。❿この人たちは，そうした子どもたちのために翻訳された絵本をつくる。カンボジアの公用語はクメール語なので，クメール語の翻訳が書かれた紙を日本の絵本に入れる。それから，絵本をカンボジアに送る。そこの子どもたちは，学校や図書館で絵本を読むのを楽しむ。それらの絵本についての女の子の言葉を読んだとき，私は感動した。彼女はこう言った。「私は，ケーキより絵本の方が好きです。ケーキを食べてもケーキは増えませんが，絵本はずっとあって，何度も楽しめるからです」⓫私はこの2つの例しか知らないが，世界ではボランティア活動の必要性は大きいと思う。それに参加するために，私は多くの外国語と多くの国の文化を学ぶつもりだ。多くの人を助けたり，一緒に仕事をしたりして，人生を楽しめることを私は望んでいる。

(34)ボランティア活動で保育園に行くという内容に続くものとして，ウが適切。　(35)ボランティア活動が重要だと思う理由として，ケが適切。'make＋A＋B'「AをBにする」の形。　(36)ランドセルが使用される場面として，キが適切。　elementary school「小学校」　(37)長い間，困難な状況にあったアフガニスタンの子どもたちの様子を説明する内容として，エが適切。　(38)この後，「親はランドセルを持った子どもたちの姿を気に入り，自分の娘にランドセルを背負って学校に通うことを望むようになった」とある。したがって，娘が学校に通うのを望まなかった親は，考えを変えたのだとわかる。　(39)絵本の利点を挙げた部分。「ずっとある」と並立する内容として，イが適切。
(40)ボランティア活動に参加するために，筆者が行うつもりである事柄として，カが適切。

2021年度／国士舘高等学校

数学解答

1 (1) ①　-6　②　$9x-3$　③　$3\sqrt{5}$

(2) $x=-3$, $y=6$　　(3) $x=-13$, 9

(4) 0.21

2 (1) -2　(2) $2:1$

(3) $y=\frac{1}{2}x+\frac{5}{2}$　　(4) $\frac{81}{64}$

3 (1) 9通り　(2) $\frac{11}{36}$

4 (1) 84°　(2) $\frac{16}{5}$cm

5 (1) 40cm²　(2) 130cm³

6 (1) ア…同位角　イ…錯角

ウ…BE＝DE

(2) $\frac{25}{4}$cm　(3) $24:25$

1〔独立小問集合題〕

(1)＜数，式，平方根の計算＞①与式 $=-8-16\times\left(-\frac{1}{8}\right)=-8+2=-6$　②与式 $=(3x^2y-xy)\div\frac{xy}{3}$ $=(3x^2y-xy)\times\frac{3}{xy}=3x^2y\times\frac{3}{xy}-xy\times\frac{3}{xy}=9x-3$　③与式 $=\frac{6\sqrt{3}\times5}{\sqrt{6}\times\sqrt{10}}=30\times\sqrt{\frac{3}{60}}=30\times\sqrt{\frac{1}{20}}=$ $30\times\frac{1}{2\sqrt{5}}=\frac{15}{\sqrt{5}}=\frac{15\times\sqrt{5}}{\sqrt{5}\times\sqrt{5}}=\frac{15\sqrt{5}}{5}=3\sqrt{5}$

(2)＜連立方程式＞$\frac{1}{3}x+\frac{1}{2}y=2$……①，$3x+2y=3$……②とする。①×6より，$2x+3y=12$……①′ ①′×2より，$4x+6y=24$……①″　②×3より，$9x+6y=9$……②′　②′－①″より，$9x-4x=9-24$，$5x=-15$　$\therefore x=-3$　これを②に代入して，$3\times(-3)+2y=3$，$-9+2y=3$，$2y=3+9$，$2y=12$ $\therefore y=6$

(3)＜二次方程式＞かけて-117，たして4となる2数は，13と-9だから，二次方程式の左辺を因数分解すると，$(x+13)(x-9)=0$となる。よって，$x=-13$，9である。

(4)＜資料の活用―中央値，相対度数＞中央値は，生徒数100人の通学時間を小さい方から順に並べたときの50番目と51番目の通学時間の平均値になる。度数分布表で，通学時間が0～15分の度数は，$6+18+25=49$(人)，0～20分の度数は，$49+21=70$(人)だから，中央値を含むのは15～20分の階級で，度数は21人である。よって，この階級の相対度数は，$\frac{21}{100}=0.21$である。

2〔関数―関数 $y=ax^2$ と直線〕

≪基本方針の決定≫(2)　相似な三角形を利用する。　(3)，(4)　合同な三角形を利用する。

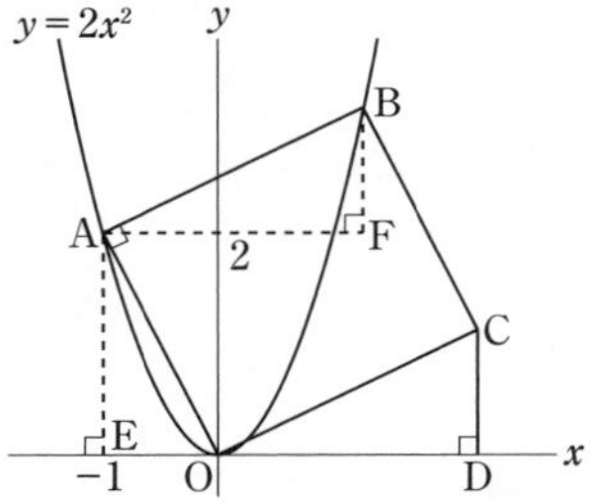

(1)＜変化の割合＞右図で，関数$y=2x^2$において，$x=-1$のとき$y=2$，$x=0$のとき$y=0$である。よって，xの値が-1から0まで増加するときの変化の割合は，$\frac{0-2}{0-(-1)}=-2$となる。

(2)＜長さの比＞右図のように，点Aからx軸に垂線AEを引く。△ODCと△AEOにおいて，∠ODC＝∠AEO＝90°である。また，△ODCで内角の和より，∠DCO＝180°－∠ODC－∠COD＝180°－90°－∠COD＝90°－∠COD，四角形AOCBは長方形で∠AOC＝90°より，∠EOA＝180°－∠AOC－∠COD＝180°－90°－∠COD＝90°－∠CODとなるから，∠DCO＝∠EOAである。よって，2組の角がそれぞれ等しいので，△ODC∽△AEOとなり，OD：CD＝AE：OEである。したがって，点Aの座標より，AE＝2，OE＝1だから，OD：CD＝2：1となる。

(3)＜直線の式＞右上図のように，点Aを通り，x軸に平行な直線と，点Bを通り，y軸に平行な直線の交点をFとする。長方形AOCBで，AB∥OC，AB＝OCより，△AFB≡△ODCとなるから，AF：BF＝OD：CD＝2：1となる。これより，直線ABの傾きは$\frac{\mathrm{BF}}{\mathrm{AF}}=\frac{1}{2}$となるから，直線ABの式を$y=\frac{1}{2}x+b$とおく。この直線がA(−1，2)を通ることから，この式に$x=-1$，$y=2$を代入して，$2=\frac{1}{2}\times(-1)+b$より，$b=\frac{5}{2}$となる。したがって，直線ABの式は$y=\frac{1}{2}x+\frac{5}{2}$である。

(4)＜面積＞(3)で，△ODC≡△AFBより，△ODC＝△AFBだから，△AFBの面積を求める。まず，点Bのx座標を求める。点Bは，放物線$y=2x^2$と直線$y=\frac{1}{2}x+\frac{5}{2}$の交点のうち，点Aでない方の点だから，2式から$y$を消去して，$2x^2=\frac{1}{2}x+\frac{5}{2}$，$4x^2-x-5=0$，解の公式より，$x=\frac{-(-1)\pm\sqrt{(-1)^2-4\times4\times(-5)}}{2\times4}=\frac{1\pm\sqrt{81}}{8}=\frac{1\pm9}{8}$となり，$x=\frac{1+9}{8}=\frac{5}{4}$，$x=\frac{1-9}{8}=-1$となる。よって，点Bの$x$座標は$\frac{5}{4}$だから，AF∥〔$x$軸〕，点Aの$x$座標が−1より，$\mathrm{AF}=\frac{5}{4}-(-1)=\frac{9}{4}$となり，AF：BF＝2：1より，$\mathrm{BF}=\frac{1}{2}\mathrm{AF}=\frac{1}{2}\times\frac{9}{4}=\frac{9}{8}$である。したがって，$\triangle\mathrm{AFB}=\frac{1}{2}\times\mathrm{AF}\times\mathrm{BF}=\frac{1}{2}\times\frac{9}{4}\times\frac{9}{8}=\frac{81}{64}$となるから，$\triangle\mathrm{ODC}=\frac{81}{64}$である。

3 〔場合の数・確率—さいころ〕

(1)＜場合の数＞さいころの目の数は1～6の整数なので，2つのさいころを同時に1回投げたときに出た目の数の積は最大で，6×6＝36である。これより，マッチ棒の本数は最大で36本で，正三角形を1個つくるとき1辺のマッチ棒の本数は最大で，36÷3＝12(本)となる。よって，できる正三角形の大きさは，1辺のマッチ棒の本数が1本から12本の12通りが考えられるが，このうち，1辺のマッチ棒の本数が7本，9本，11本の場合，正三角形を1個つくるのに必要なマッチ棒の本数は，それぞれ21本，27本，33本となり，これらの本数は2つのさいころの出た目の数の積にならない。したがって，できる正三角形の1辺のマッチ棒の本数は1本，2本，3本，4本，5本，6本，8本，10本，12本の場合があるから，大きさは全部で9通りある。

(2)＜確率＞まず，2つのさいころを同時に1回投げたときに出る目の数の組合せは，6×6＝36(通り)ある。次に，2つのさいころの出た目の数の和は最大で，6＋6＝12より，マッチ棒の本数は最大で12本である。これより，正三角形と正方形が1個ずつできるときに使うマッチ棒の本数は，正三角形と正方形の1辺のマッチ棒の本数が，ともに1本のときの，3×1＋4×1＝7(本)，正三角形は2本，正方形は1本のときの，3×2＋4×1＝10(本)，正三角形が1本，正方形が2本のときの，3×1＋4×2＝11(本)の3つの場合が考えられる。使うマッチ棒の本数が7本の場合，2つのさいころの出た目の数の組合せは，1と6，2と5，3と4，4と3，5と2，6と1の6通りあり，10本の場合，4と6，5と5，6と4の3通り，11本の場合，5と6，6と5の2通りある。よって，正三角形と正方形が1個ずつできる場合の2つのさいころの出た目の数の組合せは，6＋3＋2＝11(通り)あるから，求める確率は$\frac{11}{36}$となる。

4 〔平面図形—三角形と円〕

≪**基本方針の決定**≫(2)　△ABC∽△ACEであることに気づきたい。

図1

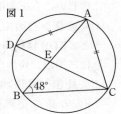

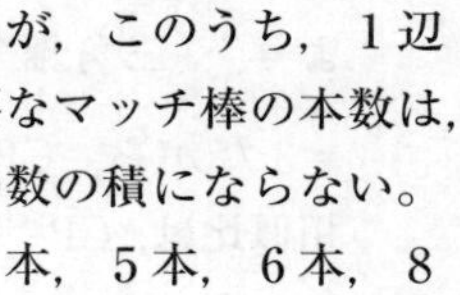

(1)＜角度—円周角＞右図1で，$\overset{\frown}{\mathrm{AC}}$に対する円周角は等しいから，∠ADC＝∠ABC＝48°である。また，AD＝ACより，△ADCは二等辺三角形だから，∠ACD＝∠ADC＝48°となる。よって，△ADCで，内角の和より，∠CAD＝

180°－∠ADC－∠ACD＝180°－48°－48°＝84°である。

(2)＜**長さ―相似**＞右図2の△ABCと△ACEにおいて，∠CAB＝∠EAC(共通)，(1)より，∠ADC＝∠ABC，∠ACE＝∠ADCだから，∠ABC＝∠ACEとなる。よって，2組の角がそれぞれ等しいので，△ABC∽△ACEである。これより，AB：AC＝AC：AEとなるから，5：4＝4：AEが成り立つ。これを解くと，5×AE＝4×4より，AE＝$\frac{16}{5}$(cm)となる。

図2

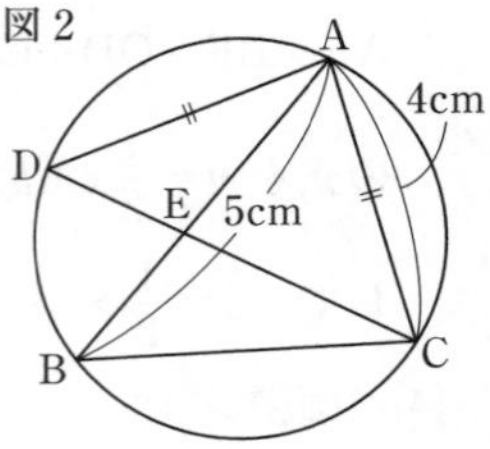

5 〔空間図形―三角柱〕

≪**基本方針の決定**≫(2)　立体PQC-RSFを含む三角錐を考え，相似な図形の体積比を利用する。

(1)＜**面積―中点連結定理**＞右図で，点Pが辺ACの中点のとき，PQ∥ABより，点Qは辺BCの中点となるから，中点連結定理より，PQ＝$\frac{1}{2}$AB＝$\frac{1}{2}$×8＝4である。また，FR＝AP＝$\frac{1}{2}$ACとなり，AC＝DFだから，FR＝$\frac{1}{2}$DFである。よって，点Rは辺DFの中点で，PR⊥DFとなるから，四角形APRDは長方形であり，PR＝AD＝10となる。このとき，四角形PQSRは，∠QPR＝∠PRS＝90°，RS＝$\frac{1}{2}$DE＝$\frac{1}{2}$AB＝PQより，長方形となる。したがって，四角形PQSRの面積は，PQ×PR＝4×10＝40(cm^2)である。

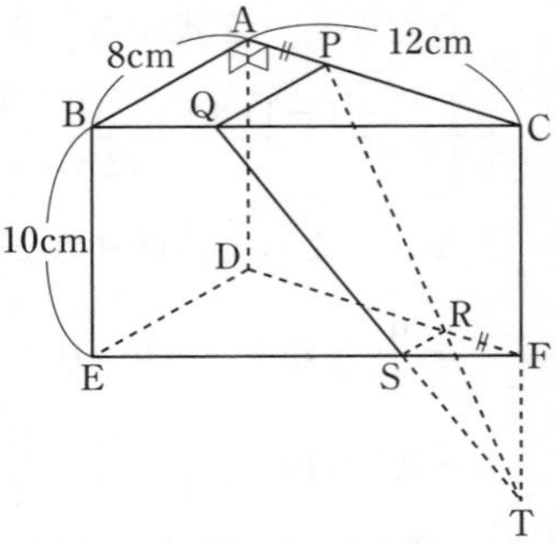

(2)＜**体積―相似**＞右上図のように，面PQSRと辺CFの延長線との交点をTとすると，立体PQC-RSFは三角錐T-CPQから三角錐T-FRSを除いた立体となる。このとき，〔面ABC〕∥〔面RSF〕より，〔三角錐T-CPQ〕∽〔三角錐T-FRS〕である。AP：PC＝1：3より，AP＝$\frac{1}{1+3}$AC＝$\frac{1}{4}$×12＝3だから，CP＝AC－AP＝12－3＝9，FR＝AP＝3となり，三角錐T-CPQと三角錐T-FRSの相似比は，CP：FR＝9：3＝3：1となる。これより，三角錐T-CPQと三角錐T-FRSの体積の比は，$3^3：1^3$＝27：1で，〔立体PQC-RSF〕＝〔三角錐T-CPQ〕－〔三角錐T-FRS〕だから，〔三角錐T-FRS〕：〔立体PQC-RSF〕＝1：(27－1)＝1：26となり，〔立体PQC-RSF〕＝26〔三角錐T-FRS〕である。よって，三角錐T-FRSの体積を求める。まず，RS∥DEより，△RSF∽△DEFで，FR＝3だから，FR：FD＝RS：DEより，3：12＝RS：8が成り立つ。これを解くと，12×RS＝3×8より，RS＝2となる。次に，〔三角錐T-CPQ〕∽〔三角錐T-FRS〕で，相似比が3：1より，TC：TF＝3：1となり，TF：FC＝TF：(TC－TF)＝1：(3－1)＝1：2だから，FC＝10より，TF：10＝1：2が成り立つ。これを解くと，TF×2＝10×1，TF＝5となるから，〔三角錐T-FRS〕＝$\frac{1}{3}$×△RSF×TF＝$\frac{1}{3}$×$\frac{1}{2}$×3×2×5＝5である。したがって，〔立体PQC-RSF〕＝26×5＝130(cm^3)となる。

6 〔平面図形―直角三角形〕

≪**基本方針の決定**≫(3)　高さの等しい三角形の面積の比は，底辺の比に等しいことを利用する。

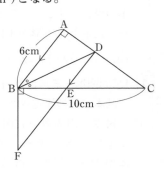

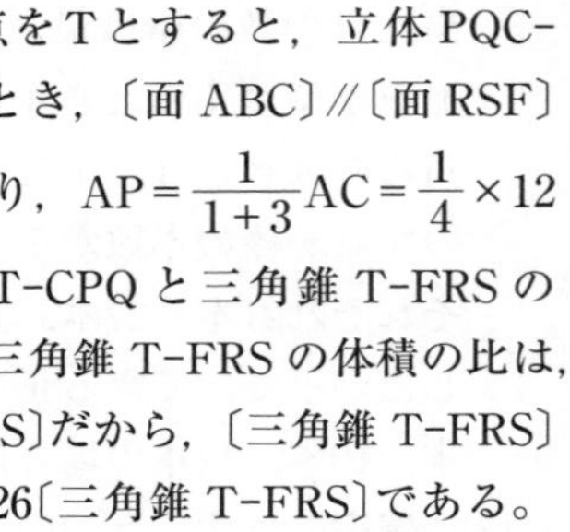

(1)＜**論証**＞右図で，∠EDCと∠BACは同位角の関係にあり，∠ABDと∠EDBは錯角の関係にある。また，∠EBD＝∠EDBより，△EBDは二等辺三角形だから，BE＝DEである。

(2)＜**長さ―相似**＞(1)より，△BFE≡△DCEで，EF＝ECだから，線分ECの長さを求める。△DCEと△ACBにおいて，AB∥DEより，

△DCE∽△ACBである。これより，EC：BC＝DE：ABとなる。ここで，EC＝xとおくと，(1)より，DE＝BE＝CB－EC＝10－xと表せる。よって，x：10＝(10－x)：6が成り立ち，これを解くと，$x\times6=10\times(10-x)$，$6x=100-10x$，$16x=100$，$x=\frac{25}{4}$となる。したがって，EF＝$\frac{25}{4}$(cm)である。

(3)**＜面積比＞**前ページの図で，(2)より，△ACB∽△DCE，EC＝$\frac{25}{4}$だから，AC：DC＝BC：EC＝10：$\frac{25}{4}$＝8：5となる。これより，AC：AD＝AC：(AC－DC)＝8：(8－5)＝8：3であり，△ABC：△ABD＝AC：AD＝8：3となるから，△ABD＝$\frac{3}{8}$△ABCである。また，△DBC＝△ABC－△ABD＝△ABC－$\frac{3}{8}$△ABC＝$\frac{5}{8}$△ABCで，BC：EC＝8：5だから，△DCE＝$\frac{5}{8}$△DBC＝$\frac{5}{8}\times\frac{5}{8}$△ABC＝$\frac{25}{64}$△ABCとなる。よって，(1)より，△BFE＝△DCE＝$\frac{25}{64}$△ABCと表されるから，△ABD：△BFE＝$\frac{3}{8}$△ABC：$\frac{25}{64}$△ABC＝24：25である。

2021年度／国士舘高等学校

国語解答

一 問一 ア 笑 イ 治 ウ 燃 エ 似
オ 鼻
問二 ウ 問三 五[単語]
問四 拒否 問五 ア 問六 ウ
問七 山焼き 問八 エ
問九 ごぞんじ 問十 人なつっこく
問十一 a ふたりの顔
b たまにすれちがったとき
問十二 イ

二 問一 ア てい イ たが
ウ こんきょ エ あたい
オ ないほう
問二 ウ 問三 エ 問四 イ
問五 エ 問六 ア 問七 多様性
問八 他人とは異なった読み方
問九 文学テクストの全体 問十 ウ
問十一 そして，文学 問十二 エ

一〔**小説の読解**〕出典；西田俊也『ハルと歩いた』。

問一＜漢字＞ア．音読みは「微笑」などの「ショウ」。 **イ．**音読みは「治癒」などの「チ」と「政治」などの「ジ」。 **ウ．**音読みは「燃焼」などの「ネン」。 **エ．**音読みは「類似」などの「ジ」。 **オ．**音読みは「鼻音」などの「ビ」。

問二＜文章内容＞陽太は，ブルを自分で飼いたいという気持ちが強くなってきていたが，飼ってほしいと頼まれると，自分の飼いたいという欲望よりも，ブルが「せっかく見つかった飼い主に拒否されてしまったみたい」で，「かわいそうでたまらない」，という思いの方が強くなり，引き取るとは言いたくなかった。

問三＜ことばの単位＞品詞分解すると，「おじいさん(名詞)／は(副助詞)／小さく(形容詞)／うなずい(動詞)／た(過去の意味の助動詞)」となる。

問四＜文章内容＞陽太は，ブルを飼ってほしいと頼まれたときは，「飼い主に拒否されてしまったみたいで」，ブルがかわいそうに思われたが，飼い主についての話を聞いているうちに，「人にはそれぞれの事情が」あり，ブルが拒否されたわけではない，ということがわかってきた。

問五＜品詞＞「よく知っている」の「よく」は，程度が十分である，という意味の副詞。「かなり」は，並み一通りを超える程度である，という意味の副詞。「さわやかな」は，気持ちがすっきりして快適である，という意味の形容動詞「さわやかだ」の連体形。「ほんの」は，本当にごくわずかにすぎない，という意味の連体詞。この場合の「よい」は，互いの関係がうまくいっている，という意味の形容詞「よい」の終止形。

問六＜語句＞「たえる」は，「絶える」で，続いていたものが途中で切れて続かなくなる，という意味。よって，「たえることなく続く行事だ」ということは，行事が毎年行われているということになる。

問七＜文章内容＞「毎年一月に山焼きという行事があり」，陽太は，「見てみたいと楽しみにしていた」が，今年は塾に行かなければならなかったので，山焼きは見られなかった。

問八＜心情＞自転車の前の椅子に乗るほど幼い女の子は，ブルのことを自分なりの言葉で「ペロちゃん」と呼んでいて，「ペロちゃん」とブルは同じ犬なのではないかと陽太は察し，おばさんから，ブルやもとの飼い主について知っていることを聞いて，少しでも情報を得たいと考えた。

問九＜敬語＞知っている，ということを表す名詞「存じ」の尊敬語は，「ご存じ」。

問十＜文章内容＞亡くなった飼い主は，おじいさんに，犬のことを，「人なつっこくてな，すぐワシの横にくっついてくる」と話していた。

問十一＜文章内容＞a．飼い主の夫婦の話を，おばさんから聞いているが，「陽太はふたりの顔を知らない」のである。　b．おばさんは，飼い主の夫婦と「たまにすれちがったときに～話すだけ」であったが，そのおばさんから夫婦の話を聞けただけで，陽太は，夫婦から「この犬のことはきみにたのんだよ，といわれた気がした」ほど，夫婦を身近に感じることができた。

問十二＜心情＞陽太は，おばさんから飼い主の夫婦の話を聞いて，おばさんと夫婦が犬をはさんで話す様子や，夫婦が犬を連れて歩いている姿が目に浮かぶようになり，夫婦からブルのことを頼まれたような気がしてきた。そこへさらにおばさんから，陽太がブルを飼うことになって夫婦が喜んでいるだろうと言われたことで，うれしくて，感動がこみあげてきた。

二〔論説文の読解―教育・心理学的分野―教育〕出典；石原千秋『国語教科書の思想』。

≪本文の概要≫現在，子どもの読解力が低下して，小説を読む技術を特別に教えなければならないという状況にある。しかし，日本の国語教育には小説を読む技術を教える方法がないため，その開発が急がれる。これまでの国語教育は，文学作品のごく一部の語に特に重要な意味を与えて，全体を道徳的な作品として読ませる道徳教育であった。そのため，道徳的な読みができず，思った通りの読み方をする子どもは，国語の学力がないことにされてしまっていた。子どもたちが，他人と違った意見を言える批評精神を身につけ，読解力を世界標準まで向上させるためには，他人とは異なった読み方で文学作品を読み，異なった読みを互いに確認し合う国語教育が求められる。文学作品の読み方の可能性は限りなくあり，他の読み方を認める教育が，個性を尊重する教育なのである。

問一＜漢字＞ア．「呈す」は，ある状態を表す，という意味。　イ．音読みは「相互」などの「ゴ」。　ウ．「根拠」は，ある考えや言動のもとになるもの。　エ．訓読みは他に「値段」などの「ね」がある。音読みは「価値」などの「チ」。　オ．「内包」は，内部に包み持つこと。

問二＜語句＞「もとより」は，もちろん，以前から，という意味。評論の読み方は言うまでもなく，小説の読み方は，「現代の子供たちにとってはもはや教えなくてはならない過去のものとなっている」のである。

問三＜文章内容＞筆者は，小説という現代文で書かれた身近であるはずのものが，保護すべき文化財のような過去のものとみなされ，それを読む技術を特別に教えなければならないという現状は問題であると，国語教育に対する危機感を訴えている。

問四＜接続語＞③現在，小説を読む技術も教えなければならない局面にあるにもかかわらず，「日本の近代文学研究と国語教育研究に，小説を読む技術を自覚的に教えるような方法が用意されていない」という問題があるので，小説を読む「技術の開発は急務だと言える」のである。　④少なくとも二通りには読める小説教材を選び，二通りに読める技術を教えればよいという言い方をすると，「『文学は心を豊かにするものであって，技術とは馴染まないものだ』だとか『文学は神聖なもので，まるで道具のように扱うのはけしからん』などという頓珍漢な批判が出てきそうである」けれども，「日本の国語教育で言う『心の豊かさ』とは道徳的な正しさのことであり，『文学が神聖』であるのはそういう道徳の教材だから」なのである。

問五＜漢字の知識＞「効果」は，「こうか」と読むので，どちらも音読みの漢字を組み合わせたもの。「絵本」は，「えほん」と読むので，どちらも音読みの漢字を組み合わせたもの。「無口」は，「むくち」と読むので，音読み＋訓読みの重箱読み。「若草」は，「わかくさ」と読むので，どちらも訓読みの漢字を組み合わせたもの。「砂地」は，「すなち」または「すなじ」と読むので，訓読み＋音読みの湯桶読み。

問六＜文章内容＞国語教育が道徳教育だとは気づかずに，「自由に，思った通りに文学を読んだ子供たち」は，文学を道徳的に解釈しなかった場合，国語の学力がないことにされてしまってきた。

問七＜文章内容＞個性，つまり，個人に備わる性格・性質を尊重する教育とは，さまざまな種類や傾向を尊重する教育のことであり，国語教育でいえば，「『ほかの読み方の可能性』を認める」教育である。

問八＜文章内容＞「文学テクストにたった一つの思想，たった一つの全体像を求めること」からかけ離れた立場は，文学テクストに対して，「他人とは異なった読み方をすることに価値がある」と考える立場である。

問九＜表現＞文学テクストのごく一部の語に特に重要な意味を見出して，それで全体が読めたことにしているのは，幻想である。したがって，「文学テクストの全体」とは，ある一つの枠組からテクストを読んだときにのみ見えてくる，実際には存在しない幻のようなものにすぎない。

問十＜文の組み立て＞「いくらでも読み方の可能性を見い出せるはずなのである」では，「いくらでも」と「可能性を」は，「見い出せる」を修飾している。「読み方の」は，「可能性を」を修飾している。「見い出せる」は，「はずなのである」を修飾している。

問十一＜文章内容＞日本の子どもの読解力を世界標準にまで高めるものとして，個性が重要あり，そして，「文学は子供の個性をその可能性の限界まで試すことができるジャンル」である。

問十二＜主題＞子どもたちが他人を遠慮なく批評し，他人と違った意見を言える「批評精神」を身につけるには，文学作品を一つの道徳的な方向に意味づけて教えるのではなく，子どもたちが作品を「本当に自由に，思った通りに」読み，それぞれの異なった読みを互いに認め合い確認し合うような国語教育を行うべきである。

Memo

Memo

2020年度 国士舘高等学校

【英　語】（50分）〈満点：100点〉

A

次の（１）～（５）の各組の語の中で、下線部の発音が他と違うものを一つ選び、記号で答えなさい。

（１）	ア name	イ math	ウ lake	エ station
（２）	ア soon	イ room	ウ school	エ door
（３）	ア leave	イ great	ウ sea	エ team
（４）	ア played	イ arrived	ウ helped	エ listened
（５）	ア thing	イ another	ウ other	エ those

B

次の（６）～（10）の各組の語の中で、もっとも強く発音する位置が他と違うものを一つ選び、記号で答えなさい。

（６）	ア to-day	イ or-ange	ウ a-gain	エ be-fore
（７）	ア hos-pi-tal	イ dif-fer-ent	ウ a-maz-ing	エ yes-ter-day
（８）	ア re-ceive	イ sum-mer	ウ base-ball	エ din-ner
（９）	ア de-li-cious	イ im-por-tant	ウ vol-un-teer	エ pi-an-o
（10）	ア lan-guage	イ break-fast	ウ an-swer	エ gui-tar

C

次の（11）～（15）の各組がほぼ同じ内容になるように、（　）に入る適語を一語ずつ解答欄に書きなさい。

（11）
When did he write this letter?
When was this letter （　　　） by him?

（12）
Must she finish reading this book tonight?
Does she （　　　） to finish reading this book tonight?

（13）
Those girls live in our town.　Do you know them?
Do you know those girls （　　　） in our town?

（14）
I was too sleepy to do my homework last night.
I was （　　　） sleepy that I couldn't do my homework last night.

(15) { Kenji can play soccer better than me.
I cannot play soccer as (　　) as Kenji.

D 次の(16)～(20)の各英文の(　)に入るもっとも適切なものをア～エから一つ選び、記号で答えなさい。

(16) Can you help me (　　) my homework?
ア with　イ to　ウ for　エ against

(17) She has studied English (　　) she was little.
ア from　イ for　ウ since　エ during

(18) I'm good at (　　) English.
ア speak　イ speaking　ウ spoke　エ speaks

(19) Do you know any students (　　) can play the guitar?
ア which　イ when　ウ who　エ what

(20) Tell me when (　　) your house.
ア visit　イ visited　ウ visiting　エ to visit

E 次の(21)～(25)の語句を、日本語の意味に合うように並べかえ、(　)内で二番目と四番目にくるものを記号で答えなさい。ただし、(21)・(24)は文頭の語の最初の文字も小文字で示されています。

(21) 明日は、天気はどうなるでしょうか。
(ア be　イ weather　ウ will　エ the　オ how) tomorrow?

(22) 私は世界中の人びとに日本食を食べてもらいたいです。
I (ア the world　イ eat　ウ want　エ to　オ around　カ people)
Japanese food.

(23) いすの上で寝ているネコはタマです。
The (ア sleeping　イ on　ウ chair　エ cat　オ is　カ the) Tama.

(24) カナダでは何語が使われていますか。
(ア what　イ used　ウ is　エ in　オ language) Canada?

(25) 彼は私たちの学校のどの男の子よりも背が高いです。
He (ア than　イ boy　ウ other　エ taller　オ any　カ is　) in our school.

F 次の英文を読んで、(26)～(33)の問いに答えなさい。

Saori is a high school student in Tokyo. She lives with her father, mother, and one brother. They moved to Tokyo from Nagoya last month because her father had to work in Tokyo. Saori had some good friends in Nagoya. When she said goodbye to them at her school, she was very sad and (26)she cried. Then Kumi, one of her friends, said to Saori, "Don't cry so much. We will live far away, but we are best friends forever and we can send e-mails or see each other's faces by using the Internet. And we will go to Tokyo to see you soon." Saori said, "Thank you. All of you were always kind to me and helped me a lot when I was in trouble. You were always with me, so I had a very good time in this city. Now (27)I'm worried about my life in Tokyo because I don't know anyone and don't have any friends there." Kumi said to her, "You will soon make new friends there. Enjoy your new life!" and other friends encouraged Saori.

However, in Tokyo, Saori couldn't talk to her classmates much and she couldn't make new friends. One day, when she came back home, she told her mother about (28)that. Saori said, "I don't know how to make new friends." Then her mother started to tell Saori about her experience thirty years ago.

In 1989, Saori's mother, Yoko, was a high school student. She was interested in foreign countries. When she was a second-year student, she went to New York as an exchange student. She stayed there for eight months. She went to high school and studied hard. In the first month, she didn't enjoy her school life because she couldn't speak English well and communicate with her classmates well.

One day, Yoko went to one of her teachers, Ms. Brown, and talked with her about her school life. Ms. Brown said, "Yoko, I know you're in trouble with your school life. At first, most students from abroad have some trouble. So I always say to them, 'Enjoy your life (29)here.' Do you understand what it means?" Yoko said, "Yes." Then Ms. Brown said, "What do you like to do?" Yoko answered, "I like to draw pictures. To be an artist is my dream. I drew many pictures in Japan, and I draw here, too." Ms. Brown said, "Do you? That's great, Yoko. I have an idea. How about showing your pictures and talking about Japan to your classmates in tomorrow's class? I'm sure your classmates will be interested in you and your pictures." Yoko said, "OK. I will."

The next day, Yoko brought some of her pictures to school. In Ms. Brown's class, Yoko showed them to her classmates and talked about herself and Japan. After her speech, some of her classmates came to her and asked many things about her. She couldn't speak English well but she tried hard to answer their questions. Her classmates also tried hard to listen to her. Then, Yoko became friends with some of them. (30)She was very happy.

After the class, Ms. Brown said to Yoko, "You did a very good job, Yoko. I enjoyed your speech very much. I'm glad that you made some friends. By the way, do you know about Jack White? He is an artist." Yoko said, "Yes, I like his paintings very much." Ms. Brown said, "That's good. Well, this weekend, we can enjoy looking at his paintings in the city museum. I will go to see them this Sunday. Would you like to come with me?" Yoko said, "Yes, I'd love to."

That Sunday, Yoko visited the city museum with Ms. Brown. There were many beautiful paintings of Jack White, and Yoko liked them very much. When she was looking at one of them, a man spoke to her. He said to her, "Which painting do you like the best?" She said, "Well, I like this painting of the Statue of Liberty the best. It's wonderful." She talked with the man for a while. Then, Ms. Brown came to them and said to Yoko, "Do you know who he is? He is one of my friends, Jack White." (31)Yoko was very surprised. She said, "Oh, you are the man who drew this!" He said, "Yes, I am. I'm glad that you like my paintings. I hear from Ms. Brown that you like to draw pictures. You want to be an (32) in the future, right? I think that's great. Well, I'll give you your favorite painting, so study hard, draw a lot of pictures, and enjoy your life here."

Saori's mother said to her, "When you are in a new environment, you will have a hard time at first. I don't think it will last long, so just try to enjoy your life in the environment. I'm sure you can."

After listening to her mother, Saori remembered Kumi's words in Nagoya. Saori thought, "Kumi also said the same kind of thing. Now I understand it's important for everyone to enjoy his or her own life in their environment." Then she said to her mother, "From tomorrow, I think I can do something to enjoy my life. Thank you, Mother!"

encourage ～ ～を励ます　however しかしながら
exchange student 交換留学生　communicate 意思疎通を図る
artist 芸術家　herself 自分自身　by the way ところで　painting 絵画
the Statue of Liberty 自由の女神像　for a while しばらくの間
environment 環境　last 続く

(26)　下線部(26)の理由としてもっとも適切なものを一つ選び、記号で答えなさい。

ア　サオリの親友の一人のクミが名古屋から引っ越すことになったから。
イ　サオリは名古屋の親友たちにお別れを言うのがつらかったから。
ウ　サオリが「泣かないで」と言ったのに、親友たちが泣いていたから。
エ　インターネットで連絡が取れると聞いてサオリは嬉しかったから。

(27)　下線部(27)の理由としてもっとも適切なものを一つ選び、記号で答えなさい。

ア　東京の言葉遣いがまったくわからなかったから。
イ　東京の新しい家がどのような場所にあるのか知らなかったから。
ウ　東京には知り合いも友人も一人もいなかったから。
エ　クミの発言の意味がよくわからなかったから。

(28)　下線部(28)の指すものを一つ選び、記号で答えなさい。

ア　どの部活に入るか迷っていたこと。
イ　まわりの生徒たちがだれにでもよく話しかけていたこと。
ウ　どうやって新しい友だちをつくればよいのか悩んでいたこと。
エ　サオリの母親が30年前に体験したこと。

(29)　下線部(29)の指すものを一つ選び、記号で答えなさい。

ア　ニューヨークで
イ　ロサンゼルスで
ウ　東京で
エ　名古屋で

(30)　下線部(30)の理由としてもっとも適切なものを一つ選び、記号で答えなさい。

ア　ブラウン先生がヨウコについて生徒たちに説明してくれたから。
イ　クラスメートの質問に対して、英語でうまく説明することができたから。
ウ　ヨウコがクラスメートの何人かと友だちになったから。
エ　ブラウン先生が美術館に連れて行ってくれると言ったから。

(31)　下線部(31)の理由としてもっとも適切なものを一つ選び、記号で答えなさい。

ア　ヨウコが美術館でクラスメートに会ったから。
イ　ヨウコが話していた男性がジャック・ホワイトだったから。
ウ　ジャック・ホワイトがヨウコに会いたがっていたから。
エ　ヨウコが美術館でお気に入りの絵を１枚もらえると聞いたから。

(32)　空所(32)に適する１語を本文中から抜き出して解答欄に書きなさい。

(33)　ジャック・ホワイトについての説明としてもっとも適切なものを一つ選び、記号で答えなさい。

ア　One of the art teachers at Yoko's school
イ　The man who drew the Statue of Liberty
ウ　One of the art teachers at Saori's school
エ　A man who helped Saori in the art museum

G　次の英文を読んで、あとの問いに答えなさい。

Do you like to walk? I like to walk very much. I walk every day. In the morning, I walk to the station next to mine when I go to work. In the evening, I walk home from that station. On weekends, I go to the river and walk along the river for a few hours. Actually, I (34). Why do I walk so much now? I will tell you about it.

People nowadays don't have to walk so much like people did in the old days because people nowadays can move around easily by bike, car, bus, or train. When they are children, they still walk a lot. In Japan, many elementary school students walk to school. After school, they walk to their playgrounds or their friends' houses. When they become junior high school students, they start to ride bikes. They ride bikes to go to friends' houses, cram schools, or convenience stores. When they become high school students, they start to ride trains. When they grow up and start to work, they become too busy to have time to walk. I was just like them. I simply (35).

One day two years ago, one of my colleagues at the office asked me, "Do you do any exercise?" Then I thought, "When did I have exercise last?" I was busy with my work, so I couldn't have much time for exercise. Then the colleague said to me, "Why don't you walk? Walking is the easiest exercise that you can do, because you don't need anything when you start walking, and you can walk to any place, at any time, and at any pace. When you want to take a rest, you can stop. You can walk early in the morning or late at night. So walking is the best exercise that almost all people (36)." I thought he was right, so I started walking.

It was Saturday the next day, so I went outside to walk to the park. The park was not far from my house, so I thought it would be easy for me to walk there. I was wrong. After walking for an hour, I became very tired and started to feel sick. I couldn't get to the park that day.

The next Monday, I talked with my colleague about Saturday. He said to me, “You haven't done any exercise for a long time, right? You should start walking for ten minutes. If you do it every day, soon you can walk longer.” I followed his advice and walked for ten minutes every day. After a few weeks, I started to think, “I want to walk more.” Walking became fun for me. When I was walking, I (37). I also enjoyed listening to the songs of birds.

I walked in the morning and in the evening every day. I walked at the same time every day, so I met some people again and again and we started to say hello to each other. Sometimes we talked and after some time, I (38). Now I think walking is also good for making friends.

After a few months, I was able to walk for many hours. Some things changed in me. I lost weight. I enjoy every meal. I sleep well every day. I feel very good every day. When I see my friends, they are all surprised to see me, and say, “What (39)?”

Now I often remember about my grandfather. He died some years ago at the age of ninety. He also walked. He walked along the river for some hours every day, and he did it for 20 years! Now I think walking every day kept his body and mind healthier, but he often said to me, “I don't walk to stay healthy. I walk because it's fun.” I didn't understand him then, but now I do. There are many kinds of exercise in our lives. You can walk, or you (40). I think it's important for us to choose an exercise we enjoy the most. To me, walking is the one.

next to ～ ～の隣りの　～ nowadays 現代の～　playground 遊び場
cram school 学習塾　grow up 大人になる　simply 単に
colleague 同僚　office 職場　exercise 運動　pace ペース
take a rest ひと休みする　advice アドバイス
again and again 何度も何度も　lose weight やせる　meal 食事
mind 心　healthier healthy(健康的な)の比較級

問　本文中の(34)～(40)の空所に適する語句をア～コから選び、記号で答えなさい。
ただし、同じ語句は２回以上使わないことにする。また、不要なものも含まれている。

ア walked to go to work
イ can do easily
ウ didn't walk before
エ didn't see them again
オ became friends with some of them
カ often walked before
キ happened to you
ク had no time to walk
ケ enjoyed seeing flowers, trees, and the sky
コ can choose another exercise

【数　学】（50分）〈満点：100点〉

1 次の問いに答えなさい。

(1) 次の計算をしなさい。

① $15-6\div\frac{1}{3}$

② $\frac{1}{4}(28x-10y)-\frac{5}{6}(6x+15y)$

③ $\sqrt{3}\times\sqrt{8}-\frac{9\sqrt{2}}{\sqrt{3}}$

(2) 連立方程式 $\begin{cases} x+y=-2 \\ 5(x+y)-3y=-1 \end{cases}$ を解きなさい。

(3) 二次方程式　$2x^2-3x+1=0$　を解きなさい。

(4) 右の表は，ある学校の生徒50人について，握力測定の結果から相対度数をまとめたものである。

中央値（メジアン）を含む階級の階級値を求めなさい。

握力（kg）	相対度数
以上　未満 20 ～ 24	0.06
24 ～ 28	0.10
28 ～ 32	0.32
32 ～ 36	0.26
36 ～ 40	0.12
40 ～ 44	0.08
44 ～ 48	0.06
計	1.00

2 右の図で，点Oは原点，3点A，B，Cの座標はそれぞれ$(-2,\ 2)$，$(4,\ 8)$，$(6,\ 0)$である。

2点A，Bを通る直線を①とする。

また，曲線②は関数 $y = ax^2$ のグラフで，2点A，Bは曲線②上にある。

このとき，次の問いに答えなさい。

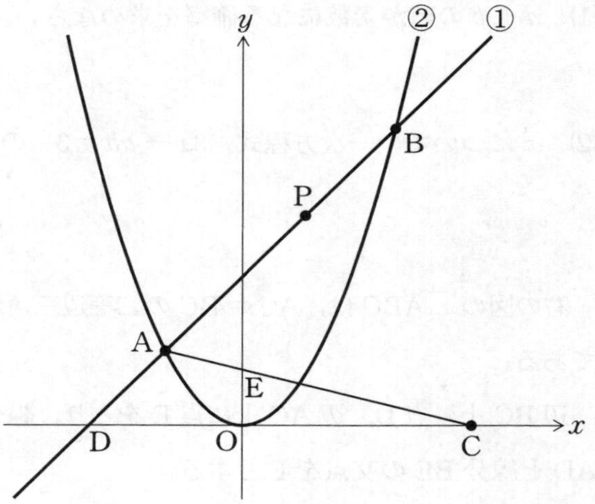

⑴ 直線①の式を求めなさい。

⑵ 放物線②で，x の値が2から4まで増加するときの変化の割合を求めなさい。

⑶ 直線①と x 軸との交点をD，線分ACと y 軸との交点をEとする。
線分AB上に，点Bとは異なる点Pをとり，点Pの x 座標を p とする。
このとき，次の①，②の問いに答えなさい。

① △PCBの面積を，p を用いた式で表しなさい。

② △PCBの面積と△PDEの面積が等しくなるとき，p の値を求めなさい。

3 0から3までの数字が1つずつ書かれた4枚のカードがある。

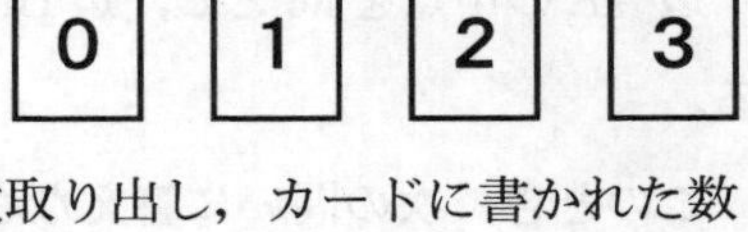

これら4枚のカードを箱に入れ，箱の中からカードを1枚取り出し，カードに書かれた数を a とする。

取り出したカードを箱に戻し，再び箱の中からカードを1枚取り出し，カードに書かれた数を b とする。

このとき，次の問いに答えなさい。

ただし，どのカードを取り出すことも同様に確からしいものとする。

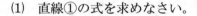

⑴　$a+b$ の値が素数になる確率を求めなさい。

⑵　x についての一次方程式　$3x-ab=3$　の解が整数になる確率を求めなさい。

4　右の図の △ABC は，AC = BC の二等辺三角形である。

辺 BC 上に点 D，辺 AC 上に点 E をとり，線分 AD と線分 BE の交点を F とする。

BD = AE，∠ACB = 44°，∠EFD = 110° のとき，次の問いに答えなさい。

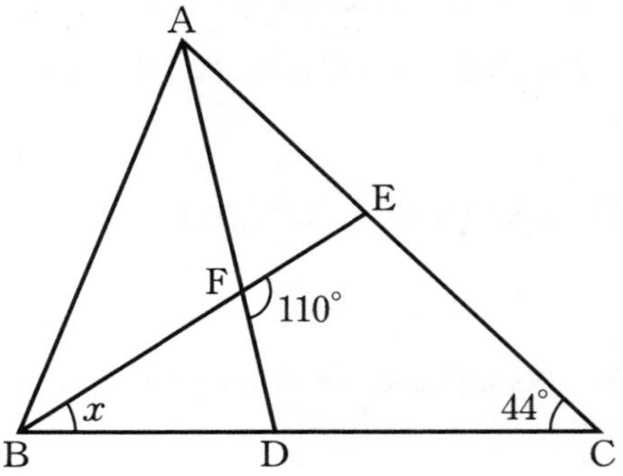

⑴　「□がそれぞれ等しいから，△ABD ≡ △BAE である。」

□にあてはまるものを，次のア～ウの中から１つ選び，その記号を書きなさい。

ア　３組の辺　　イ　２組の辺とその間の角　　ウ　１組の辺とその両端の角

⑵　∠EBC（図の ∠x）の大きさを求めなさい。

5　右の図の立体 ABCD − EFGH は，AB = BC = 6 cm，AE = 8 cm の直方体である。

辺 AE の中点を M とし，辺 BF 上に点 P をとる。

このとき，次の問いに答えなさい。

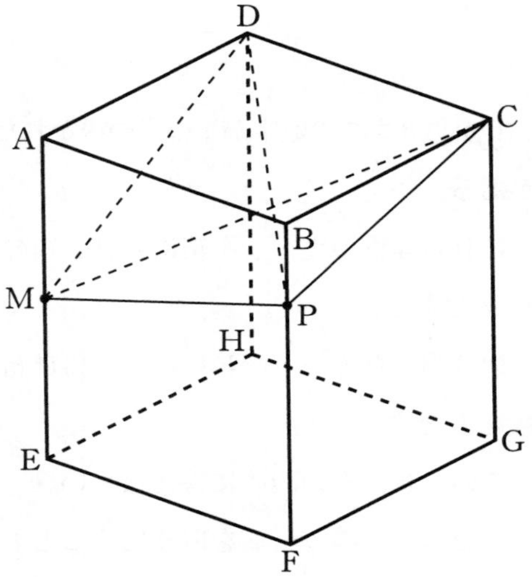

⑴　BP = 7 cm のとき，線分 DP の長さを求めなさい。

⑵　BP = 1 cm のとき，4 点 C，D，M，P を頂点とする立体の体積を求めなさい。

6 右の図で，点Oは線分ABを直径とする半円の中心である。

$\overset{\frown}{AB}$上に点C，$\overset{\frown}{AC}$上に点Dをとり，直線ADと直線BCの交点をEとする。

点Oと点C，点Oと点D，点Cと点Dをそれぞれ結ぶ。

$\overset{\frown}{BC}=\overset{\frown}{CD}$のとき，次の問いに答えなさい。

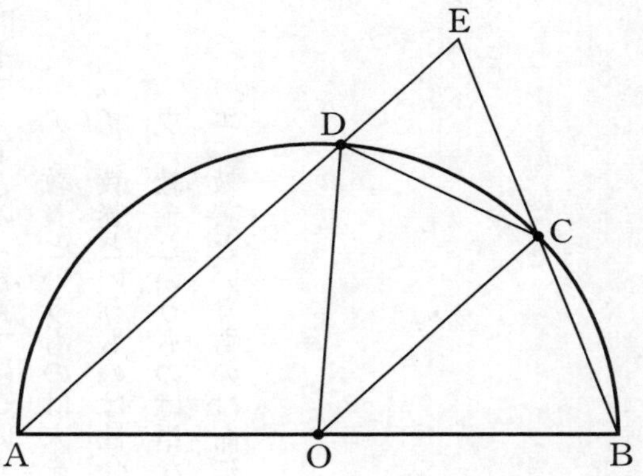

(1) △ABE ∽ △OBCであることを次のように証明するとき，$\boxed{\text{ア}}$，$\boxed{\text{イ}}$にあてはまる角をそれぞれ書きなさい。

〔証明〕 △ABEと△OBCにおいて，

円周角と中心角の関係より，　$\angle\boxed{\text{ア}}=\dfrac{1}{2}\angle DOB$ ……①

$\overset{\frown}{BC}=\overset{\frown}{CD}$より，　$\angle\boxed{\text{イ}}=\dfrac{1}{2}\angle DOB$ ……②

①，②より，　$\angle\boxed{\text{ア}}=\angle\boxed{\text{イ}}$ ……③

共通な角だから，　∠ABE＝∠OBC ……④

③，④より，2組の角がそれぞれ等しいから，

△ABE ∽ △OBC

(2) 点Dが$\overset{\frown}{AB}$を2等分し，OA＝2 cmのとき，次の①，②の問いに答えなさい。

① 線分DEの長さを求めなさい。

② △CDEの面積を求めなさい。

問八　傍線部⑥「避難所」とあるが、この熟語と組み立てが同じものを次の中から一つ選び、記号で答えなさい。

ア　悪循環　　イ　非常識　　ウ　衣食住　　エ　屋根裏

問九　傍線部⑧「理工系教育に加えるべき文系の知識」の具体例が書かれている部分を本文中から探し、十字で抜き出して答えなさい。

問十　傍線部⑨「飾りとしての教養」とあるが、その説明として最も適切なものを次の中から一つ選び、記号で答えなさい。

ア　命にかかわる危機に陥ったときでも他者を救うことのできるもの。
イ　他国の研究者の前で恥をかくことを避けるために身につけるもの。
ウ　よりよい人生の実現に必要となる生きるための底力と言えるもの。
エ　研究者として成功を収めるために必要とされる専門性の高いもの。

問十一　空欄 ⑩ にあてはまる最もふさわしい言葉を本文中から四字で抜き出して答えなさい。

問十二　筆者の「教養」についての考えを説明したものとして最も適切なものを次の中から一つ選び、記号で答えなさい。

ア　教養というものは人を美しく飾って才能のある人々との出会いを作り出すという、幸福に恵まれるようにするための力である。
イ　教養というものは社会に出て多くの人に出会ってから、自分の意見を述べる際に恥をかかないための必要最低限な能力である。
ウ　教養というものは単なる飾りではなく、困難に遭遇した際に自分を守る力であり、最善の選択肢を選択するための能力である。
エ　教養というものは命に関わる危機の中でも冷静に対処する精神力であり、不運や不幸に見舞われた際に我慢する忍耐力である。

※　所与……この場合は、最初から与えられているもの、の意味。
※　アリストテレス……ギリシアの哲学者。
※　造詣……その分野についての広く深い知識や理解。
※　旱魃……長い間、雨が降らず、農作物に被害が出ること。

問一　傍線部ア～オの漢字にはその読み仮名（ひらがな）を記し、カタカナは漢字に直しなさい。

問二　本文は、次の一文が省略されている。この一文が入る場所を、本文中の【ア】～【エ】から一つ選び、記号で答えなさい。

・選択でもない。

問三　傍線部①「与えられている」とあるが、これと同じ意味・用法の「られ」を次の中から一つ選び、記号で答えなさい。

ア　担任の先生が教室に入って来られた。　イ　合格するとは、とても考えられなかった。

ウ　性格が性格だから将来が案じられる。　エ　倒れたビルから人々が次々と助けられた。

問四　空欄［②］と［⑦］にあてはまる言葉の組み合わせとして最も適切なものを次の中から一つ選び、記号で答えなさい。

ア　②　しかし　⑦　なぜなら　イ　②　ただし　⑦　だから

ウ　②　たとえば　⑦　そのうえ　エ　②　ところで　⑦　または

問五　傍線部③「彩り」とあるが、この場合の「彩り」と似た意味で使われている言葉を本文中から三字で抜き出して答えなさい。

問六　傍線部④「そのような時代」が指すものを本文中から二十字以上二十五字以内で探し、初めの五字を抜き出して答えなさい。

問七　傍線部⑤「わたしがあえて『命綱』と訳した」とあるが、筆者は「命綱」をどのようなものと考えているか。本文中から十八字で探し、初めの五字を抜き出して答えなさい。

わたしが理工系大学で哲学を教えていたとき、理工系学生のもつべき教養の大切さを説く教授たちもたくさんいたが、その多くは、教養を科学技術者が身に備えるべき「飾り」と考えていた。日本の科学技術者は、海外の学会に出席すると、懇親会のような交流の場で日本文化について質問を受ける。ところが、理工系の研究に専念してきた科学技術者、研究者は、日本文化の価値や意味についての問いに答えることも、あるいは自ら進んで紹介することも、自分の意見を述べることもできない。とくに最近は、日本の文化について※造詣《ぞうけい》のある海外の研究者もフえているので、質問も相当深い関心のもとに発せられる。

［⑦］、「教養の大切さ」を感じた教授たちは、「学生には、教養を身につけさせなければならない。ただ、それは専門でとんがった能力をもつことが前提であるが」という。つまり研究者として成功するためには高度な専門性を、そして、恥をかかないためには教養を、という考えである。このような意味での教養とは、⑧理工系教育に加えるべき文系の知識である。科学技術の専門家であることに加えて、文化的教養人になることも大切だという思想である。

わたしは、教養の本質はもっと別のところにあると考えている。⑨「飾りとしての教養」に対して、わたしは、現代の若者が身につけるべき教養は、枝葉や花としての教養ではないと思っている。それは、「［⑩］」としての教養である。これは「命綱」に通じる思想である。

人間を一本の木にたとえるならば、その根っこにあたるのが教養である。一本の木が生長してゆくとき、その生長を支えるのが太い根である。根が丈夫でしっかりしていれば、木は大きく育つことができる。幹を太くし、枝を広げ、葉を茂らせ、花を咲かせ、実をつける。地上に伸びた木を地中で支えるのが根である。

木が生長しようとすると、ときには風が吹く。強風で枝が折れることもある。雷が落ちれば、幹までが割れてしまうかもしれない。日照りが続くときには、地中に深く伸びた根でなければ、水をスい上げることはできない。

木が倒れてしまわないのは、根を大地に深く、また広く伸ばしているからである。根がしっかり大地を踏みしめているからこそ、木は大きくなることができるし、嵐にも※旱魃《かんばつ》にも耐えることができる。

「教養は人間の根である」というのは、順風のなかにあるとき、その教養は、その人の幹と枝を育て、花を咲かせ、また、実をつけさせる。その人を美しく飾る。他方、人がさまざまな困難に遭遇するとき、その困難に打ち克《か》つ力となって、その人を守る。

教養ある人は、よりよい選択をすることによって身を守ることができ、よりよい人生を実現することができる。よい選択をするためには、わたしたちは、まず目の前に現れてくる選択肢を選択肢として認識できなければならない。これができなければ、わたしたちは大切な選択肢を見逃してしまう。選択肢を選択肢として認識できる能力、複数の選択肢のなかから、よりよい選択肢、さらには最善の選択肢を選択するための能力、言い換えれば、最善の選択を支えるのが教養である。

（桑子敏雄『何のための「教養」か』より）

二　次の文章を読んで後の問いに答えなさい。

わたしたちは、与えられた命のもとで、すなわち、所与※としての人生のうちにあって、選択する自由を①与えられている。所与と選択とが人間が存在するということの根本的なアジョウケンである。　②　、人生は、所与と選択だけによって成り立っているわけではない。人生には、所与でもなく、選択でもない広大な領域が広がっている。遭遇という領域である。【ア】

わたしたちは、人生のなかで、さまざまな人びとや出来事に出会う。遭遇する。この遭遇もまた「所与としての生きていること」と切っても切れない関係にある。所与をスタートとしてわたしたちの人生は進んでいくのであるが、そのなかでわたしたちはそれぞれにさまざまな人や出来事と出会うからである。しかし遭遇は所与ではない。【イ】

遭遇は選択ではないが、さまざまな遭遇は、他方でわたしたちにさまざまな選択肢を用意してくれる。人生の豊かさは、この所与と遭遇によって用意される選択のなかにある。いろいろな人と出会い、いろいろな出来事に出会う。人との遭遇、出来事との遭遇によってさらにさまざまな選択肢が現れてくる。そのなかの選択によって人生は変化してゆく。選択によって出会うさまざまな人や出来事や風景が人生の③彩《いろど》りとなる。【ウ】

ただ、遭遇もまた、時として、さまざまな困難な状況をもたらす。自然災害との遭遇もあり、危害を及ぼす人間との遭遇もある。そうした遭遇でイ迫られる選択に失敗すれば、その結果は不幸な結果になることもある。死に至ることもある。【エ】社会に秩序が存在し、平和を維持している時代にわたしたちが生まれたとすれば、そのような状況もわたしたちの「所与」ということができる。そのような時代であれば、人びとは心安らかに暮らすことができるようにみえる。

しかし、④そのような時代にも、人は時として困難な状況に遭遇する。戦争がなくても、人びとの間には対立や紛争があって、ときには暴力に至る。DV（ドメスティック・バイオレンス）といわれる家庭内暴力や「いじめ」もある。

命の危機に遭遇することは不幸なことであるが、幸運に恵まれるだけがよい人生ではない。むしろ、さまざまな困難を克服すること、そのような克服を実現するための賢い選択を行うことこそが人生を豊かにする。困難な状況にあってこそ、人間は賢い選択をすることができるからである。

命にかかわる危機のなかで何が人を救うことができるだろうか。アリストテレス※の「教養は幸運なときには飾りとなるが、不運のなかにあっては命綱となる」ということばである。⑤わたしがあえて「命綱」と訳したのは、ギリシア語の「カタフィゲー」ということばである。アリストテレスは、幸運なときの「コスモス（飾り）」と不運なときの「カタフィゲー」を対比させた。カタフィゲーは、文字通りには、⑥「避難所」である。「避難所」は、危機のときに身を守る場所であるが、いざというときに身を守る力になるという意味では、むしろ「命綱」と言った方がいいと思う。これは、ほかの人が守ってくれる力という意味ではない。自らの心のうちにあって、自分を守る力である。アリストテレスはそれが教養だというのである。教養は、自分自身のなかに形成された生きるための底力だからである。

問九　傍線部⑧「母さんも悪気があるわけじゃないんだ……」とあるが、父親は、母親がどんな気持ちから遥にきつい言い方をしたと考えているか。それを説明した次の文の［a］・［b］にあてはまる最も適切な言葉を本文中からそれぞれ六字で抜き出して答えなさい。

［a］に行かせ、［b］に就かせてやりたいという気持ち。

問十　傍線部⑨「思わず首を振った」とあるが、このときの遥の気持ちとして最も適切なものを次の中から一つ選び、記号で答えなさい。

ア　母親の言っていることが正しいと信じたい気持ち。　　イ　父親の言葉をまだ信じ切れないでいる気持ち。
ウ　父親と母親の関係が悪くなるのを心配する気持ち。　　エ　母親から仕返しをされることを恐れる気持ち。

問十一　傍線部⑩「予想」とあるが、この熟語と組み立てが同じものを次の中から一つ選び、記号で答えなさい。

ア　詳細　　イ　雷鳴　　ウ　臨海　　エ　暗示

問十二　傍線部⑪「あ然としてお父さんを見た」とあるが、遥が「あ然として」いる理由として最も適切なものを次の中から一つ選び、記号で答えなさい。

ア　生い立ちまで話して母親を擁護していたため、父親は母親と同じように努力して自分の夢を叶えることを望んでいると思ったのに、遥の将来に対して希望を持っていないと知ったから。
イ　夢を叶えるために一生懸命頑張ろうという意識を持って母親の言う通りに生きてきたが、父親はそのような意識を持っていなかったことを知り、心の距離ができたように感じたから。
ウ　母親から叱られ続けてきた中で、努力して自分の夢を叶えることができるようにならないといけないと思ってきたため、夢を持つ必要がないという発想が遥にはまったくなかったから。
エ　努力して夢を叶えてほしいと思っているにもかかわらず、父親自身は夢を持って大人になったわけでも、夢を叶えて今の仕事をしているわけでもなかったと知りあきれてしまったから。

問四　傍線部③「こういう時こんなふうに話す人」とあるが、これを具体的に説明した次の文の□にあてはまる最も適切な言葉を本文中から五字で抜き出して答えなさい。

人を諭したり、□する時に、冷静に淡々と話す人。

問五　傍線部④「お父さんは無口でいつも穏やかに笑みを浮かべている人、というイメージだった」とあるが、一方で遥にとって母親はどのようなイメージか。それが書かれている一文を本文中から探し、初めの五字を抜き出して答えなさい。

問六　傍線部⑤「お父さんのことを本当の意味では見ていなかった」とあるが、これは遥のどんな思いを表したものか。最も適切なものを次の中から一つ選び、記号で答えなさい。

ア　母親の存在が強すぎて、父親を父親として特別に意識することはなかったという思い。

イ　一人の人間としてばかり見ていて、父親という存在として見ていなかったという思い。

ウ　役割としての父親しか見ていなくて、個人としての父親を見ていなかったという思い。

エ　父親をただ無口で温和で優しい性格の持ち主の人間としか見ていなかったという思い。

問七　傍線部⑥「目頭」とあるが、上下の漢字の音読みと訓読みの組み合わせがこれと同じものを次の中から一つ選び、記号で答えなさい。

ア　家庭　　イ　花園　　ウ　味方　　エ　手本

問八　傍線部⑦「申し訳なさそうに」とあるが、父親が「申し訳なさそうに」している理由として最も適切なものを次の中から一つ選び、記号で答えなさい。

ア　仕事ばかりしていたために、家庭内での親としての責任を果たしていなかったから。

イ　家庭内のことを母親に押しつけて、自分はまったく知らぬ顔を決め込んでいたから。

ウ　勇気がなかったことで、母親の虐待から遥を守るための行動を起こさなかったから。

エ　男は外で仕事をして、女は家庭内のことをするという古い考え方を持っていたから。

もそのことを後悔してるから、自分の子どもには絶対に同じ思いはさせたくないって、お前たちがまだ小さかったころに言ってたよ」

「……そうだったんだ……」

わたしにとってお母さんは、悩みなんてひとつもなくて、いつも自信満々で完璧な人間だった。だから出来の悪いわたしが<u>ユル</u>(オ)せないんだろうと思っていた。

でも、違ったんだ。わたしが見ていたのは、お母さんの一面に過ぎなかった。

お母さんは〝お母さん〟という存在だと思っていたけれど、本当はいろんな過去があっていろんなことを考えているひとりの人間なんだ。

それは、お父さんも同じ。お父さんも〝お父さん〟じゃなくて、ひとりの人間。

そんな当たり前のことに、今初めて気がついた。

「だからお母さんは、遥たちには夢を持ってほしい、努力してその夢を叶えてほしいって思ってるんだ。でもな、遥。父さんは思うんだけど、将来の夢なんてそんなに大事なものじゃないよ」

えっ、と思わず声を上げた。⑩予想もしなかった言葉だった。

お父さんは微笑みながら続ける。

「夢なんて見つからなくてもいいんだよ。みんながみんな夢を持って大人になるわけじゃないし、夢を叶えてその仕事をしてるわけじゃない」

わたしは⑪<u>あ然としてお父さんを見た</u>。

（汐見夏衛『まだ見ぬ春も、君のとなりで笑っていたい』より）

問一　傍線部ア～オの漢字にはその読み仮名（ひらがな）を記し、カタカナは漢字に直しなさい。

問二　傍線部①「口数の多くない」とあるが、これと同じ意味・用法の「の」を次の中から一つ選び、記号で答えなさい。

ア　柿は熟れたのがおいしいと、母は言った。　　イ　霧の都ロンドンにいつかは行ってみたい。

ウ　私のことをどうしてわかってくれないの。　　エ　彼女の言っていることは論理的ではない。

問三　傍線部②「頭ごなし」の意味として最も適切なものを次の中から一つ選び、記号で答えなさい。

ア　相手が反論できないような理屈を用意しておくこと。　　イ　相手の言い分を聞かずに決めつけた態度をとること。

ウ　相手のことを軽く扱ってきちんと向き合わないこと。　　エ　相手がどんな考え方でいるのか勝手に判断すること。

なことも違って当然だよ。だから、一面だけ見て比較して、どうこう言うのはよくないよ」

お父さんの言葉を聞いているうちに、⑥目頭が（ウ）アツくなってきた。

あまり会話をしないお父さんが、それでもわたしを見てくれていて、そんな優しいことを言ってくれたのが嬉《うれ》しかった。

お母さんは、お父さんが話している間ずっと唇を噛みながら聞いていて、しばらくするといきなり踵《きびす》を返してリビングを飛び出していった。

その後ろ姿をしばらく見ていたお父さんが、今度はわたしに向き直る。

「ごめんな、遥。今までなにも言ってやれなくて。ずっと我慢していて苦しかっただろう」

お父さんの大きな手が、わたしの頭をゆっくりと撫《な》でた。小さいころを思い出して懐《なつ》かしくなる。

「父さんは仕事でいつも帰りが遅くて、家のことは母さんに任せっぱなしにしてしまっているから、母さんが言うことに父さんが文句をつけるのはいけないと思って、ずっと黙っていたんだ」

お父さんが⑦申し訳なさそうに言った。

「でも、さっきのはさすがに聞いていて耐えられなくなってな、思わず止めに入ってしまった。遥は、母さんからいつもあんなことを言われていたのか？　つらかっただろう、ごめんな」

お父さんの静かな声を聞いていると、ぽろりと涙がこぼれた。制服のシャツの袖でそれを（エ）拭う。

「⑧母さんも悪気があるわけじゃないんだ……。遥のためを思っているっていうのは本当だよ。ただ、言い方がよくないよな。父さんからも言っておくから」

その言葉に、わたしは⑨思わず首を振った。

「いい、大丈夫。それに、お母さんもお父さんからそんなこと言われたら傷つくだろうし……いいよ、わたしは平気だから」

わたしのことでお父さんとお母さんの空気が悪くなったりしたら嫌だ。そう思って答えたけれど、お父さんは「よくないものはよくないから」と微笑《ほほえ》んだ。

「ただな、母さんの言い方がきついのは申し訳なかったし、父さんからも言っておくけど、母さんの気持ちも少しだけわかっていてほしいんだ。母さんはね、学生のころ、家の事情で家事の手伝いばかりしていて、思うように勉強する時間がとれなかったんだって。それで受験に失敗してしまって、行きたい学校に行けなかったらしいんだ」

お母さんは母子家庭で育って家計が大変だったというのは知っていたけれど、勉強や受験のことは初めて聞いた話だったので、わたしは目を丸くして続きを待った。

「母さんは勉強が好きだったから、本当は上の学校に行きたかったけど、だめだったたって。そのせいで就きたい職業にも就けなくて、今で

二〇二〇年度 国士舘高等学校

【国語】（五〇分）〈満点：一〇〇点〉

一 次の文章を読んで後の問いに答えなさい。

広瀬《ひろせ》遥《はるか》は、二年の三学期に入っても、志望大学も希望の学部も、なりたい職業さえも決まっていなかった。ある日、進路面談でさんざん説教をされて帰ると、教師から聞かされていた母親は、夢や目標を持てないことを全否定する言葉を並べ立てて、遥を責めるのだった。

「母さん、玄関まで話が聞こえてきたけど……言いすぎだよ」
お父さんは通勤鞄《かばん》を床に置き、ネクタイをア緩めながら低く言った。
「つまらないとかくだらないとか貧困とか……そんなことを言われて遥がどう思うか、少し考えればわかるだろう」
お父さんがお母さんに反論をするのを初めて見た。①口数の多くないお父さんは、いつもお母さんの話を黙って聞いているのだ。驚きのあまり、わたしは瞬《まばた》きすら忘れてお父さんをイ凝視する。
お母さんは眉根を寄せて、くっと唇を噛んでから大きく息を吐いた。
「わたしは別になにも遥のこと言ってたわけじゃないわよ。一般論よ、一般論」
「それでも、遠回しに遥に対する批判になってるのは同じだろう」
「批判なんて！　自分の子どもにするわけないじゃない。ただちょっと叱ってただけよ」
「②頭ごなしに自分の意見を押しつけて相手の非をあげつらうことは、叱るとは言えないよ」
苛立《いらだ》ちをぶつけるようなお母さんの声に対して、お父さんの声は落ち着いていて冷静だった。
お父さんは③こういう時こんなふうに話す人なのか、と驚いた。とても静かな口調だけれど、淡々としているからこそ相手に反論をさせないような、独特の強さがあった。
④お父さんは無口でいつも穏やかに笑みを浮かべている人、というイメージだった。人をいさめたりする姿を見た記憶がない。
でも、もしかしたら会社で仕事をしているときは、部下の人をこういうふうに諭したりしているのかな、となんとなく思う。生まれた時から一緒に暮らしているのに、⑤お父さんのことを本当の意味では見ていなかったのかもしれない。
「それに、悠《ゆう》と比べるのは遥に失礼だよ。悠は真面目でしっかり目標を持ってがんばっていて偉いやつだ。遥は周りをよく見ていて気づかいができて、自分よりも他人を大事にできる本当に優しい子だよ。いくら兄妹っていったって、ふたりとも別々の人間なんだ。性格も得意

英語解答

A (1) イ　(2) エ　(3) イ　(4) ウ
(5) ア

B (6) イ　(7) ウ　(8) ア　(9) ウ
(10) エ

C (11) written　(12) have〔need〕
(13) living　(14) so
(15) well

D (16) ア　(17) ウ　(18) イ　(19) ウ
(20) エ

E (21) 二番目…ウ　四番目…イ
(22) 二番目…カ　四番目…ア
(23) 二番目…ア　四番目…カ
(24) 二番目…オ　四番目…イ
(25) 二番目…エ　四番目…オ

F (26) イ　(27) ウ　(28) ウ　(29) ア
(30) ウ　(31) イ　(32) artist
(33) イ

G (34) ウ　(35) ク　(36) イ　(37) ケ
(38) オ　(39) キ　(40) コ

A〔単語の発音〕

(1) ア．name[ei]　イ．math[æ]　ウ．lake[ei]　エ．station[ei]
(2) ア．soon[uː]　イ．room[uː]　ウ．school[uː]　エ．door[ɔː]
(3) ア．leave[iː]　イ．great[ei]　ウ．sea[iː]　エ．team[iː]
(4) ア．played[d]　イ．arrived[d]　ウ．helped[t]　エ．listened[d]
(5) ア．thing[θ]　イ．another[ð]　ウ．other[ð]　エ．those[ð]

B〔単語のアクセント〕

(6) ア．to-dáy　イ．ór-ange　ウ．a-gáin　エ．be-fóre
(7) ア．hós-pi-tal　イ．díf-fer-ent　ウ．a-máz-ing　エ．yés-ter-day
(8) ア．re-céive　イ．súm-mer　ウ．báse-ball　エ．dín-ner
(9) ア．de-lí-cious　イ．im-pór-tant　ウ．vol-un-téer　エ．pi-án-o
(10) ア．lán-guage　イ．bréak-fast　ウ．án-swer　エ．gui-tár

C〔書き換え―適語補充〕

(11)上の文の目的語が下の文では主語になっていることから，下の文は，上の文を受け身を使った文にしたものとわかる。受け身の疑問文は‘be動詞＋主語＋過去分詞＋by ～？’という形になるので，空所には write の過去分詞である written を入れればよい。　「彼はいつこの手紙を書いたのか」／「この手紙はいつ彼によって書かれたのか」

(12)上の文は must を使った疑問文なのに対し，下の文は Does ～？と一般動詞の文。must を have〔need〕to で書き換える。　「今夜，彼女はこの本を読み終えなければならないのか」

(13)「あれらの女の子たちは私たちの町に住んでいる。あなたは彼女たちを知っているか」を「あなたは私たちの町に住んでいるあれらの女の子たちを知っているか」と書き換える。「～している」という意味の語句が名詞を修飾するとき，‘名詞＋～ing …’で表せる(現在分詞の形容詞的用法)。

(14)‘too ～ to …’「あまりにも～なので…できない」は‘so ～ that ― can't …’「とても～なので―は…できない」で書き換えられる。　「昨夜はあまりにも眠くて宿題をすることができなかった」

(15)上の文は「ケンジは私よりサッカーが上手だ」という意味。下の文はＩ「私は」が主語になっているので「私はケンジほど上手にサッカーをすることができない」という意味の文にする。'not as ～ as …'「…ほど～でない」の形を使う。as と as の間には「上手に」の意の副詞 well を原級のまま入れる。

D〔適語(句)選択・語形変化〕

(16)「〈人〉の〈物事〉を手伝う」は'help＋人＋with＋物事'で表せる。　「宿題を手伝ってくれませんか」

(17)has studied とあるので現在完了の文。She has studied English「彼女は英語を勉強してきた」と she was little「彼女は小さかった」を結びつけるので，「～以来」を表す since を入れる。「彼女は小さい頃から英語を勉強してきた」

(18)前置詞の後の動詞は動名詞(～ing)にする。　be good at ～ing「～するのが得意だ」　「私は英語を話すのが得意だ」

(19)'人'を先行詞とする関係代名詞を入れる。直後が can play なので主格の who が適切。　「あなたはギターを弾ける学生を何人か知っていますか」

(20)「何を〔いつ，どこに，どのように〕～したらよいか」は'疑問詞＋to不定詞'で表せる。　「あなたの家をいつ訪問したらよいか教えてください」

E〔整序結合〕

(21)天気を尋ねる文の疑問詞は How。以下は未来の疑問文の'will＋主語＋動詞の原形…'の順で will the weather be とする。　How will the weather be tomorrow?

(22)「～に…してもらいたい」は'want ～ to …'で表せる。「世界中の人びと」は，people「人びと」を around the world「世界中で」が後ろから修飾する形で表し，people around the world とする。　I want people around the world to eat Japanese food.

(23)「いすの上で寝ている」が「ネコ」を修飾している。このように「～している」という意味の語句が名詞を修飾するとき，'名詞＋～ing …'で表せる(現在分詞の形容詞的用法)。　The cat sleeping on the chair is Tama.

(24)「何語」は What language と表し，これを主語にする(疑問詞が主語のときは肯定文と同じ語順で表せる)。「使われていますか」なので受け身形'be動詞＋過去分詞'で表す。　What language is used in Canada?

(25)「どの～よりも…」は'比較級＋than any other＋単数名詞'という形で表せる。この any は「どの」，other は「他の」の意。　He is taller than any other boy in our school.

F〔長文読解総合―物語〕

≪全訳≫**1**サオリは東京の高校生だ。彼女は父親，母親，そして１人のお兄さん〔弟さん〕と一緒に暮らしている。父親が東京で働かなければならなくなったので，彼女たちは先月名古屋から東京に引っ越した。サオリは名古屋に仲のよい友達がいた。彼女が学校で彼女たちに別れを告げたとき，彼女はとても悲しくなって泣いた。すると友人の１人であるクミがサオリに言った。「そんなに泣かないで。私たちは遠くに住むことになるけど永遠に親友よ。メールを送ったり，インターネットを使ってお互いの顔を見たりすることができるわ。それに，近いうちあなたに会いに東京に行くからね」　サオリは言った。

「ありがとう。あなたたちはみんな，私が困ったときいつも親切にしてくれて，たくさん助けてくれたわね。あなたたちがいつも一緒だったから，この街でとても楽しい時間を過ごしたわ。今，私は東京での生活が不安なの。知っている人がいないし，友達もいないから」　クミは「そこで新しい友達がすぐにできるわ。あなたの新しい生活を楽しんでね！」と彼女に言い，他の友人たちもサオリを励ました。❷しかし，東京でサオリはクラスメートとあまり話せず，新しい友達をつくれなかった。ある日，彼女は家に帰ってからそのことを母親に話した。サオリは「新しい友達をつくる方法がわからないの」と言った。すると彼女の母親は，30年前の経験についてサオリに話し始めた。❸1989年，サオリの母親であるヨウコは高校生だった。彼女は外国に興味を持っていた。２年生のとき，交換留学生としてニューヨークに行った。彼女はそこに８か月間滞在した。彼女は高校に通い，一生懸命に勉強した。最初の月，彼女は英語をうまく話すことができず，クラスメートとうまくコミュニケーションが取れなかったため，学校生活を楽しんでいなかった。❹ある日，ヨウコは教師の１人であるブラウン先生のところに行き，彼女と自分の学校生活について話した。ブラウン先生は「ヨウコ，私はあなたが学校生活で困っていることを知っているわ。最初は，外国から来たほとんどの学生が問題を抱えるものよ。だから私はいつも彼らに『ここの生活を楽しんでね』と言うの。その意味がわかる？」　ヨウコは「はい」と言った。それからブラウン先生は「あなたは何をするのが好き？」と言った。ヨウコは「絵を描くのが好きです。芸術家になることが私の夢なんです。日本でもたくさん絵を描き，ここでも絵を描いています」と答えた。ブラウン先生は言った。「そう。それはいいことね，ヨウコ。いい考えがあるわ。明日の授業でクラスメートにあなたの絵を見せたり，日本について話したりしてみてはどうかしら？　クラスメートはきっとあなたとあなたの絵に興味を持つと思うわ」　ヨウコは「はい，やってみます」と言った。❺翌日，ヨウコは絵を何枚か学校に持っていった。ブラウン先生の授業で，ヨウコはクラスメートに絵を見せ，自分や日本のことを話した。スピーチの後，クラスメートの何人かが彼女のところにやってきて，彼女についての多くのことを質問した。彼女は英語をうまく話すことができなかったが，質問に答えようと懸命に努力した。クラスメートも懸命に彼女の話を聞いた。その後，ヨウコはその何人かと友達になった。彼女はとてもうれしかった。❻授業の後，ブラウン先生はヨウコに言った。「とてもよかったわ，ヨウコ。あなたのスピーチ，とても楽しかったよ。友達ができてよかったね。ところで，ジャック・ホワイトって知っている？　彼，芸術家なんだけど」　ヨウコは言った。「はい，私は彼の絵が大好きです」　ブラウン先生は言った。「それはよかった。ええとね，今週末，市立美術館で彼の絵を見て楽しむことができるの。私は今週の日曜日に見に行くの。あなたも一緒に行く？」　ヨウコは「はい，ぜひ行きたいです」と言った。❼その日曜日，ヨウコはブラウン先生と一緒に市立美術館を訪れた。ジャック・ホワイトの美しい絵がたくさんあり，ヨウコはそれらをとても気に入った。彼女がそれらの１つを見ていると，男性が彼女に話しかけてきた。彼は「どの絵が一番好きですか？」と彼女にきいた。ヨウコは「そうですね，この，自由の女神の絵が一番好きです。すばらしいです」と言った。彼女はしばらく男性と話した。その後，ブラウン先生が彼らに近づいてきて，ヨウコに「彼が誰だかわかる？　彼は私の友達の１人，ジャック・ホワイトよ」と言った。ヨウコはとても驚いた。彼女は「ああ，あなたがこの絵を描いた人なんですか！」と言った。彼は「そうです。私の絵を気に入ってくれてうれしく思います。ブラウンさんから聞きましたが，あなたは絵を描くことが好きだそうですね。将来は芸術家になりたいのですか？　すばらしいことだと思います。では，あなたのお気に入りの絵を差し上げましょう。だから一生懸命に勉強して，たくさん絵を描いて，ここでの生活を楽しんでください」❽サオリの母親が彼女に言った。「新しい環境にいると，最初は苦労するものよ。でもそれは長くは続かないと思うから，その環境の中での生活を楽しんでみることね。きっとできるわ」❾サオリは母親の話を聞いた後，名古屋のクミの言葉を思い出した。サオリは「クミも同じようなことを言ったわ。今では，みんなが自分の環境で自分の生活を楽しむことが大切だということが理解できる」と思った。それから彼女は母親に「明日から，生活を楽しむために何かをすることができそう。ありがとう，お母さん！」と言った。

(26)＜**文脈把握**＞直前の when she said goodbye to them at her school, she was very sad が，サオリが泣いた理由になっている。

(27)＜**文脈把握**＞この後にある because 以下が，サオリが不安に思った理由である。because「なぜなら」は‘理由’を表す接続詞。

(28)＜**指示語**＞「東京ではクラスメートとあまり話をせず，新しい友達をつくれなかった」→「そのことについて母親に話した」という流れなので，この that が受けているのは，前の文の内容である。このように，that は前に出ている文の内容を受けることもできる。

(29)＜**指示語**＞ブラウン先生の言葉。ブラウン先生は，ヨウコが留学していたニューヨークの高校の先生である。

(30)＜**文脈把握**＞直前の Yoko became friends with some of them. が，ヨウコがうれしかった理由になっている。　become〔make〕friends with ～「～と友達になる」

(31)＜**文脈把握**＞ヨウコが見知らぬ男性としばらく話しているときに，ブラウン先生からその男性がジャック・ホワイトであることを告げられたのでヨウコは驚いたのである。

(32)＜**適語補充**＞第４段落第９文参照。ヨウコの夢は artist になることである。ジャック・ホワイトは，友人のブラウン先生からヨウコについて伝え聞いていたのである。直前の冠詞が an になっていることも手がかりになる。

(33)＜**要旨把握**＞第７段落前半参照。ジャック・ホワイトの絵を鑑賞していたヨウコは「どの絵が一番好きですか？」ときかれて，「自由の女神の絵が一番好き」と答えている。よって，ジャック・ホワイトは，イ.「自由の女神を描いた男性」である。

G〔**長文読解―適語句選択―エッセー**〕

≪**全訳**≫❶あなたは歩くのが好きだろうか。私は歩くのが大好きだ。毎日歩いている。朝，出勤時に隣の駅まで歩いていく。夕方はその駅から歩いて帰ってくる。週末は川に行き，川沿いを数時間歩く。実は，以前は歩いていなかった。なぜ，今これほど歩くのか。そのことについてお話しよう。❷現代の人びとは，自転車や車，バス，電車で簡単に移動できるので，昔の人がそうしていたようにそれほど歩く必要はない。それでも子どものときは，たくさん歩く。日本では多くの小学生が歩いて登校する。放課後は遊び場や友人の家まで歩いていく。中学生になると自転車に乗り始める。自転車に乗って，友人の家や塾，コンビニエンスストアに行くのだ。高校生になると電車に乗り始める。彼らが大人になって職につくと，忙しくなり，歩く時間がなくなる。私もそんな１人だった。単に歩く時間がなかったのだ。❸２年前のある日，会社の同僚の１人が私に「何か運動をしているの？」と尋ねてきた。そのとき私は「最後に運動したのはいつだったっけ？」と思った。仕事で忙しかったので，運動する時間があまりなかったのだ。それから同僚は私に言った。「歩いてみたらどう？　歩くことは君にできる最も簡単な運動だよ。なぜなら，歩くことを始めるとき，必要なものは何もなく，どこでも，いつでも，どんなペースでも歩くことができるからね。休憩したいときは立ち止まることだってできる。早朝または夜遅くにも歩くことができる。だから，歩くのはほとんど全ての人が簡単にできる最高の運動なんだよ」　私は彼の言うことはもっともだと思ったので，歩くことを始めることにした。❹翌日は土曜日だったので，外に出て公園まで歩いた。公園は私の家からそれほど遠くないので，そこまで歩いていくのは簡単だと思った。私は間違っていた。1時間歩いた後，とても疲れて気分が悪くなってしまった。その日は公園までたどり着けなかった。❺次の月曜日，私は土曜日の出来事を同僚に話した。彼は私に「長い間，運動をしていなかったんだよね？　10分間歩くことから始めるべきだったね。毎日それを行えば，すぐにもっと長い時間歩けるようになるよ」と言った。私は彼のアドバイスに従い，毎日10分間歩いた。数週間後，「もっと歩きたい」と思い始めた。歩くのが楽しくなってきた。歩きながら，花々や木々や空を眺めることを楽しんだ。鳥のさえずりを聴くのも楽しかった。❻私は毎日朝と夜に歩いた。毎日同じ時間に歩いていたので，何人かの人に何度も会い，お互いに挨拶をするようになった。ときどき私たちは話をし，しばらくして，私はそのうちの何人かと友達になった。今は，歩くのは友達づくりにもいいと思っている。❼数か月後，私は何時間も歩くことができるようになった。私の中でいくつかのことが変わった。体重が減った。毎回食事を楽しんでいる。毎日よく眠れる。毎日とても気持ちがいい。知り合いに会うと，みんな私を見てびっくりして，「何があったの？」と言う。❽今，祖父のことをたびたび思い出す。彼は数年前に90歳で亡くなった。彼も歩いていた。毎日数時間，川沿いを歩き，20年間それを続けたのだ。今，毎日歩くことが彼の体や心を元気に保っていたのだと思っているが，彼は私に「健康を保つために歩いているわけじゃない。楽しいから歩いているんだよ」とよく言っていた。そのとき，私は彼の言うことが理解できなかったが，今では理解できる。私たちの生活には多くの種類の運動がある。歩くのもよし，別の運動を選ぶのもよし。最も楽しめる運動を選ぶのが一番大事なのだと思う。私にとって，歩くことがそれなのだ。

(34)直前に Actually「実は」とあるので，「(今とは違い)以前は歩いていなかった」とする。　(35)直前に「私もそんな1人だった」とある。「そんな1人」とは「歩く時間のない1人」ということ。　(36)この前で，筆者の同僚が歩くことの手軽さ，取りかかりやすさについて説明している。つまり，歩くことはほとんど全ての人が「簡単にできる」運動ということである。　(37)次の文に I also enjoyed ～「～も楽しんだ」と続いていることから，何かを楽しんだという内容が入ると判断できる。　(38)次の文で「歩くのは友達づくりにもいい」と言っていることから。毎日同じ時間に歩くことで，よく会う人たちと友達になっていったと考えられる。　(39)歩くことを数か月にわたって続けた結果，筆者には体重が減るなどのいくつかの変化が起きた。そんな筆者を見た友人たちが驚きながらかける言葉を考える。　(40)この後，「最も楽しめる運動を選ぶことが一番大事」と述べているので，歩く以外の別の運動を選ぶこともできるという内容になるコが適切。

数学解答

1 (1) ① -3 ② $2x-15y$
③ $-\sqrt{6}$
(2) $x=1$，$y=-3$
(3) $x=\frac{1}{2}$，1 (4) 34kg

2 (1) $y=x+4$ (2) 3
(3) ① $20-5p$ ② $\frac{12}{5}$

3 (1) $\frac{9}{16}$ (2) $\frac{3}{4}$

4 (1) イ (2) 33°

5 (1) 11cm (2) 18cm^3

6 (1) ア…EAB イ…COB
(2) ① $4-2\sqrt{2}$cm
② $2\sqrt{2}-2$cm^2

1 〔独立小問集合題〕

(1)<数，式，平方根の計算>①与式$=15-6\times3=15-18=-3$ ②与式$=7x-\frac{5}{2}y-5x-\frac{25}{2}y=2x-\frac{30}{2}y=2x-15y$ ③与式$=\sqrt{3\times8}-\frac{9\sqrt{2}\times\sqrt{3}}{\sqrt{3}\times\sqrt{3}}=\sqrt{2^2\times6}-\frac{9\sqrt{6}}{3}=2\sqrt{6}-3\sqrt{6}=-\sqrt{6}$

(2)<連立方程式>$x+y=-2$……①，$5(x+y)-3y=-1$……②とする。②より，$5x+5y-3y=-1$，$5x+2y=-1$……②′ ①×2−②′より，$2x-5x=-4-(-1)$，$-3x=-3$ ∴$x=1$ これを①に代入して，$1+y=-2$ ∴$y=-3$

(3)<二次方程式>解の公式より，$x=\frac{-(-3)\pm\sqrt{(-3)^2-4\times2\times1}}{2\times2}=\frac{3\pm\sqrt{1}}{4}=\frac{3\pm1}{4}$となるので，$\frac{3-1}{4}=\frac{2}{4}=\frac{1}{2}$，$\frac{3+1}{4}=\frac{4}{4}=1$より，$x=\frac{1}{2}$，1である。

(4)<資料の活用―階級値>生徒が50人なので，中央値は，資料の小さい方から25番目と26番目の値の平均である。各階級の度数は，階級の小さい方から，$50\times0.06=3$(人)，$50\times0.10=5$(人)，$50\times0.32=16$(人)，$50\times0.26=13$(人)，$50\times0.12=6$(人)，$50\times0.08=4$(人)，$50\times0.06=3$(人)だから，32kg未満が$3+5+16=24$(人)，36kg未満が$24+13=37$(人)となり，25番目と26番目は，ともに32kg以上36kg未満の階級に含まれる。よって，中央値が含まれる階級は32kg以上36kg未満の階級なので，求める階級値は，$\frac{32+36}{2}=34$(kg)である。

2 〔関数―関数 $y=ax^2$ と直線〕

(1)<直線の式>直線①は，2点A$(-2,\ 2)$，B$(4,\ 8)$を通るから，傾きは$\frac{8-2}{4-(-2)}=\frac{6}{6}=1$となる。これより，直線①の式は，$y=x+b$とおける。この直線はB$(4,\ 8)$を通るので，$8=4+b$，$b=4$となり，直線①の式は，$y=x+4$である。

(2)<変化の割合>B$(4,\ 8)$は放物線$y=ax^2$上の点なので，$8=a\times4^2$より，$a=\frac{1}{2}$となり，放物線②の式は$y=\frac{1}{2}x^2$となる。この関数において，$x=2$のとき$y=\frac{1}{2}\times2^2=2$，$x=4$のとき$y=8$だから，xの値が2から4まで増加するときの変化の割合は，$\frac{8-2}{4-2}=3$である。

(3)<面積―pの値>①右図で，直線ABとy軸との交点をFとする。点Dは，直線$y=x+4$とx軸との交点なので，y座標は0であり，$0=x+4$，$x=-4$より，D$(-4,\ 0)$となる。C$(6,\ 0)$なので，CD$=6-(-4)=10$である。点Pは直線$y=x+4$上の点で，x座標がpなので，$y=p+4$となり，P$(p,\ p+4)$となる。また，B$(4,\ 8)$だから，△BCD，△PCDは，底辺を

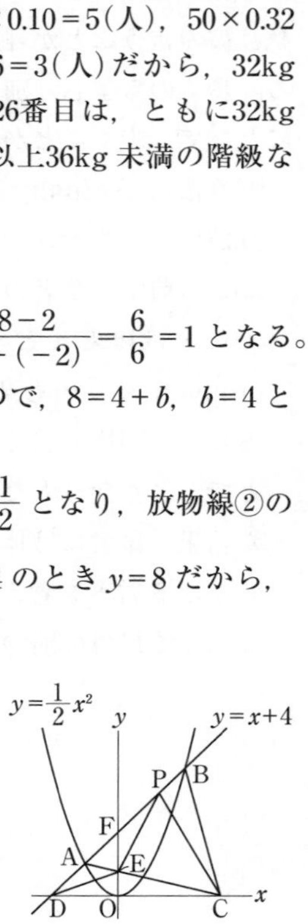

CDと見ると，高さはそれぞれ8，$p+4$であり，$\triangle PCB=\triangle BCD-\triangle PCD=\frac{1}{2}\times10\times8-\frac{1}{2}\times10\times(p+4)=40-5p-20=20-5p$である。　②前ページの図で，直線$y=x+4$の切片より，F(0，4)となる。A(－2，2)，C(6，0)より，直線ACの傾きは$\frac{0-2}{6-(-2)}=-\frac{1}{4}$だから，その式を$y=-\frac{1}{4}x+c$とおくと，C(6，0)を通るので，$0=-\frac{1}{4}\times6+c$，$c=\frac{3}{2}$となり，直線ACの式は$y=-\frac{1}{4}x+\frac{3}{2}$となる。点Eは直線ACと$y$軸との交点なので，$E\left(0,\ \frac{3}{2}\right)$となり，$EF=4-\frac{3}{2}=\frac{5}{2}$である。△PEF，△DEFの底辺をEFと見ると，2点P，Dのx座標より，△PEFの高さはp，△DEFの高さは4となる。よって，$\triangle PDE=\triangle PEF+\triangle DEF=\frac{1}{2}\times\frac{5}{2}\times p+\frac{1}{2}\times\frac{5}{2}\times4=\frac{5}{4}p+5$となる。△PCB＝△PDEのとき，$20-5p=\frac{5}{4}p+5$が成り立つので，これを解くと，$80-20p=5p+20$，$-25p=-60$より，$p=\frac{12}{5}$となる。

3 〔確率—カード〕

⑴<確率>1回目，2回目とも4枚のカードの中から1枚のカードを取り出すので，カードを2回取り出すときの取り出し方は全部で$4\times4=16$(通り)あり，a，bの組は16通りある。$a+b$は最大で$3+3=6$だから，$a+b$の値が素数となるのは，$a+b=2$，3，5のときである。このようになるa，bの組は$(a,\ b)=(0,\ 2)$，(0，3)，(1，1)，(1，2)，(2，0)，(2，1)，(2，3)，(3，0)，(3，2)の9通りある。よって，求める確率は$\frac{9}{16}$である。

⑵<確率>一次方程式$3x-ab=3$を解くと，$3x=3+ab$，$x=1+\frac{ab}{3}$となるので，解が整数になるのは，abが0か3の倍数のときである。abは最大で$3\times3=9$だから，$ab=0$，3，6，9である。$ab=0$となるのは$(a,\ b)=(0,\ 0)$，(0，1)，(0，2)，(0，3)，(1，0)，(2，0)，(3，0)の7通り，$ab=3$となるのは，$(a,\ b)=(1,\ 3)$，(3，1)の2通り，$ab=6$となるのは，$(a,\ b)=(2,\ 3)$，(3，2)の2通り，$ab=9$となるのは，$(a,\ b)=(3,\ 3)$の1通りあるので，一次方程式$3x-ab=3$の解が整数になる場合は，$7+2+2+1=12$(通り)ある。よって，求める確率は$\frac{12}{16}=\frac{3}{4}$である。

4 〔平面図形—三角形〕

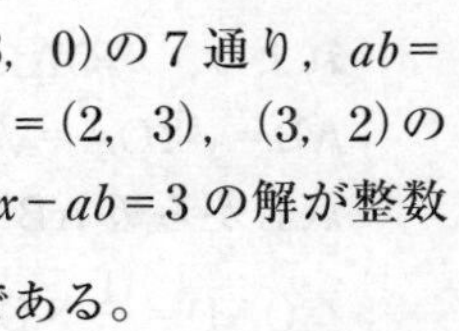

⑴<合同条件>右図で，仮定より，BD＝AEであり，共通な辺より，AB＝BAである。また，△ABCはAC＝BCの二等辺三角形だから，∠ABD＝∠BAEである。よって，2組の辺とその間の角がそれぞれ等しいから，△ABD≡△BAEとなる。

⑵<角度>右図で，⑴より，△ABD≡△BAEだから，∠ADB＝∠BEAである。よって，∠FDC＝180°－∠ADB，∠CEF＝180°－∠BEAより，∠FDC＝∠CEFとなる。また，四角形CDFEの内角の和は360°だから，44°＋110°＋∠FDC＋∠CEF＝360°，∠FDC＋∠CEF＝206°である。したがって，$\angle FDC=\angle CEF=\frac{1}{2}\times206^\circ=103^\circ$となる。△BCEで内角の和は180°なので，$\angle x=180^\circ-(\angle ECB+\angle CEF)=180^\circ-(44^\circ+103^\circ)=33^\circ$となる。

5 〔空間図形—直方体〕

⑴<長さ—三平方の定理>次ページの図で，△ABDは，AB＝AD＝6，∠BAD＝90°の直角二等辺三角形なので，$AB:BD=1:\sqrt{2}$より，$BD=\sqrt{2}AB=\sqrt{2}\times6=6\sqrt{2}$である。△BDPにおいて，∠DBP

$=90^\circ$ なので，BP=7のとき，三平方の定理より，DP $=\sqrt{BD^2+BP^2}=\sqrt{(6\sqrt{2})^2+7^2}=\sqrt{121}=11$(cm)となる。

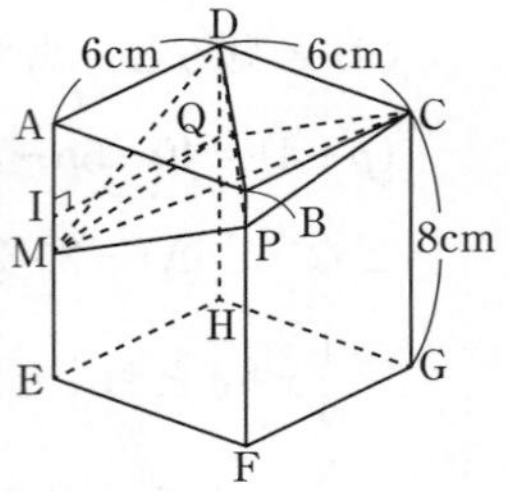

(2)＜**体積**＞右図で，3点C，P，Mを通る平面と辺DHの交点をQとすると，四角形CPMQは平行四辺形となる。よって，△CPM≡△MQCとなるから，三角錐D-CPM，D-MQCは，△CPM，△MQCを底辺と見ると，底面積と高さが等しくなり，〔三角錐D-CPM〕=〔三角錐D-MQC〕である。三角錐D-MQCは，底面を△DMQと見ると高さがCDの三角錐と見ることもできる。点Qから辺AEに垂線QIを引くと，△QIM≡△CBPとなるから，IM=BP=1となる。AM $=\frac{1}{2}$AE $=\frac{1}{2}\times8=4$ だから，DQ=AI=AM−IM=4−1=3となる。したがって，△DMQ $=\frac{1}{2}\times$ DQ × AD $=\frac{1}{2}\times3\times6=9$ となるから，〔三角錐D-CPM〕=〔三角錐D-MQC〕$=\frac{1}{3}\times$ △DMQ × CD $=\frac{1}{3}\times9\times6=18$ となり，4点C，D，M，Pを頂点とする立体の体積は18cm^{3}である。

6 〔平面図形—円〕

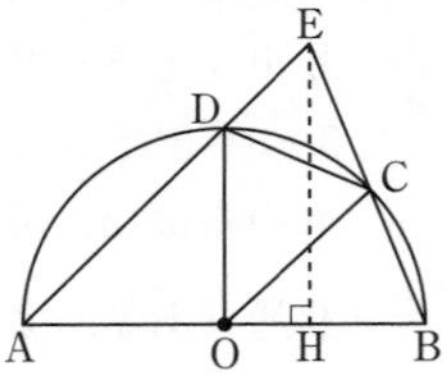

(1)＜**論証**＞右図で，$\overset{\frown}{BD}$に対する円周角と中心角の関係より，①は，∠EAB $=\frac{1}{2}$∠DOBである。$\overset{\frown}{BC}=\overset{\frown}{CD}$より，∠COB=∠DOCとなり，②は，∠COB $=\frac{1}{2}$∠DOBである。①，②より，③は，∠EAB=∠COBとなる。

(2)＜**長さ，面積—特別な直角三角形**＞①右図で，(1)より，△ABE∽△OBCだから，AE：OC=AB：OB=2：1であり，OC=OA=2だから，AE=2OC=2×2=4となる。また，点Dが$\overset{\frown}{AB}$を2等分するので，$\overset{\frown}{AD}=\frac{1}{2}\overset{\frown}{AB}$より，∠AOD $=\frac{1}{2}$∠AOB $=\frac{1}{2}\times180^\circ=90^\circ$ となる。これより，△OADは，OA=OD，∠AOD $=90^\circ$ の直角二等辺三角形だから，OA：AD $=1:\sqrt{2}$ より，AD $=\sqrt{2}$OA $=\sqrt{2}\times2=2\sqrt{2}$ である。よって，DE=AE−AD $=4-2\sqrt{2}$(cm)となる。　②上図で，点Eから辺ABに垂線EHを引く。①より，△OADは直角二等辺三角形だから，OD=OA=2より，△OAD $=\frac{1}{2}\times$ OA × OD $=\frac{1}{2}\times2\times2=2$ となる。また，∠OAD $=45^\circ$ より，△AEHも直角二等辺三角形だから，EH：AE $=1:\sqrt{2}$ であり，EH $=\frac{1}{\sqrt{2}}$AE $=\frac{1}{\sqrt{2}}\times4=2\sqrt{2}$ である。よって，AB=2OA=2×2=4より，△ABE $=\frac{1}{2}\times$ AB × EH $=\frac{1}{2}\times4\times2\sqrt{2}=4\sqrt{2}$ となる。(1)より，△ABE∽△OBCであり，相似比は2：1だから，△ABE：△OBC $=2^2:1^2=4:1$ より，△OBC $=\frac{1}{4}$△ABE $=\frac{1}{4}\times4\sqrt{2}=\sqrt{2}$ となる。OB=OC=OD，∠COB=∠CODより，△OBC≡△ODCだから，△ODC=△OBC $=\sqrt{2}$ である。したがって，△CDE=△ABE−(△OAD+△OBC+△ODC) $=4\sqrt{2}-(2+\sqrt{2}+\sqrt{2})=2\sqrt{2}-2$(cm^2)となる。

国語解答

一 問一　ア　ゆる　イ　ぎょうし　ウ　熱
エ　ぬぐ　オ　許
問二　エ　問三　イ
問四　いさめたり　問五　わたしにと
問六　ウ　問七　イ　問八　ア
問九　a　行きたい学校
b　就きたい職業
問十　ウ　問十一　エ　問十二　ウ

二 問一　ア　条件　イ　せま　ウ　増
エ　しげ　オ　吸
問二　イ　問三　エ　問四　イ
問五　豊かさ　問六　社会に秩序
問七　自らの心の　問八　エ
問九　日本文化の価値や意味
問十　イ　問十一　人間の根
問十二　ウ

一〔小説の読解〕出典；汐見夏衛『まだ見ぬ春も，君のとなりで笑っていたい』。

問一＜漢字＞ア．音読みは「緩和」などの「カン」。　イ．「凝視」は，目を凝らしてじっと見つめること。　ウ．音読みは「熱病」などの「ネツ」。　エ．他の訓読みは「ふ(く)」。音読みは「払拭」などの「ショク」。　オ．音読みは「許可」などの「キョ」。

問二＜品詞＞「口数の多くない」と「彼女の言っている」の「の」は，主語を示すはたらきを持つ格助詞。「熟れたのが」の「の」は，体言代用のはたらきを持つ格助詞。「霧の都」の「の」は，連体修飾のはたらきを持つ格助詞。「わかってくれないの」の「の」は，終助詞。

問三＜語句＞「頭ごなし」は，相手の言うことも聞かずに最初から一方的に決めつけた態度をとること。

問四＜指示語＞遥が，「とても静かな口調だけれど，淡々としているからこそ相手に反論をさせないような，独特の強さ」があるお父さんの口調に接して驚いたのは，それまで「人をいさめたりする」ようなお父さんの姿を，見たことがなかったからである。そして，遥は，会社で仕事をしているときのお父さんは，このような口調で部下の人を「諭したりしている」のかもしれないと，想像したのである。

問五＜文章内容＞「無口でいつも穏やかに笑みを浮かべている人」というイメージのあるお父さんに対し，「わたしにとってお母さんは，悩みなんてひとつもなくて，いつも自信満々で完璧な人間」というイメージだったので，遥は，「出来の悪いわたし」のことをお母さんは許せないのだと思っていたのである。

問六＜心情＞遥は，「お父さんがお母さんに反論するのを初めて」見たので，「瞬きすら忘れて」しまうくらいに驚いた。そして，お父さんの「冷静」で「独特の強さ」のある口調を聞き，会社でのお父さんの姿を想像した。遥は，家庭内で見せるお父さんの姿しか見たことがなかったので，人間としてのお父さんの全体像は見ていなかったかもしれない，と思い至ったのである。

問七＜漢字の知識＞「目頭」は「めがしら」と読むので，どちらも訓読みの熟語。「花園」は「はなぞの」と読むので，どちらも訓読みの熟語。「家庭」は「かてい」と読むので，どちらも音読みの熟語。「味方」は「みかた」と読むので，音読み＋訓読みの熟語。「手本」は「てほん」と読むので，訓読み＋音読みの熟語。

問八＜文章内容＞お父さんは，「仕事でいつも帰りが遅く」て，子どものことなど，「家のことは母さんに任せっぱなしにしてしまって」いたと反省している。お父さんは，自分が父親としての役割を十分に果たしておらず，遥にずっと我慢させていたことを，謝っているのである。

問九＜文章内容＞お父さんは，お母さんが「家の事情で家事の手伝いばかりしていて，思うように勉強する時間がとれなかった」ために，「行きたい学校に行けなかった」と語った。そして，お母さんは，上の学校にも行けずに，「就きたい職業にも就け」なかったので，自分の子どもには，希望する学校に行き，就きたい職業に就いてもらいたいと思っている，ともお父さんは語った。

問十＜心情＞お父さんは，遥のことを思って，お母さんの「言い方がよくない」と言い，さらに「父さんからも言っておくから」とまで言ってくれたが，遥は，お母さんが「傷つくだろう」し，自分のことで「お父さんとお母さんの空気が悪くなったりしたら嫌だ」と思ったので，お父さんにこれ以上のことは言ってもらわなくてもいいという意味で，首を振ったのである。

問十一＜熟語の構成＞「予想」と「暗示」は，上の漢字が下の漢字を修飾している関係の熟語。「詳細」は，同じような意味を持つ漢字で構成されている熟語。「雷鳴」は，上の漢字と下の漢字が主語と述語の関係の熟語。「臨海」は，上の漢字が動作を表し，下の漢字が補語や目的語となっている関係の熟語。

問十二＜文章内容＞遥は，夢や目標を持てないことを全否定する言葉を並べられてお母さんに責められたが，お父さんの話から，努力して自分の夢をかなえてほしいというお母さんの願いを知り，「ひとりの人間」としてお母さんを見られるようになった。しかし，お父さんが「将来の夢なんてそんなに大事なものじゃないよ」と，お母さんとは対照的な予想外のことを言ったので，遥は驚いたのである。

二〔**論説文の読解―哲学的分野―哲学**〕出典；桑子敏雄『何のための「教養」か』。

≪本文の概要≫私たちは，所与としての人生のうちで選択する自由を与えられているが，人生には，所与と選択以外にも，遭遇という領域が広がっている。さまざまな遭遇は，私たちに豊かさだけではなく，困難な状況ももたらす。ただし，幸運に恵まれることだけがよい人生というわけではなく，さまざまな困難を克服するために賢い選択を行うことこそが人生を豊かにするともいえる。アリストテレスは，幸運なときの教養は飾りとなり，不運なときの教養は命綱となると言った。理工系の研究者の中には，高度な専門性を身につけることを前提としたうえで，恥をかかないために文系の知識も「飾りとしての教養」として身につけるべきだと考えている人もいる。しかし，教養は，人間を木でたとえれば，地中で支える根になるものといえ，その本質は，「飾り」にはない。教養は，順風のときは，その人を美しく飾るものとなり，困難に遭遇するときは，その困難に打ち勝つ力となってその人を守るようなものである。人間の根ともいえる教養は，その人の最善の選択を支えるものとなるのである。

問一＜漢字＞ア．「条件」は，物事を決める際に，その前提や制約となる事柄のこと。　**イ．**音読みは「急迫」などの「ハク」。　**ウ．**他の訓読みは「ま(す)」。音読みは「増加」などの「ゾウ」。　**エ．**音読みは「繁茂」などの「モ」。　**オ．**音読みは「吸入」などの「キュウ」。

問二＜文脈＞「所与をスタート」とする人生の中で，わたしたちは，「さまざまな人や出来事と出会う」から，遭遇は，「所与としての生きていること」と切っても切れない関係にある。しかし，「遭遇は所与ではない」し，遭遇は「選択」できるものでもない。「遭遇は選択ではない」が，「さまざまな遭遇」は，「わたしたちにさまざまな選択肢を用意してくれる」こともある。

問三＜品詞＞「与えられている」と「助けられた」の「られ」は，受け身の意味を持つ助動詞。「来られた」の「られ」は，尊敬の意味を持つ助動詞。「考えられなかった」の「られ」は，可能の意味を持つ助動詞。「案じられる」の「られ」は，自発の意味を持つ助動詞。

問四＜接続語＞②「所与と選択とが人間が存在するということの根本的な条件である」とはいうもの

の，「人生は，所与と選択だけによって成り立っているわけではない」のである。　⑦最近は「日本の文化について造詣のある海外の研究者」も増えてきていて，「質問も相当深い関心のもとに発せられる」ので，「教養の大切さ」を感じた教授たちは，学生には恥をかかないための「教養を身につけさせなければならない」と考えたのである。

問五＜表現＞「人との遭遇」や「出来事との遭遇」において用意される選択肢によって出会った「人や出来事や風景」は，人生を豊かにするものといえる。つまり，所与と遭遇によって用意される選択の中に，「人生の豊かさ」があるといえるのである。

問六＜指示語＞人びとが心安らかに暮らすことができるように「社会に秩序が存在し，平和を維持している時代」であっても，「人は時として困難な状況に遭遇する」のである。

問七＜文章内容＞「避難所」と「命綱」はどちらも「身を守る」ためのものであるが，教養は「自分自身のなかに形成された生きるための底力」だと考えられるので，「自らの心のうちにあって，自分を守る力」という意味を表すために，「わたし」は「カタフィゲー」を「命綱」と訳したのである。

問八＜熟語の構成＞「避難所」と「屋根裏」は，意味的には二字＋一字で構成されており，上の熟語が下の一字を修飾している関係になっている。「悪循環」は，意味的には一字＋二字で構成されており，上の一字が下の熟語を修飾している関係になっている。「非常識」は，意味的には一字＋二字で構成されており，上の一字が下の熟語の意味を打ち消している関係になっている。「衣食住」は，意味的には一字＋一字＋一字で構成されており，それぞれの漢字が独立して並列している関係になっている。

問九＜文章内容＞日本の科学技術者が海外の人に日本文化についての質問を受けても，それに「答えることも，あるいは自ら進んで紹介することも，自分の意見を述べること」もできない。だから，大学の理工系の教授たちは，「高度な専門性」を身につけることを前提としたうえで，「日本文化の価値や意味」といった文系の知識も，「恥をかかない」ようにするために理工系教育に加えるべきだと考えるのである。

問十＜文章内容＞「科学技術の専門家であること」に加えて，文系の知識も身につけ，「文化的教養人になることも大切だという思想」の背景には，海外の人に日本文化について問われたとき，「恥をかかない」ようにするために，「日本文化の価値や意味」についての知識を「飾り」として身につけておくべきだという考えがある。

問十一＜文章内容＞「飾りとしての教養」も「恥をかかない」ためのものとして必要だという考えがあるが，「わたし」は人間を一本の木にたとえ，その「根っこにあたるのが教養」だと考えている。「根が丈夫でしっかりしていれば，木は大きく育つことができる」のであり，「嵐にも旱魃にも」耐えられる。つまり，根の部分に相当する教養がある人は，いざというときにも，自らの力で最善の選択をして，困難に打ち勝てるのである。

問十二＜主題＞理工系教育における「文系の知識」は，「恥をかかない」ための教養として必要だという思想もあるが，「わたし」は，木を地中でしっかり支える根のようなはたらきをするものが教養であると考えている。教養は，複数の選択肢の中から「最善の選択肢を選択するための能力」となるものであり，教養があれば「さまざまな困難」に打ち勝つことができ，「よりよい人生を実現することができる」ようになるのである。

Memo

当社発行物の無断使用は固くお断りいたします。御使用の前はまずご相談ください。

当社発行物には500点余の首都圏中・高過去問をはじめ、6点の学校案内、そのほかいくつかの情報誌などがございます。その多くが年度版で、限られたスタッフが来るべき受験シーズン前に余裕を持って受験生へ届けられるよう、日夜作業にあたり出版を重ねております。

最近、通塾生ご父母や塾内部からの告発によって、いくつかの塾が許諾なしに当社過去問を複写（コピー）し生徒に配布、授業等にも使用していることが発覚し、その一部が紛争、係争に至っております。過去問には原著作者や管理団体、代行出版等のほか、当社に著作権がございます。当社としましては、著作権侵害の発覚に対しては著作権を有するこれらの著作権関係者にその事実を開示して、マスコミにリリースする場合や法的な措置を取る場合がございます。その事例としましては、毎年当社過去問の発行を待って自由にシステム化使用していたＡ塾、個別教室でコピーを生徒に解かせ指導していたＢ塾、冊子化していたＣ社、生徒の希望によって書籍の過去問代わりにコピーを配布していたＤ塾などがあります。

当社発行物の全部もしくは一部を無断使用することは固くお断りいたします。

当社コンテンツの中にはリーズナブルな設定で紙面の利用を許諾している塾もたくさんございますので、ご希望の方は、お気軽にご相談くださいますようお願いします。同時に、当社発行物を無断で使用している会社などにつきましての情報もお寄せいただければ幸いです。

株式会社 声の教育社

スーパー過去問の **解説執筆・解答作成スタッフ（在宅）募集！** ※募集要項の詳細は、10月に弊社ホームページ上に掲載します。

2025年度用
高校スーパー過去問

■編集人 声の教育社・編集部
■発行所 株式会社 声の教育社
〒162-0814 東京都新宿区新小川町8-15
☎03-5261-5061㈹ FAX03-5261-5062
https://www.koenokyoikusha.co.jp

※本書の内容についての一切の責任は当社にあります。内容・解説・解答その他の質問等は文書にて当社に御郵送くださるようお願いいたします。

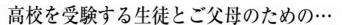

国士舘高等学校

別冊解答用紙

丁寧に抜きとって、別冊としてご使用ください。

★教科別合格者平均点＆合格者最低点

		英語	数学	国語	合格者最低点
2024	進学	76.3	61.5	75.3	192
	選抜				211
2023	進学	71.0	67.5	76.2	182
	選抜				210
2022	進学	80.1	65.6	74.8	185
	選抜				230
2021	進学	76.5	54.9	67.4	172
	選抜				210
2020	進学	75.8	56.5	78.4	171
	選抜				216

注意

○ 解答用紙は、収録の都合により縮小したものや、小社独自に作成したものもあります。
○ 学校配点は学校発表のもの、推定配点は小社で作成したものです。
○ 無断転載を禁じます。
○ 解答用紙を拡大コピーする場合、表示した拡大率に対応する用紙サイズは以下のとおりです。
101%～102%=B5　103%～118%=A4　119%～144%=B4　145%～167%=A3
(タイトルと配点表は含みません)

２０２４年度　国士舘高等学校

英語解答用紙

番号		氏名	

評点	／100

A	(1)	
	(2)	
	(3)	
	(4)	
	(5)	
B	(6)	
	(7)	
	(8)	
	(9)	
	(10)	
C	(11)	
	(12)	
	(13)	
	(14)	
	(15)	
D	(16)	
	(17)	
	(18)	
	(19)	
	(20)	

		三番目	五番目
E	(21)		
	(22)		
	(23)		
	(24)		
	(25)		

F	(26)	
	(27)	
	(28)	
	(29)	
	(30)	
	(31)	
	(32)	
	(33)	
G	(34)	
	(35)	
	(36)	
	(37)	
	(38)	
	(39)	
	(40)	

（注）この解答用紙は実物を縮小してあります。B４用紙に130％拡大コピーすると、ほぼ実物大で使用できます。（タイトルと配点表は含みません）

学校配点		計
	A～D　各２点×20　　E～G　各３点×20	100点

2024年度　国士舘高等学校

数学解答用紙

番号		氏名		評点	／100

1	(1)	①	
		②	
		③	
	(2)		$x=$　　　$, y=$
	(3)		$x=$
	(4)	ア	点
		イ	回
			(完答)
2	(1)		$\leqq y \leqq$
	(2)		(　　　,　　　)
	(3)		$y=$
	(4)		(　　　,　　　)

3	(1)		通り
	(2)		
4	(1)		度
	(2)		倍
5	(1)		cm
	(2)		cm^3
6	(1)	ア	∠
		イ	∠
		ウ	∠
			(完答)
		エ	
	(2)	①	cm
		②	：

（注）この解答用紙は実物を縮小してあります。Ａ３用紙に149％拡大コピーすると、ほぼ実物大で使用できます。（タイトルと配点表は含みません）

学校配点	1～6　各５点×20〔1(4)，6(1)ア～ウはそれぞれ完答〕	計 100点

二〇二四年度　国士舘高等学校

国語解答用紙

番号　　氏名　　評点　／100

一

問一　ア　イ　ウ　エ　オ

問二　問三　問四　問五

問六　a　b

問七　問八

問九　初め　終わり

問十

問十一　問十二

二

問一　ア　イ　ウ　エ　オ

問二　問三　問四　問五

問六　問七　問八　問九

問十　a　b

問十一　問十二

（注）この解答用紙は実物を縮小してあります。A3用紙に149%拡大コピーすると、ほぼ実物大で使用できます。（タイトルと配点表は含みません）

学校配点		
一　問一　各2点×5　問二　3点　問三　4点　問四　3点 問五、問六　各4点×2　問七　3点　問八〜問十　各4点×3 問十一　3点　問十二　4点 二　問一　各2点×5　問二　3点　問三　4点　問四、問五　各3点×2 問六、問七　各4点×2　問八　3点　問九〜問十二　各4点×4	計	100点

２０２３年度　国士舘高等学校

英語解答用紙

番号		氏名	

評点	／100

A	(1)	
	(2)	
	(3)	
	(4)	
	(5)	
B	(6)	
	(7)	
	(8)	
	(9)	
	(10)	
C	(11)	
	(12)	
	(13)	
	(14)	
	(15)	
D	(16)	
	(17)	
	(18)	
	(19)	
	(20)	

		三番目	五番目
E	(21)		
	(22)		
	(23)		
	(24)		
	(25)		

F	(26)	
	(27)	
	(28)	
	(29)	
	(30)	
	(31)	
	(32)	
	(33)	
G	(34)	
	(35)	
	(36)	
	(37)	
	(38)	
	(39)	
	(40)	

（注）この解答用紙は実物を縮小してあります。Ｂ４用紙に130％拡大コピーすると、ほぼ実物大で使用できます。（タイトルと配点表は含みません）

学校配点		計
	A～D　各２点×20　　E～G　各３点×20	100点

2023年度　国士舘高等学校

数学解答用紙

番号		氏名		評点	／100

1	(1)	①	
		②	
		③	
	(2)	$x=$　　　, $y=$	
	(3)	$x=$	
	(4)	最頻値	点
		中央値	点
			(完答)
2	(1)	$a=$	
	(2)		
	(3)	(　　　,　　　)	
	(4)		

3	(1)		枚
	(2)		
4	(1)		度
	(2)	:	
5	(1)		cm^2
	(2)		cm
6	(1)	ア	∠
		イ	∠
		ウ	∠
			(完答)
		エ	
	(2)	①	cm
		②	:

(注) この解答用紙は実物を縮小してあります。A３用紙に149%拡大コピーすると、ほぼ実物大で使用できます。(タイトルと配点表は含みません)

学校配点		計
	1～6　各５点×20〔1(4), 6(1)ア～ウはそれぞれ完答〕	100点

二〇二三年度　国士舘高等学校

国語解答用紙

番号　氏名　評点　/100

一

問一　ア　イ　ウ　エ　オ

問二　a　b

問三

問四

問五

問六

問七

問八

問九

問十

問十一

問十二

二

問一　ア　イ　ウ　エ　オ

問二

問三

問四

問五

問六

問七

問八

問九　a　b

問十

問十一

問十二

(注)　この解答用紙は実物を縮小してあります。Ａ３用紙に149%拡大コピーすると、ほぼ実物大で使用できます。(タイトルと配点表は含みません)

学校配点

一　問一　各2点×5　問二　4点　問三　3点　問四　4点　問五　3点
問六　4点　問七　3点　問八　4点　問九　3点　問十～問十二　各4点×3

二　問一　各2点×5　問二　3点　問三　4点　問四　3点
問五、問六　各4点×2　問七　3点　問八、問九　各4点×2
問十　3点　問十一、問十二　各4点×2

計　100点

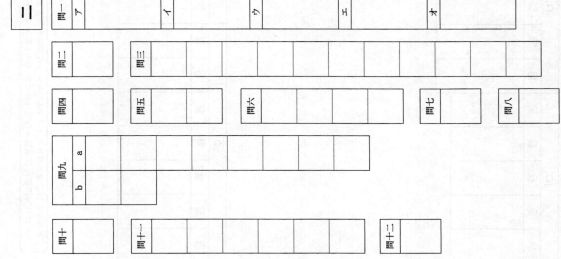

２０２２年度　国士舘高等学校

英語解答用紙

番号		氏名		評点	／100

A	(1)	
	(2)	
	(3)	
	(4)	
	(5)	
B	(6)	
	(7)	
	(8)	
	(9)	
	(10)	
C	(11)	
	(12)	
	(13)	
	(14)	
	(15)	
D	(16)	
	(17)	
	(18)	
	(19)	
	(20)	

		三番目	五番目
E	(21)		
	(22)		
	(23)		
	(24)		
	(25)		

F	(26)	
	(27)	
	(28)	
	(29)	
	(30)	
	(31)	
	(32)	
	(33)	
G	(34)	
	(35)	
	(36)	
	(37)	
	(38)	
	(39)	
	(40)	

（注）この解答用紙は実物を縮小してあります。Ｂ４用紙に130％拡大コピーすると、ほぼ実物大で使用できます。（タイトルと配点表は含みません）

学校配点		計
	A～D　各２点×20　　E～G　各３点×20	100点

２０２２年度　国士舘高等学校

数学解答用紙

番号		氏名		評点	／100

1	(1)	①	
		②	
		③	
	(2)		$x=$　　　, $y=$
	(3)		$x=$
	(4)		分
2	(1)		
	(2)		(　　　,　　　)
	(3)	①	$y=$
		②	

3	(1)		
	(2)	記号	確率　(完答)
4	(1)		cm^2
	(2)		度
5	(1)		cm^3
	(2)		cm
6	(1)	ア	∠
		イ	∠　(完答)
		ウ	∠
		エ	∠　(完答)
	(2)	①	cm
		②	：

（注）この解答用紙は実物を縮小してあります。Ａ３用紙に149％拡大コピーすると、ほぼ実物大で使用できます。（タイトルと配点表は含みません）

学校配点		計
	1～6　各５点×20〔3(2)，6(1)アイ，ウエはそれぞれ完答〕	100点

二〇二三年度　国士舘高等学校

国語解答用紙

番号		氏名		評点	/100

一

問一	ア		イ		ウ		エ		オ	

問二　問三　問四　問五

問六

問七　問八　問九　問十

問十一　a　b

問十二

二

問一	ア		イ		ウ		エ		オ	

問二　問三　問四

問五　a　b

問六　問七　初め　終わり

問八　問九　問十　問十一

問十二

（注）この解答用紙は実物を縮小してあります。A３用紙に152%拡大コピーすると、ほぼ実物大で使用できます。（タイトルと配点表は含みません）

学校配点	計
一 問一　各2点×5　問二　3点　問三　4点　問四、問五　各3点×2　問六〜問八　各4点×3　問九　3点　問十〜問十二　各4点×3 二 問一　各2点×5　問二、問三　各3点×2　問四〜問九　各4点×6　問十、問十一　各3点×2　問十二　4点	100点

２０２１年度　国士舘高等学校

英語解答用紙

番号		氏名		評点	／100

A	(1)	
	(2)	
	(3)	
	(4)	
	(5)	
B	(6)	
	(7)	
	(8)	
	(9)	
	(10)	
C	(11)	
	(12)	
	(13)	
	(14)	
	(15)	
D	(16)	
	(17)	
	(18)	
	(19)	
	(20)	

		三番目	五番目
E	(21)		
	(22)		
	(23)		
	(24)		
	(25)		

F	(26)	
	(27)	
	(28)	
	(29)	
	(30)	
	(31)	
	(32)	
	(33)	
G	(34)	
	(35)	
	(36)	
	(37)	
	(38)	
	(39)	
	(40)	

（注）この解答用紙は実物を縮小してあります。B４用紙に130％拡大コピーすると、ほぼ実物大で使用できます。（タイトルと配点表は含みません）

学校配点	A～D　各２点×20　E～G　各３点×20	計 100点

2021年度　国士舘高等学校

数学解答用紙

番号		氏名		評点	／100

1	(1)	①	
		②	
		③	
	(2)	$x=$ 　　　, $y=$	
	(3)	$x=$	
	(4)		
2	(1)		
	(2)	：	
	(3)	$y=$	
	(4)		

3	(1)	通り			
	(2)				
4	(1)	度			
	(2)	cm			
5	(1)	cm^2			
	(2)	cm^3			
6	(1)	ア		イ	（完答）
		ウ			
	(2)	cm			
	(3)	：			

（注）この解答用紙は実物を縮小してあります。Ｂ４用紙に143%拡大コピーすると、ほぼ実物大で使用できます。（タイトルと配点表は含みません）

学校配点		計
	1～6　各５点×20〔6(1)ア・イは完答〕	100点

二〇二二年度 国士舘高等学校

国語解答用紙

番号		氏名		評点	/100

一

問一 ア イ ウ エ オ

問二

問三 （単語）

問四

問五

問六

問七

問八

問九

問十

問十一 a b

問十二

二

問一 ア イ ウ エ オ

問二

問三

問四

問五

問六

問七

問八

問九

問十

問十一

問十二

(注) この解答用紙は実物を縮小してあります。A３用紙に152%拡大コピーすると、ほぼ実物大で使用できます。(タイトルと配点表は含みません)

学校配点	
	一 問一 各２点×５ 問二 ４点 問三 ３点 問四 ４点 問五、問六 各３点×２ 問七、問八 各４点×２ 問九 ３点 問十～問十二 各４点×３ 二 問一 各２点×５ 問二 ３点 問三 ４点 問四、問五 各３点×２ 問六～問九 各４点×４ 問十 ３点 問十一、問十二 各４点×２
計	100点

２０２０年度　　国士舘高等学校

英語解答用紙

番号		氏名		評点	／100

A	(1)	
	(2)	
	(3)	
	(4)	
	(5)	
B	(6)	
	(7)	
	(8)	
	(9)	
	(10)	
C	(11)	
	(12)	
	(13)	
	(14)	
	(15)	
D	(16)	
	(17)	
	(18)	
	(19)	
	(20)	

		二番目	四番目
E	(21)		
	(22)		
	(23)		
	(24)		
	(25)		

F	(26)	
	(27)	
	(28)	
	(29)	
	(30)	
	(31)	
	(32)	
	(33)	
G	(34)	
	(35)	
	(36)	
	(37)	
	(38)	
	(39)	
	(40)	

（注）この解答用紙は実物を縮小してあります。Ｂ４用紙に130％拡大コピーすると、ほぼ実物大で使用できます。（タイトルと配点表は含みません）

学校配点		計
	A～D　各２点×20　　E～G　各３点×20	100点

２０２０年度　国士舘高等学校

数学解答用紙

番号		氏名		評点	／100

1	(1)	①	
		②	
		③	
	(2)	$x =$　　　, $y =$	
	(3)	$x =$	
	(4)	kg	
2	(1)	$y =$	
	(2)		
	(3)	①	
		②	$p =$

3	(1)		
	(2)		
4	(1)		
	(2)	度	
5	(1)	cm	
	(2)	cm^3	
6	(1)	ア	∠
		イ	∠
	(2)	①	(　　　　) cm
		②	(　　　　) cm^2

(注) この解答用紙は実物を縮小してあります。Ｂ４用紙に143%拡大コピーすると、ほぼ実物大で使用できます。(タイトルと配点表は含みません)

学校配点		計
	1～6　各５点×20	100点

二〇二〇年度　国土舘高等学校

国語解答用紙

番号　氏名　評点 /100

一

問一 ア　イ　ウ　エ　オ

問二　問三

問四

問五

問六　問七　問八

問九 a　b

問十　問十一

問十二

二

問一 ア　イ　ウ　エ　オ

問二　問三　問四　問五

問六　問七

問八　問九

問十　問十一

問十二

（注）この解答用紙は実物を縮小してあります。Ａ３用紙に149%拡大コピーすると、ほぼ実物大で使用できます。（タイトルと配点表は含みません）

学校配点	
一 問一　各2点×5　問二、問三　各3点×2　問四〜問六　各4点×3 問七　3点　問八〜問十　各4点×3　問十一　3点　問十二　4点 二 問一　各2点×5　問二　4点　問三〜問五　各3点×3 問六、問七　各4点×2　問八　3点　問九〜問十二　各4点×4	計 100点